仰望星空谋发

融慧立人：
基于课程建设的综合育人实践研究

吕君莉 著

文心出版社
·郑州·

图书在版编目（CIP）数据

融慧立人：基于课程建设的综合育人实践研究 / 吕君莉著. -- 郑州：文心出版社，2025. 2. -- ISBN 978-7-5510-3037-3

Ⅰ . G622.3

中国国家版本馆CIP数据核字第20246NV215号

策划编辑　栗军芬
责任编辑　郭小丹　李春艳
责任校对　贾利娟
美术编辑　左清敏

出　　版	文心出版社
社　　址	河南自贸试验区郑州片区（郑东）祥盛街27号　邮政编码：450016
发　　行	新华书店
印　　刷	郑州市毛庄印刷有限公司
版　　次	2025年2月第1版
印　　次	2025年2月第1次印刷
开　　本	787毫米×1092毫米　1 / 16
印　　张	19
字　　数	380千字
书　　号	ISBN 978-7-5510-3037-3
定　　价	78.00元

如发现印、装质量问题，请与印刷厂联系调换。　电话：0371－63784396

卓立一根思想的芦苇　寻找一把教育的密钥（序）

>　　龙之翼
>
>　　湖之畔
>
>　　滋兰有九畹
>
>　　水木清华春烂漫
>
>　　花枝映月圆
>
>　　书声琅
>
>　　天地宽
>
>　　仰山复观澜
>
>　　我欲乘风千万里
>
>　　初心永少年
>
>　　　　——吕君莉

　　郑东新区有一所新建的高颜值小学，这里有大堂手绘凡·高的《星空》，校训拼成的"中国地图"。

　　学校有一个文艺范儿校长，出手成文，出口成章，卓立一根思想的芦苇，寻找一把教育的密钥。

　　它的矗立，代表了未来基础教育在这块价值高地的崛起。

　　她的奋斗，代表了未来一种教育力量在北龙湖的蓬勃发展。

仰望星空谋发展，脚踏实地铸学魂

　　龙源东六街与龙泽东路交叉口，即便对郑州人来说，也是个陌生的地理坐标。但如果提起鼎鼎大名的北龙湖——郑州市乃至河南省的价值新高地，你一定很熟悉，而龙翼小学就端坐在北龙湖"飞龙展翼"的翅膀尖儿上。

校园里弥漫着春末夏初的味道，青草正清香，蒲公英正含苞，各色的石竹花开正艳，酢浆草蓬蓬勃勃铺满一地，牡丹一如既往高贵，月季起了"嫉妒心"，想争奇斗艳。

它们星罗散落在校园的三个庭院：树蕙庭院、沉香庭院、有容庭院。你听，名字都透着"文艺范儿"。

树蕙庭院藏着教育理想，有容庭院面向世界，沉香庭院最有趣，这里不仅有花有草，有流水潺潺，更有意趣的是，唐风宋韵，以诗词歌赋的形式，注入嘉木的"年轮"。踏着"千古名篇"拾级而上，不经意抬头，你会邂逅"阳光花房"，眼前一派世外田园的模样。

阳光花房正对面，是从二楼连廊垂到沉香庭院的圆筒滑梯，这里，有孩子们雀跃的欢乐和满满的童趣。

走进教学楼，一楼大堂引人驻足。抬头望去，是凡·高的《星空》，左侧两面墙上，是由方块字铸成的世界地图和中国地图，龙翼小学的办学理念、"三风一训"、培养目标六大关键词，以一种别致的方式嵌入其中，其创意之妙，令人忍不住击节赞叹。

在诸多功能室中，科学创客空间别具特点，四个空间各不相同，1010代码线，物理空间曲线，圆线点几何图形，凸显出一种前沿科技的视觉美感……

校园美得别致，充满灵韵，妙不可言。美丽的创意背后，凝聚的是校长吕君莉和她所带领的团队的心血。

据吕君莉校长介绍，龙翼小学于2016年夏筹备，2017年秋招生，2018年8月正式搬迁到新校址。作为一所新建校，百业待兴。教师利用外出培训的机会，学习全国各地名校校园文化建设经验，并借鉴国外学校的校园文化建设经验，数千张照片，数百次熬夜，数十次沟通，数十次易稿，最终，龙翼小学有了现在的模样。

笃志笃行深耕细作，寻一把教育的密钥

外在的美丽，为内在的美好锦上添花。

作为一名资深教育人，一个新建校的掌舵人，吕君莉用人生积淀，为龙翼小学构建了完整的顶层设计、课堂形态和课程体系。

"立人为本，为幸福人生奠基"是办学理念；"韫家国情怀，拓世界视野"是育人方向。在践行教育理想的道路上，她要求自己立足教育教学的核心，像在希望的田垄俯首躬耕的农人一样，在挥汗如雨的光阴中，始终充满激情，专注于课程建设和课堂教学，探寻行之有效的深耕细作的技艺和方法。

在课程体系方面，以"融天下大慧，立未来栋才"为课程建设总目标，从"树德、博闻、启智、健体、尚美、修能"六个层面进行落实。

整合国家、地方和校本课程，构建现代公民素养课程群、人文交往素养课程群、科技思维素养课程群等六大课程群。

内容丰富。比如二十四节气统整课程，引领孩子倾听光阴，应节而舞，师法自然；童年读书课系列课程，让书香温润孩子的童年，悦读养气立人；匠心·创客系列课程，培养孩子的科创素养、工匠精神。

一整套课程体系，丰富了龙翼学子的成长钙质。

有了课程框架，还需要一种课堂形态来承载，于是，吕君莉创设了启悟课堂。这种课堂形态，突显了一种教育理念，即比基本知识和基本技能更为重要的是发展人的情感和感悟力。

吕君莉认为，在启悟课堂中，教师应是生命的牧者，而不是拉动学生的"纤夫"。教学中，教师要尽可能"不见自我"，把教学内容从一堆知识点变为知识的"灵魂和线索"，创造较广阔的空间，迎接学生积极飞扬的学习激情。

我志在删述，垂辉映千春

在线下的教育圈和线上的朋友圈里，吕君莉是有名的知性才女，出手成文，出口成章。古文功底扎实深厚，运用之妙，存乎一心。

白小，她就是校园文学社的风云人物，从初中的《幼苗》，到高中的《扬帆》，再到大学里的校园十佳诗人，她的"文艺"，源自少年锦时。

"少年心事当拿云"，她从李白的诗中找到人生志向：我志在删述，垂辉映千春。少年心志，和诗仙一样潇洒恣肆。

个人志向往往被命运的风浪捉弄。她就读于当地最好的高中，严重偏科，语文年级第一，数学却平平，高考时因为紧张，数学发挥失常，原本可以考上一线城市重点大学的她，只能到三线城市读师专，虽从此偏离"删述"的轨道，却与教育结下不解之缘。

在温雅的外表下，她有一颗倔强的心。大专毕业，她升入本科，十多年后，她龙门一跃，考入中国最好的师范大学——北师大，成为一名研究生，所学方向就是教育学。

谁都不清楚，攀爬这段命运之梯，她经历了什么，付出了多少。命运的列车在不经意间的转轨，让她爱上了教育行业。

别人都认为，小学老师又忙又累，工资不高，她却觉得，小学教育是一门博大精深的学问，值得用一生去学习、钻研。

现在，删述文章，垂辉千秋，不再是她的人生理想，她把基础教育当作使命，愿用毕生"唤醒懵懂心灵，点燃生命激情，丰富知识涵养，构建思想星空，生发高雅风范，放飞七彩个性。让每个龙翼学子，在小学阶段获得终身发展的力量，为幸福人生奠基"。

我有诺言，尚待实现

前段时间，吕君莉写了一份工作报告，题目是：我有诺言，尚待实现。

开篇她这样写道："一个人最佳的工作生活状态是什么？读美国诗人弗罗斯特的诗，我的思考有了答案：'树林美丽、幽暗而深邃，但我有诺言，尚待实现。还要奔行百里方可沉睡……'这些诗句提醒我，时刻铭记自己正处在怎样的位置，向往什么目标，该怎样抵达。"

新校伊始，千头万绪。工程、设计、绿化、教学、管理……千根线一根针，需要细细梳理，她感慨道："每个校长，都是铁人三项，是全能选手。"

有段时间，她必须放下文艺青年的身段，天天跑工地，跟施工工人讨论"正负零""构造柱"；为了增加设计的视觉效果，她常常彻夜不眠，查阅专业网站，搜集尽可能多的资料；为了搞懂校花校草，她居然找到一个神奇的APP，打开一扫，就知道植物的种属科目……

老师们赞叹她是用"生命"在工作，而她把这种状态"文艺"地总结为"尽志而无悔"。

育人先律己。也许，在吕君莉的潜意识里，培养孩子们核心素养的秘诀就潜藏在这样一种生命状态里。她一直向团队灌输一种理念：创业阶段志不求易，事不避难。心为火种，点亮生命。心之所向，素履以往。

像蚂蚁一样工作，像蝴蝶一样生活。尽志而无悔，方可诗意地栖居。

（《阳光少年报》副总编辑、《东方今报》首席记者、国家社会工作师　张　英）

融天下大慧　立未来栋才（前言）

在龙翼小学的发展规划中，课程变革领域的规划与设计始终居于中心地位。我们深刻地认识到，小学阶段是人生中一段重要生命历程，小学阶段的课程在某种意义上可以影响儿童现阶段及成人后对事物的体认、把握与追求。课程是否适合学生，反映着学校教育的充分程度和办学的精确程度。因此，课程的规划与实施，成为我们的应然使命与追求。我们行思不怠，实践探索，构建了"融慧立人"课程体系并推进课程有效实施。

一、情境慎思，让规划植根泥土的芬芳

杜威在《儿童与课程》一书中指出，倾听儿童，聚焦儿童的学习需求，是课程建设必须首先回答的问题。对校情、学情进行分析和判断，这是学校课程建设的基础。着手课程建设工作，我们仔细审视脚下的土地，进行了学校基本情境的 SWOT 分析（即强弱危机分析、优劣分析）工作，对课程建设的环境、资源、需求等进行了综合调查和系统分析。

基于分析，我们着手进行促进师生发展的课程规划设计，依托课程体系的倾力构建，实现学校的培养目标：尊重生命，关注生长，用人类文明的优质成果养其正，成其人，培养学生成为健康阳光、乐学睿思，具有家国担当、国际视野、人文情怀、科学素养、创新精神和实践能力的未来公民。

二、文化融入，让课程辉映思想的光芒

让学校课程充满文化气息，这是美国当代课程论巨匠威廉 F.派纳在《理解课程》一书中的经典论断。

价值理念的确立，文化根基的奠定，是我们心系课程、素履以往的出发点。

我们秉承"教育即生长"的办学思想，立足"立人教育"的教育哲学，形成"小学六年，欢享童年；小学六年，奠基终生"的儿童观，提炼"立人为本，为幸福人生奠基"的办学理念，确立"韫家国情怀，拓世界视野"的育人方向，涵养"厚德腾龙，敦

行振翼"的校训精神,由此扎根文化沃土,厚植教育情怀,点亮思想的澄明心灯,开启课程的芬芳之旅。

三、目标导引,让变革富于理性的精神

我们要办什么样的学校?我们要培养什么样的龙翼少年?我们要拿什么奉献给龙翼的学子?带着这些问题,我们进一步去研究国家课程政策、中国学生发展核心素养及新课程标准,立足校本实际,基于生情学情,前瞻学校发展愿景,经过反复论证,提出"融慧立人"的教育信条:我们坚信,教育是立人的事业,学校是生命茁壮成长的地方;每一位教师都有立己达人、化育栋梁的教育梦想,每一位学生都有激扬个性、自立自强的人生向往;每一颗心灵都可以装得下星辰大海,只有海纳百川、全面发展,才能走向丰富,走向深广;只有把握现在、面向未来,才能走向开阔,走向敞亮。

在教育信条的引领下,我们提出"融天下大慧,立未来栋才"的课程建设总目标。将课程目标分六个层面进行落实,形成"六立""六育""六成就"课程建设六路径。即:树德立人,培育善良、高贵的品格,成就诚毅宽雅、向善向上的龙翼少年;健体立人,培育健康、强健的体魄,成就自信阳光、身心健康的龙翼少年;启智立人,培育自由、独立的头脑,成就乐学睿思、拓新创想的龙翼少年;博闻立人,培育广博、卓拔的识见,成就胸怀书墨、意气飞扬的龙翼少年;尚美立人,培育美丽、丰富的心灵,成就通文达艺、学有所长的龙翼少年;修能立人,培育实践、探索的精神,成就躬行践履、敢于担当的龙翼少年。

四、过程激活,让行动开启图景的壮阔

依据施瓦布的实践模式,实践,永远是课程的语言。实践探索,且行且思,我们的课程建设之路步步坚实。

龙翼小学于2016年筹备建校,初步提炼办学理念、培养目标。2017年,明晰课程愿景,刻画毕业生形象,确立课程目标,课程规划初稿形成。2018年,面对多元的师生构成、学生强烈的课程需求,我们在原有基础上完善了综合实践课程,基本形成"融慧立人"课程结构。2019年,从课程目标的六个层面出发,形成了指向现代公民素养课程群、人文交往素养课程群、科技思维素养课程群、艺术审美素养课程群、实践探索素养课程群、身心健康素养课程群的较为完善的六大课程群,至此,以"奠定基础、多元发展、融合创新"为导向,"融慧立人"课程的"三层六维"图谱搭建成型。2020年至今,课程建设及实施不断走向丰富、系统和完善。比如,人文交往素养课程群里的童年读书课,让书香温润童年,让悦读养气立人。科技思维素养课程群里的匠心·创客课程,培

育孩子的科创素养和工匠精神。实践探索课程群里的园馆探秘，引领孩子仰望星空，俯览大地，在博物馆里看世界，在植物园里识自然……从而使龙翼学子在课程中放飞梦想，茁壮成长。

五、路径探索，让实施与评价互为支撑

基于校情、学情，我们对课程实施的基本思路是：顺性适需，循序推进，务求实效，凸显特色。

（一）国家课程的实施

对于国家课程，我们坚持开足开齐，并结合校情学情进行国家课程的校本化实施，具体的实施策略为：

1. 解读课标，构建学科课程标准。在新课程标准指导下，充分整合各种可资利用的课程资源，制订符合校本实际的学科课程标准，以此作为国家课程校本化实施的依据。

2. 加强教研，制订学科课程纲要。整体规划学科教学，科学制订课程纲要，统筹安排学科学期的课程目标、内容、实施及评价。开学第一课，与学生分享课程纲要，让学生明了新学期学什么、怎么学，学到什么程度，培养和增强学生独立学习、自主学习的意识和能力。

3. 编制学案，进行基于标准教学。首先基于课标、教材和学情，科学制订课堂学习目标，使课时目标可操作、可观察、可测量，并具有导教、导学、导测评的作用，并选择与目标匹配的课堂评价方式，制定评价标准。然后设计与学习目标一致的学习活动，将课堂评价镶嵌在学习活动之中，通过课堂评价获取学生达标的证据，以此调节教学行为，让课堂教学有效实施。

4. 以生为本，提炼有效课堂形态。积极推进道德课堂教学改革，逐渐提炼形成独具特色的启悟课堂教学形态。通过实施"一本三单四环节"（"一本"即坚持以生为本；"三单"即课前预学单、课中导学单和课后巩固单；"四环节"即温故知新、自学初悟、合作分享，互助促悟、聚焦重点，导思启悟及拓展迁移、致用体悟四个教学环节）的教学策略，有效提升课堂教学效率。

5. 立足素养，探究单元整合教学。围绕大概念、大任务，打破单一课时的局限，进行大单元整合教学的设计与实施，不断提升教学效率，助推核心素养的培养。

6. 落实"双减"政策，推进作业优化设计。本着趣、活、精、实的原则，设计精而不多、活而不难、分层次弹性化的丰富多样的作业，把优化作业设计作为减负增效的重要突破口。

（二）校本课程的实施

对于校本课程的实施，我们在空间组织方式上实行走班制，在时间组织方式上实行长短课时制加周期课时制，在师生互动方式上实行导师制。

1. 在空间组织方式上实行走班制。学生根据自己的兴趣爱好、个性特长，可以自主选择加入适合自己的课程、社团。此类课程实行套餐式、跨年级、走班制教学，增加学生多方面的学习经历。

2. 在时间组织方式上实行长短课时制和周期课时制。在校本课程实施过程中，根据课程的实际需求，进行一些长短课时的安排。还有一些以主题探究、创新实践为主的综合活动课程，会根据时间节点和研究的需要按一定的周期分阶段实施。

3. 在师生互动方式上实行导师制。在师生互动的组织方式上，除了由走班制所形成的任课教师与学生之间、不同学习层次的学生之间、家长与学生之间多方面的相互作用和影响，我们还着力于从学业指导、兴趣培养、特长形成和心理疏导等角度，建立导师制，针对学生的个性化成长进行及时的指导和帮助。

（三）综合实践活动课程的实施

综合实践课程作为以主题探究、项目学习、创新实践为主的课程，更多依托体验式、探究式、项目式学习活动的实施，意图通过学生充分的体验与实践，全面的参与与感悟，促进学生自主发展。

（四）课程的管理与评价

我们通过建立科学、规范的课程审议及评价制度，形成专业化的课程管理与质量保障机制；通过重构学生发展评价体系，促进课程目标有效落实。在评价中注意突出学生的主体性，展现评价的过程性，把握评价的多元性，显示评价的激励性，帮助学生认识自我，发展潜能，建立自信，持续发展。锚定课程培养目标，我们精心设计评价章、评价币，引导孩子在课程参与中立己达人，争章竞飞。关注课程参与过程，我们用心编撰了《素年锦时——学生发展评价手册》，记录在课程学习中孩子成长的每一个温润美好的瞬间。

和整个世界站在一起，让筑梦之程有了底气；和美好的一切站在一起，追求生命的诗意栖居。龙翼人立足"立人教育"，通过聚焦学习、情境慎思、文化融入、目标导引、扎根过程，使学校课程向上找到了依存的支点，向下找到了落地的根基。愿每位龙翼师生，在课程中与美邂逅，精彩绽放，永续生长……

吕君莉

目 录 catalogue

序 ·· 1

前言 ··· 5

第一章　融慧立人课程的逻辑起点
　　第一节　融慧立人的文化追求 ··· 1
　　第二节　融慧立人课程的资源及需求分析 ································· 7

第二章　融慧立人课程的规划重构
　　第一节　融慧立人课程的目标 ··· 12
　　第二节　融慧立人课程的结构和内容 ···································· 15
　　第三节　融慧立人课程的实施 ··· 20
　　第四节　融慧立人课程的评价 ··· 23
　　第五节　融慧立人课程的保障 ··· 28

第三章　融慧立人校本课程的精细开发
　　第一节　树德立人之现代公民素养课程举隅 ·························· 30
　　第二节　健体立人之身心健康素养课程举隅 ·························· 40
　　第三节　启智立人之科技思维素养课程举隅 ·························· 49
　　第四节　博闻立人之人文交往素养课程举隅 ·························· 60
　　第五节　尚美立人之艺术审美素养课程举隅 ·························· 78
　　第六节　修能立人之实践探索素养课程举隅 ·························· 87

1

第四章　融慧立人课程的课堂形态

- 第一节　启悟课堂构建的背景 ······ 94
- 第二节　启悟课堂内涵的解读 ······ 96
- 第三节　启悟课堂教学的流程 ······ 98
- 第四节　启悟课堂实施策略 ······ 101
- 第五节　启悟课堂评价的方法 ······ 105
- 第六节　启悟课堂教学的课例 ······ 110

第五章　融慧立人课程的作业建设

- 第一节　理解作业内涵 ······ 128
- 第二节　优化作业设计 ······ 133
- 第三节　细化作业评价 ······ 137
- 第四节　作业设计案例 ······ 140

第六章　融慧立人课程的项目研究

- 第一节　学校项目式学习实施的方案设计 ······ 154
- 第二节　艺术主题项目式学习实施案例举隅 ······ 160
- 第三节　劳动主题项目式学习实施案例举隅 ······ 170

第七章　融慧立人课程的学科融合

——小学学科教学融合劳动教育策略研究 ······ 180

第八章　融慧立人课程的教学智慧

——电子媒介对小学作文教学中创造性思维培养的影响 ······ 217

第九章　融慧立人课程的教师研修

——基于网络的中小学教师校本培训策略研究 ······ 253

第十章　融慧立人的课后服务及家校共育

- 第一节　基于融慧立人课程的课后服务 ······ 275
- 第二节　立足融慧立人课程的家校共育 ······ 281

后记 ······ 290

第一章　融慧立人课程的逻辑起点

学校文化是一所学校的灵魂，课程是一所学校的核心产品。对学校文化发展的研究，应从顶层设计出发，围绕核心理念，从凝心聚力的精神文化建设、形神俱美的环境文化建设、以人为本的制度文化建设等主题一一展开。学校应鼓励师生去开阔视野，沉淀思想，促进师生成长，铸造品牌形象。学校的课程需要扎根于学校文化的土壤，依据对校情、学情的分析和判断进行科学合理的构建，这是学校课程建设的逻辑起点。

第一节　融慧立人的文化追求

一、学校的基本情况

郑州市郑东新区龙翼小学是郑东新区一所高起点、高标准、高品位的公办小学。学校坐落于郑东新区如意新城的千顷龙湖东北水岸。在龙之翼，恢宏大气，俊采星驰；承湖之泽，钟灵毓秀，水木清华。学校建设用地面积18 930平方米，总建筑面积19 836.83平方米，主体建筑群由教学楼、综合楼、多功能教室、办公楼、合班教室、风雨操场几部分组成。学校设置30个教学班，一批优秀教师怀揣大爱和责任，在此播撒智慧和光明，全心全意呵护孩子的童年，以诚以坚守望孩子成长。

学校本着"教育即生长"的办学思想，围绕"立人为本，为幸福人生奠基"的办学理念，确立"韫家国情怀，拓世界视野"的育人方向，秉承"厚德腾龙，敦行振翼"的校训，树立"诚毅砺志，静笃致远"的校风，涵养"诚朴儒雅，弘道树人"的教风和"惟志惟勤，日新又新"的学风。倾力构建丰富生命成长钙质的课程体系，打造激扬生命活力的生本课堂。尊重生命，关注生长，用人类文明的优秀成果养其正，成其人，培养健康、阳光、乐学、睿思，既有家国担当，又有国际视野的现代少年。让学校真正成为师生精神栖居的家园，勤勉致知的学园，德馨人和的乐园，诗意美丽的花园。

在龙之翼逐梦想，乘风千里击水万仞；于湖之畔听书声，滋兰九畹树蕙百亩。点亮智慧的澄明心灯，开启书香的芬芳之旅，全体龙翼师生携手并肩，挥毫泼墨，共同书写着崭新的教育传奇。

标志说明

标志中心是一枚古色古香的印章，上书八字校训"厚德腾龙，敦行振翼"。印方正古雅，篆尚婉而通，"厚德""敦行"的文化底蕴由此表达，"腾龙""振翼"的理想追求因以彰显。印章下方的2016代表学校的创办时间。

篆刻着校训的印章周围环绕着中国古典龙纹图样，匀圆齐整，端雅大气，吉祥灵动，加上外圆内方的整体格局，寓意着学校民主、和谐、独立、自由的精神内涵。

标志整体采用紫色，象征着学校高贵、优雅、沉毅、洒脱的独特气质。紫色由温暖的红色和冷静的蓝色调和而成，正如我们的龙翼学子，热情活泼似火，睿智静笃如海。

标志图形搭配由苍劲有力的中国书法字体书写而成的校名，既稳重大气，又雅致灵动，很好地诠释了学校的外在形象及精神气蕴。

二、学校的办学理念

教育哲学： 立人教育

办学理念： 立人为本，为幸福人生奠基

发展愿景： 办一所孩子家门口的优质学校，办一所众望所归的温暖学校，办一所人所向往的卓越学校。为每一个龙翼学子拥有幸福而有意义的人生奠定坚实的根基。

校训： 厚德腾龙，敦行振翼

校风： 诚毅砺志，静笃致远

教风： 诚朴儒雅，弘道树人

学风： 惟志惟勤，日新又新

三、办学理念诠释

（一）教育哲学：立人教育

立人：即立身，做人。亦即扶持、造就人。《易传·说卦》中有云："立人之道曰仁与义。"《论语·雍也》中有论："夫仁者，己欲立而立人，己欲达而达人。"20世纪20年代，鲁迅先生曾经提出立国立民在于立人的观点。我们所指的立人是指加强自我修养，自强自立，使自己德行有成；关爱他人、回报社会，使大家共同发展和进步。立人是崇高的人生境界，也是庄严的社会责任。

植根中华优秀传统文化沃土，研究现代教育思想精髓，我们确立了学校的教育哲学为"立人教育"，提出"立人为本，为幸福人生奠基"的办学理念，致力于立堂堂正正之身，育有所作为之人。学生个个追求自立自强，立身做人；师生共同实现德才有成，立己达人。

（二）办学理念：立人为本，为幸福人生奠基

"立人为本"，即学校的一切教育教学活动都要从学生的实际出发，着眼于学生的发展，使学生获得全面、主动、和谐、有个性的可持续的发展。

"为幸福人生奠基"，我们的理解是：在人的一生中，每个成长阶段都有其珍贵的不可替代的价值。尤其是儿童阶段，作为人的身心发展最重要的时期，不只是成人期的准备阶段，更是人一生中最快乐最幸福的时光。教育所能成就的最大功德是给孩子一个幸福而有意义的童年，以此为他们幸福而有意义的一生创造良好的基础。由此，我们提出"小学六年，欢享童年；小学六年，奠基终生"的儿童观。我们认为，理想的小学教育，应该让孩子享有快乐而充实的童年时光，让孩子在成长过程中不仅充分体验到求知、思考、实践、创造的快乐，还充分体验到来自亲情、师爱、友情、集体的快乐，来自书香润泽、野外嬉戏的快乐，来自童年天性释放、七彩个性张扬、生命激情点燃的快乐……由这多方面的快乐汇集而成的童年幸福，才应该是基于核心素养塑造的以人为本的教育献给孩子的礼物，才是立人教育最本真的追求。唯其如此，才能让孩子在享有幸福童年生活的同时，为他们未来的幸福人生奠定坚实的基础。

（三）校训：厚德腾龙，敦行振翼

"厚德"出自《周易》中的卦辞："天行健，君子以自强不息；地势坤，君子以厚德载物。"意为天（即自然）的运动刚强劲健，相应地，君子应刚毅坚卓，奋发图强；大地的气势厚重广阔，君子应增厚美德，容载万物。厚德载物作为中华优秀传统文化的精髓，成为古往今来历代仁人志士崇尚追求的至高道德境界。

"敦行"取自《礼记·曲礼上》中"博闻强识而让，敦善行而不怠，谓之君子"。上博楚竹书《从政》篇也说"敦行不倦，持善不厌"。"敦"是敦促、勉励的意思，"敦行"就是勉力去做，强调动手的能力、实践的作风和对道德的践履。坐而论道、光说不做，只能是语言的巨人、行动的矮子。"敦行"既是一种作风，也是一种标准。对于学生来说，只有知行统一，才能成长为全面发展的有用人才。

对于全校师生来说，不仅要志存高远，厚德积学，还要身体力行，在实践中展现自己的知识与品格、抱负与才能，并在行动中勇于开拓、大胆创新、知行合一，把理论和实践有机结合，让认识世界和改造世界和谐统一，积极追求理想的人生境界。

校训是一所学校的灵魂，是学校办学理念的重要表达，是学校文化的高度凝练，承载着学校的历史、现在和未来，塑造着全校师生的精神形象。

此校训取向高远，"厚德、敦行"是一个有机的整体，学以德为先，德以志为本，而行则是关键。这是我们需要的人文情怀与品位设定，代表着我们的胸襟与格局、理念和方向。这一校训还将我校校名巧妙地嵌入其中，具有现代学校的精神特征和深厚的人文底蕴。

（四）校风：诚毅砺志，静笃致远

"诚毅"，诚者，诚以为国、诚以待人，实事求是、大公无私，诚心诚恳；毅者，毅以处事，毅以治学，坚强果敢、坚韧不拔，百折不挠。

"砺志"有"磨砺意志"的意思。出自清朝李渔的《慎鸾交·久要》："待我砺志青云，立身廊庙，做些显亲扬名的大事出来。"

"静笃"出自老子的《道德经》第十六章。原文为："致虚极，守静笃。""守静笃"，寂然不动曰"静"；虚一浑厚，静而至静曰"笃"。"守静笃"讲的是修炼功夫，要一心不乱、专一不二地"守"住心。如灵猫捕鼠一般，目不转睛，聚精会神，思想高度集中。又如鸡之孵卵，紧闭双目，精神内守，专注在所孵之卵上。这是一种修定的功夫，也是专心到极点的比喻。"静笃"，启示我校师生以修身为学习之法，唯有收敛浮华，归于笃实，凝神静气，才能复本归真，求得真知。

"致远"谓人的志向远大，才干卓越，能担负重任而行于远方。引自诸葛亮的《诫子篇》："静以修身，俭以养德，非淡泊无以明志，非宁静无以致远。"

"诚毅砺志，静笃致远"寓意以诚毅磨砺意志，以静笃凝心聚气，方能志达行远，建树人生。

校风是学校理想、信念、价值的显著标识，是学校治学、治教、治校的综合体现，反映着全校师生执教治学的整体风貌。"诚毅砺志，静笃致远"适用于全体师生，是我校办学风气的集中显现。

（五）教风：诚朴儒雅，弘道树人

"诚朴"，诚者，诚心、诚实、诚真；朴者，朴真、朴茂、朴实、朴厚。意为诚恳朴实，是我校精神中最本色的东西。为人要诚朴，就是要诚心正意，朴实无华，以诚相待；做学问要诚朴，就是要有实事求是的科学精神，严谨、勤奋的治学态度。

"儒雅"，形容人富于学养，温文尔雅。我校积极倡导塑造外表优雅、内涵博雅、举止典雅、谈吐文雅、气质高雅的教师形象，通过努力建设高雅文化、营造雅致环境、培训儒雅教师、打造博雅课堂、培养优雅学生、完善宽雅评价等多种途径，精心打造大雅校园，全面落实素养教育。

"弘道树人"中的"弘"有广大、充实的含义，"道"是指事物发展的内在规律，科学的思想、方法等。《论语·卫灵公十五》中云："人能弘道，非道弘人。"古往今来，对"道"的发扬光大，乃为人师表者的天职。"弘道树人"是指教育者上下求索，探求科学真理，教书育人，传播先进文化；以高尚的人格、博大的胸怀、丰厚的学养孜孜不倦化育英才。十年树木，百年树人。一代代教育工作者应传承兴校办学的优良传统，立德厚德，载物树人，为国家、社会培育出一批批德才兼备的栋梁之材。

教风是学校教师道德、才学、素养的集中反映，体现教师的教学观、学生观，反映整体教师队伍师德水平与职业境界。"诚朴儒雅"是师德、操守层面的自励，其内涵丰富全面，是为人师者的永恒守则，"弘道树人"是实践、目标层面的引领，既是对我们自己的勉励，也是我们对学生的勉励。

（六）学风：惟志惟勤，日新又新

"惟志惟勤"，取义于《尚书·周官》："功崇惟志，业广惟勤。"意思是：（一个人）功劳崇高，皆因他志向宏伟；（一个人）业绩广大，全凭他勤奋努力。成大业者，无不执着于自己的追求，无不倾注全部的心血和艰苦的努力。

"日新又新"，《礼记·大学》记载汤之《盘铭》曰："苟日新，日日新，又日新。"这句话是商朝的开国君主成汤刻在盥盘上的警词，旨在激励自己自强不息，创新不已。文中三个"新"字，本义为洗澡除去肌肤上的污垢，使身体焕然一新，在这里引申为精神上的弃旧图新。因此，这句话的意思是：如果能每天除旧更新，就要持之以恒，日进有功。日新又新，在此意为每天都能创新思维，认真思考，每天都能学到新的知识，每天都有新的收获。体现一种不满足现状，在不断的探索中求得发展的精神面貌。

"惟志惟勤，日新又新"作为我校学风，充分表明了学校尊重个性差异，培育创新精神，倡导师生勇于探索的办学理念。教师追求卓越，孜孜以求，日新其德，日新其学，成就人格的伟岸和知识的浩瀚；学生志存高远，勤勉求知，探索求新，在求新中激发学习兴趣，学有所乐，学有所成。

学风有两种含义：一是指学校师生所秉持的治学态度、治学原则、治学精神；二是指学生集体表现出来的行为规范、道德思想、精神风貌。有时也特指学生的学习态度和学校的学习风气。我校学风"惟志惟勤"承载着传统学风的精华，"日新又新"是新课程理念在学习观上的突出体现，更是我们当前学风建设的关键所在。

第二节　融慧立人课程的资源及需求分析

杜威在《儿童与课程》一书中指出，如何倾听儿童、聚焦儿童的学习需求，是课程建设必须首先回答的问题。对校情、学情进行分析和判断，是学校课程建设的基础。着手课程建设工作，仔细审查学校的情况，进行学校基本情境的SWOT分析工作，从地理环境、学校硬件、教师资源、学生状况、家长状况、地方资源六个方面的优势、劣势、机会和威胁进行综合调查和系统分析。

一、学校内部环境分析

（一）校园环境

我们以建一所理想中的学校为己任，通过整体设计、分步实施，着力打造一个既有现代神采，又具典雅气韵，既大气包容，又活泼灵动，大教无形、形神俱美的校园育人环境。

目前，学校以敞亮开阔、温馨质朴、贴近儿童为特点的功能室文化建设已阶段性完成，并投入使用；以萌芽之春、生长之夏、收获之秋、沉淀之冬为主题的厅廊文化正在分步实施，一楼主题厅廊深美之境惊艳亮相，蔚为大观；以树蕙、有容、沉香为主题的庭院文化初现风采；以撷芳、滋兰、籽耘、微木、丁香为主题的园区绿化景观次第生成，树石花草，相映成趣。三庭轩敞雅致，五园花木葱茏，三庭五园，佳境渐成。文化为魂，房道为骨，景观为妆；绿色环保，如诗如画，品位优雅。如今，龙翼小学越来越展现出其不同流俗的风貌特征，校园里有会说话的墙壁，会流动的色彩，会弥漫的诗性，学校本身渐渐成为一部与学校课程、育人目标、文化传统深度联结的立体教科书，成为一位行不言之教的美学导师。

（二）硬件设施

学校硬件设施较为完备，有综合报告厅、学生阅览室、教师阅览室、音乐教室、美术教室、计算机教室、科技创客空间、舞蹈教室、书法教室、陶艺教室、劳技教室、心理咨询室、卫生保健室、室内运动馆、党员活动室、少先队活动室、多功能餐厅等功能室及教学场馆，这些功能室及教学场馆为学校课程的实施提供了必要的物质保障。学校的校园文化资源丰富，优美的校园环境、浓郁的学园气息、厚重的书香味道、雅致的艺术氛围都在学生的成长中发挥着潜移默化的作用。

（三）师资力量

学校专任教师数量足，学历层次高，100%的老师拥有本科及研究生学历。70%的教师为25—35岁的青年教师，年富力强，工作中充满热忱，富于进取精神。30%以上的教师为省市区级名师、骨干教师，有着丰富的教学经验、较高的业务素质和强烈的创新意识。通过深入调查了解，我校相当一部分教师除了具备本学科的专业知识和素养，还有着广泛的兴趣和爱好，他们不仅术业有专攻，而且多才多艺，学有特长。问卷调查显示，我校教师认同学校的课程理念，积极参与学校的课程规划和校本课程开发工作，具有较强的课程开发、实施能力，为课程高质量开发与实施提供了有力的保障。

二、学校外部环境分析

（一）地方资源

我校地处河南省郑州市郑东新区北龙湖副CBD中心地段，有着丰富的地方资源。

首先，拥有博大精深的中原文化。中原文化源远流长、博大精深、内涵丰富、光辉灿烂，被视为中华文明的根源，中原文化的先贤们所阐发的许多思想，至今仍闪烁着真理的光芒，成为全人类共同的文明成果。如天下大同的文化气度，天人合一的理念境界，尊道贵德的理性气质，大德曰生的人文情怀，中庸辩证的思维，在环境恶化、能源危机、人为灾难频繁发生的今天，成为引领人类社会发展建设的思想精华，对于我们今天进行道德建设、人格完善，对于整个民族素质的提升，乃至世界文明的进步，都具有积极的引领作用。所以，我们在进行课程开发的过程中，应立足本土，要"寻民族文化的根"。

其次，地理位置佳。郑东新区位于郑州市甚至河南省改革开放的前沿阵地，是展示郑州，展示河南的一个亮点和窗口，是郑州市经济发展的一个龙头。河南发展看郑州，郑州发展看新区。郑东新区如今已经成为郑州乃至河南对外开放的"桥头堡"，成为郑州人骄傲的城市新名片。这里有引领科技创新的中原科技城，有美丽澄澈的北龙湖，有雍容大气的艺术馆，有风景如画的湿地公园，有各种好吃好玩好看的事物。它寄托着河南改革开放、锐意进取、伫立潮头的信念，寄托着人们寻找一处城市桃源的美好理想。我校处在东区如意新城中心区域，何其幸运！所以，我们在进行课程开发的过程中，应立足新区，拥有前瞻的眼光和开放、包容的胸怀，教育学生做面向世界的人。

（二）家长资源

我校地处郑东新区北龙湖中原科技城核心区域，学校的生源一部分来自学校周边拆迁区的居民，一部分来自附近新开发的商品住宅小区，一部分来自哈尔滨工业大学郑州研究院等科研院所，家庭经济条件大都较好，对学生和学校的期望值较高。我们向来重视发挥家长在学校教育中的作用，加强家校合作，优化育人环境，从办好人民满意的教育的高度，建设好家长委员会，并动员全体家长参与学校教育，真正构建学校、家庭、社会密切配合的育人体系。通过问卷调查和意见征询等形式，了解到家长和学生的诉求，结合家长资源的丰富性这一特点，逐步推行"家长教育资源进课堂"这一创新举措，给学生带来课本里学不到的知识、学校里没有尝试过的体验，也建立起更加融洽的亲子关系，构建全方位的育人网络，形成学校、家庭、社会密切配合的育人体系。

学校基本情境 \ SWOT分析	优势（S）	劣势（W）	机会（O）	威胁（T）
地理环境	位于郑州市郑东新区龙湖区域，环境优雅，教育资源丰富	郑州市郑东新区龙湖区域尚在建设中，一些资源的供给尚不稳定	国家重视新区建设，教育支持力度大	—
学校硬件	功能室的建设较完善，设施设备条件好，教育信息化水平较高	教师教育信息素养不高，师生教育信息技术能力不强	推进校园数字化学习的空间较大	网络资源的不合理开发与应用
教师资源	教师学历层次高，课改理念新，富有敬业精神，适应性强，在工作中拥有进取、创造精神	青年教师较多，缺乏丰富的教育教学经验，距离成熟期有一段时间，需要一个成长的过程，部分学科缺少有影响力的领军教师	青年教师比例大，后备力量强，发展潜力较大	个别学科师资力量不够充足
学生状况	兴趣广泛，视野开阔，思维活跃，实践动手能力强	学习基础、学习能力差异较大	差异性带来的选择性、个性化成长	应试教育的影响
家长状况	大部分家长对学校工作支持配合	小部分家长不关注子女学习，孩子的学习处于托管状态	家校沟通机会大	部分家长教育观念陈旧
地方资源	中原之地文化积淀深厚，处于发展前沿，地方课程资源丰富	—	大量资源有待于开发	—

龙翼小学课程规划背景 SWOT 分析

三、学生需求分析

在我校的发展规划中,课程变革领域的规划与设计始终是居于中心地位的。我们深刻地认识到,儿童在学校度过的这一段生命历程尤为重要。学校课程直接影响着儿童对其一生幸福生活的体认、把握与追求,影响着学校培养目标的实现。课程是否适合学生,反映着教育的充分程度和办学的精确程度。因此,如何基于国家课程标准的总体要求,让学校的课程更加适合学生个性化成长的需要,是我们一直致力于改革的方向。顾及学生的差异性,为了为每一名学生提供可供选择的适合的教育方式,让学校的教育对每一名学生的成长产生长远的影响力,学校对各年级学生进行了问卷调查和访谈,以了解学生在学习中的需求,并对调查的数据进行认真分析,得出如下结论。

(一)学生认知需求

学生希望通过课堂学习及第二课堂的开辟,不断积累基础知识,提高基本技能,为将来的学习和发展打下坚实的基础。经问卷调查及访谈得知,我校学生尤其喜欢学校开展的学科学习拓展活动,如体育节、科技节、艺术节、读书节系列活动,以及丰富多彩的社团活动,认为这些活动内容有趣,形式灵活,很吸引人。

(二)学生情感需求

学生在成长的过程中,对身心安全感的需要是最基本的需求,他们希望在学校学习的每一天,都能身心舒展,健康快乐;作为学校集体中的一员,他们渴望来自团队的友谊、集体的温暖,对学校强烈的归属感会促进他们的成长和进步;另外,良好的师生关系,温馨的亲子感情也是学生成长必需的助推剂。而以上种种需求,都需要反映在校本课程的建设中,如适度增加一些实践性活动,体验式、交流式的学习活动,为学生的情感需求提供相应的支撑。

(三)学生精神需求

学生的成长过程是一个自主成长、自我建构的过程。学生需要通过一系列有效的学习活动认识自我,建立自信,规范行为,融入集体,增强兴趣,养成习惯,涵养性情,开阔视野,学会创造,从而达到一个自我教育、自主发展的新境界,为一生的幸福生活擦亮生命的底色。经问卷调查及访谈得知,学生喜欢兴趣活动、游戏体验、角色扮演、社会调查、游学研习、科技探索、艺术创造等多种多样的学习方式,以满足自己多方面的精神需求。

对学生需求的调查分析,为我校课程目标的确立、课程指南的编制提供了重要依据。

四、家长需求分析

为了了解家长的教育期待及对学校课程建设工作的意见和建议,学校对各年级学生家长进行问卷调查和访谈,并对调查的数据进行分析,发现家长的教育期待主要集中在以下几个方面。

第一,家长希望学校可以多开设一些身心健康类课程,让孩子具有阳光的心态和健康的体魄;第二,家长希望学校注重学生学习、生活习惯的培养,指导学生从小播种好习惯,收获未来美好的人生;第三,家长希望学校注重对学生学习兴趣、特长的培养,让孩子可以依照自己的兴趣选择自己喜欢的课程,在课程中锻炼自我,发挥特长;第四,家长希望孩子在思想道德、文化素养、学业水平、劳动技能等方面获得全面的进步和提升;第五,家长希望孩子通过学校的集体生活及丰富的社会实践活动,提升人际沟通等能力。

第二章　融慧立人课程的规划重构

　　课程是否适合学生，反映着办学的精确程度和教育的充分程度。我们聚焦学生学习、情境慎思、文化融入、目标导引、扎根过程，构建融慧立人课程体系，确立"融天下大慧，立未来栋才"的课程建设总目标，并从"树德、博闻、启智、健体、尚美、修能"六个层面进行落实。整合国家课程、地方课程和校本课程，构建与课程目标相对应的六大课程群，形成"三层六维"融慧立人课程图谱。在课程的有效实施中，帮助学生提升核心素养，提升关键能力。

第一节　融慧立人课程的目标

　　我们要办什么样的学校？我们要培养什么样的龙翼少年？我们要拿什么奉献给龙翼的学子？带着这些问题，我们进一步去研究国家课程政策、新课程标准，研究加德纳的多元智能理论，研究中国学生发展核心素养，立足校本实际，基于生情学情，前瞻学校发展愿景，在课程规划领导小组的带领下，我们全校教师积极参与，经过反复论证，提出"融慧立人"的教育信条：

　　我们坚信，教育是立人的事业。
　　我们坚信，学校是生命茁壮成长的地方。
　　我们坚信，每一位教师都有立己达人、化育栋梁的教育梦想。
　　我们坚信，每一位学生都有激扬个性、自立自强的人生向往。
　　我们坚信，每一颗心灵都可以装得下星辰大海。

我们坚信，只有海纳百川、全面发展，才能走向丰富，走向深广。

我们坚信，只有把握现在、面向未来，才能走向开阔，走向敞亮……

在教育信条的引领下，我们提出"融天下大慧，立未来栋才"的课程建设总目标。

"融天下大慧"，即融健康身心、必备品格、关键能力之慧于一体，融中原文化、中华文化、人类文化之慧于一体，融学校、家庭、社会之慧于一体，使师生获得全面、主动、有个性的可持续发展。

"立未来栋才"，即面向世界，面向未来，为国育人，为党育才，全心全意发展学校，不遗余力成就师生，源源不断地培养适应未来发展的栋梁之材。

我们将课程建设总目标分六个层面进行落实，形成"六立""六育""六成就"课程建设分目标：

树德立人，培育善良、高贵的品格，成就诚毅宽雅、向善向上的龙翼少年。

健体立人，培育健康、强健的体魄，成就自信阳光、身心健康的龙翼少年。

启智立人，培育自由、独立的头脑，成就乐学睿思、拓新创想的龙翼少年。

博闻立人，培育广博、卓拔的识见，成就胸怀书墨、意气飞扬的龙翼少年。

尚美立人，培育美丽、丰富的心灵，成就通文达艺、学有所长的龙翼少年。

修能立人，培育实践、探索的精神，成就躬行践履、敢于担当的龙翼少年。

课程目标的确立是编制学校课程规划的逻辑起点，在制订课程目标时，我们在深入研读《基础教育课程改革纲要（试行）》《教育部关于推进中小学教育质量综合评价改革的意见》等国家层面的教育指导性文件及新课程标准的基础上，以头脑风暴等形式组织骨干教师进行研讨，开展了以下实践研究。

一、厘清课程哲学的三个维度

基于"存在主义"的教育哲学观，我们以"融慧"为基点，倡导综合实践活动课程和个性化课程，促进每一个学生的个体差异化发展。基于"素养教育"的教育哲学观，我们以"立人"为核心，帮助每个学生找到最适合自己的学习方法，让教学活动变为学生主体能动的自主学习过程，让不同层次的学生都能达到自己的最近发展区，让他们由乐学到善学，享受适合自我发展的教育。基于"人的全面发展理论"的教育哲学观，我们以"发展"为前提，注重潜能培优型课程的开发，促进学生在体力、智力、精神、道德、情感上得以全面和谐发展。

二、确定课程目标的内在含义，进一步提炼学生培养目标及教师发展目标

经过反复思考，多次研讨，我们对学生培养目标及教师发展目标的内涵进行了解读

和提炼，具体表述如下。

（一）学生培养目标

我们要培养诚毅自强、阳光睿思、博雅多艺、日进日新的龙翼学子。

毕业生形象	对应课程目标	内涵
诚毅自强	树德立人	修品立行日进日新，诚毅自强擦亮底色。引领学生厚植家国情，树立报国志。能够实施有序的自我管理，渐渐形成自尊自爱、自律自强、尊重他人、乐观向上的人格品质；养成文明礼貌、勤俭节约、热爱劳动、爱护环境的行为习惯；逐步形成正确的世界观、人生观、价值观，成为"诚毅自强、向善向上、躬行践履、敢于担当"的小学生
	修能立人	
阳光睿思	健体立人	勤学锻炼日进日新，阳光睿思厚实基础。学生能够自觉投入增强体质、滋养心灵的活动中去，可以进行自我心理调节，具有健全人格、强健体魄及良好的心理品质。乐于求知，勤于思考，努力学习和掌握适应终身学习的基础知识、基本技能和思想方法。勇于探索，勇于创造，不断提升创新性思维能力，具备基础的科学和人文素养，成为"自信阳光、身心健康、乐学睿思、拓新创想"的小学生
	启智立人	
博雅多艺	博闻立人	博闻广识日进日新，博雅多艺筑梦未来。学生能够视野开阔，爱好广泛，发展特长。继承和发扬中华民族优秀传统，学习和汲取古今中外人类文明；好读书、读好书，发现美、欣赏美；在人文科学素养和审美情趣等方面都得以发展，成为"胸怀书墨、见识广阔、通文达艺、学有所长"的小学生
	尚美立人	

郑东新区龙翼小学毕业生形象及其内涵

（二）教师发展目标

我们要成就忠公诚朴、敬业厚生、博学笃行、立己达人的龙翼教师。

教师形象	内涵
忠公诚朴	忠诚奉献于党和人民的教育事业，在工作中做到公正无私。为人真诚诚恳，朴实无华；做学问有实事求是的科学精神、严谨勤勉的治学态度
敬业厚生	对教育事业敬畏、执着，有恪尽职守、严谨细致的专业精神，合作共赢、甘为人梯的专业道德。尊重、关爱、厚待每一个学生，胸有关爱民生、兼济天下的济世情怀

续表

教师形象	内涵
博学笃行	博采众长，追求广博精深的学识，在学术思想、风格、观点上兼容并包，百花齐放。并且持之以恒践履所学，使所学最终有所落实，做到"知行合一"
立己达人	既加强自我修养，自强自立，使自己德行有成；又立德树人，化育栋梁，躬耕强国。在崇高人生境界和庄严社会责任的追求中，立堂堂正正之身，育有所作为之人。实现自我与他人、个人与社会的和谐

郑东新区龙翼小学教师形象及其内涵

第二节 融慧立人课程的结构和内容

随着研究的深入，我们越来越深刻地认识到，在教学中必须以学生培养目标为依据，构建有利于学生发展的课程体系，增强课程的层次性和可选择性，为学生的自主发展提供充分的时间和空间，注重对学生基础性、发展性、创造性学力的培养，促进学生必备品格和关键能力的形成，为学生的未来发展奠定基础。

一、课程整体设计思路

基于对学校课程目标的理解，我们整合国家课程、地方课程和校本课程，构建"融慧立人"课程框架，现代公民素养课程群、人文交往素养课程群、科技思维素养课程群、身心健康素养课程群、艺术审美素养课程群、实践探索素养课程群等六大课程群。教师在国家课程的校本化实施、校本课程的特色化实施中，帮助学生提升核心素养，形成必备品格和关键能力，达成学校的培养目标，凸显学校的办学特色。

每个课程群都有系统而丰富的内容设置。比如，人文交往素养课程群中的二十四节气统整课程，引领孩子倾听光阴，应节而舞，师法自然，格物明道；童年读书课系列课程，让书香温润童年，悦读养气立人。科技思维素养课程群中设置的匠心·创客系列课程，培育孩子的科创素养、工匠精神。

二、课程的结构

我校在重新梳理学校课程的基础上，把国家课程、地方课程和校本课程融合成具有我校特色的课程结构（见下图）。

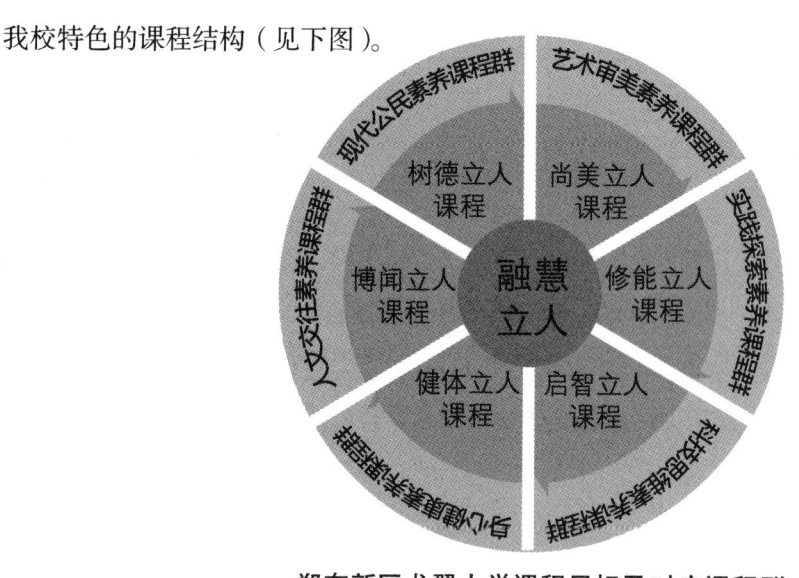

郑东新区龙翼小学课程目标及对应课程群

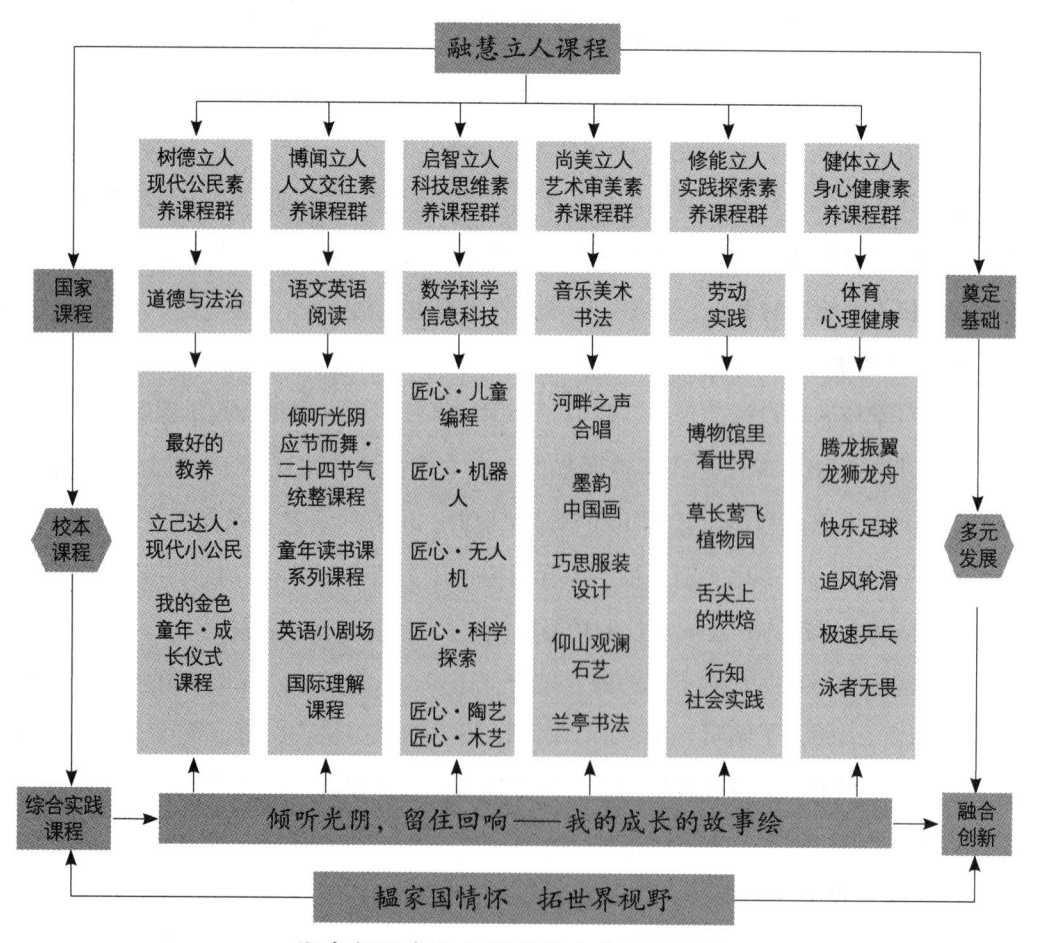

郑东新区龙翼小学融慧立人课程图谱

在我校的课程方案中，国家课程、地方课程和校本课程这三类课程既是一个不可分割的有机整体，又承担着不同的功能。这三类课程融基础型、拓展型、研究型课程为一体，不仅着眼于学生基本素质的形成和发展，也着眼于学生兴趣爱好的发展及潜能的开发，亦注重学生提出问题、探究问题和解决问题的能力，创新精神和合作意识等素养的培养。培养目标的多元化决定了实施方式的多元化。

课程结构中的各类课程均指向"树德、博闻、启智、健体、尚美、修能"五育并举的培养目标，在课程实施中注重相应目标的达成。但各个目标并不是相互孤立的，它们既互为依托、互相补充、相辅相成，又各有其侧重点、关注点，这就要求我们在课程实施中既要重视各目标的关联性，又要重视目标的独立性。

三、课程的内容

课程种类		一	二	三	四	五	六	备注
国家课程	道德与法治	2	2	2	2	2	2	一年级入学前两周为幼小衔接过渡课程
	语文	7	7	7	7	6	6	
	数学	4	4	4	4	5	5	
	外语	2	2	2	2	2	2	
	科学	1	1	2	2	2	2	
	信息科技			1	1	1	1	
	体育与健康	4	4	3	3	3	3	
	艺术 音乐	2	2	2	2	2	2	
	艺术 美术	2	2	2	2	2	2	
	劳动	1	1	1	1	1	1	
	综合实践	1	1	1	1	1	1	
地方课程	心理健康	1	1	1	1	1	1	
校本课程		2	2	1	1	1	1	
班团队活动		1	1	1	1	1	1	
周总课时		30	30	30	30	30	30	

表1　郑州市郑东新区龙翼小学融慧立人课程一览表

课程名称	课程分类	课程属性	课程内容
融慧立人课程（校本课程部分）	树德立人课程	现代公民素养	习惯养成系列课程：学习习惯、卫生习惯、运动习惯……
			文明礼仪系列课程：言行服饰礼仪、待人接物礼仪、公共场合礼仪……
			五爱教育系列课程：珍爱生命、关爱家人、敬爱师长、热爱祖国、悯爱众生
			十品教育系列课程：诚信、友善、勤勉、立志、乐观、谦逊、宽容、合作、节约、自律
			我的金色童年·成长仪式系列课程
	博闻立人课程	人文交往素养	二十四节气统整课程：倾听光阴，应节而舞，师法自然，格物明道
			童年读书课系列课程：书香温润童年，悦读养气立人
			英语小剧场、国际理解等课程
	启智立人课程	科技思维素养	数学智慧树课程：玩转数学，捕捉逻辑与思维的魅力
			匠心·创客课程：培育科创素养、工匠精神。包括匠心·飞天航模、匠心·机器人、匠心·3D打印、匠心·儿童编程、匠心·智能建筑、匠心·木艺、匠心·陶艺等课程
	尚美立人课程	艺术审美素养	合唱、舞蹈、戏剧、乐器演奏等艺术表演类课程
			主持、演讲、辩论、朗诵等语言艺术课程
			国画、书法、石艺、纸艺、收藏、鉴赏、摄影等艺术类课程
	修能立人课程	实践探索素养	烹饪、编织、烘焙等生活类课程
			在社区、地铁、机场、火车站等公共场所开展的志愿者活动课程
			在企业、工厂、博物馆、农场等开展的实践体验活动
	健体立人课程	身心健康素养	心理健康课程
			舞龙、龙舟、游泳、健美操、啦啦操、武术操等课程
			软式垒球、篮球、足球、羽毛球、乒乓球等球类课程
			轮滑、滑板、击剑、棋类等课程

表2 郑州市郑东新区龙翼小学融慧立人课程一览表

培养目标	项目课题	内容阐释	涉及学科	实施年级
自信阳光 身心健康 （学会锻炼）	绘游戏	在老师和家长的引导下，搜集丰富多样的老游戏、新游戏，学一学、画一画，制作游戏图册，找到适合自己锻炼身体的游戏方式	语文、美术、体育等	一年级
诚毅宽雅 向善向上 （学会合作）	绘合作	积极参加学校组织的社会实践活动，在活动中乐于合作，并将和小伙伴合作的过程用文字（插画）描绘并展示出来，形成班级共同合作完成的"故事绘"	语文、美术、思想品德等	五年级
乐学睿思 拓新创想 （学会创造）	绘创造	学生通过手绘一本当年的日历，学习有关日历的知识，记住二十四节气，并展示美丽的家乡风光	语文、数学、英语、美术、科学等	三年级
通文达艺 学有所长 （学会审美）	绘才艺	结合学校艺术节活动，制作一本展示同学们才艺的绘本，要求图文并茂	语文、音乐、美术等	六年级
胸怀书墨 意气飞扬 （学会阅读）	绘阅读	学习安东尼·布朗的《威利的奇遇》，用绘本的形式表现自己与书的相遇	语文、美术等	二年级
躬行践履 敢于担当 （学会实践）	绘实践	用文字、照片或图画的形式记录班级的社会实践活动，为活动留下珍贵的记忆	语文、美术、思想品德等	四年级

表3 郑州市郑东新区龙翼小学融慧立人课程一览表

（项目式学习：倾听光阴，留住回响——我的成长故事绘）

第三节　融慧立人课程的实施

基于学校的基本情况，我们对课程实施的基本思路是：顺性适需，循序推进，务求实效，凸显特色。

一、国家课程的实施

对于国家课程，我们坚持开足开齐，以"乐谱式课程"理论指导课程的实施。在我校国家课程实施过程中，课程被认为是一部乐谱，教学则是作品的演奏。乐谱式课程不再是一种静止、呆板、陌生的符号及数字，而是一条洋溢着朝气、活力和创造力的生命曲线；教学不再是教师单向的传授和灌输，而是师生配合默契的技巧丰富多变、精彩迭现的演奏。学生沉浸在这场演奏里，可以高歌起舞，忘情作为，茁壮成长。具体的实施策略为：

（一）解读课标，构建学科课程标准

在"乐谱式课程"实施理念的指导下，变"教教材"为"用教材教"，充分整合各种可资利用的课程资源，加强学科组内部合作，依据校情、学情制订符合学校实际的学科校本课程标准，以此作为国家课程校本化实施的依据。

（二）加强教研，制订学科课程纲要

树立整体规划教学的意识，按照课程目标、课程内容、课程实施、课程评价四要素撰写课程纲要，统筹安排学科学段教学。开学第一课，与学生分享课程纲要，让学生明了新学期学什么、怎么学、学到什么程度，培养和增强学生独立学习、自主学习的意识和能力。

（三）编制学案，进行基于标准教学

基于新课标、教材和学情，科学制订课堂学习目标，使课时目标可操作、可观察、可测量，并具有导教、导学、导测评的作用。在设置学习目标之后，选择与目标匹配的课堂评价方式，制订评价标准。之后再设计与学习目标一致的学习活动，将课堂评价镶嵌在学习活动之中，通过课堂评价获取学生达标的证据，以此调节教学行为，让课堂教学有效实施。

（四）以生为本，提炼有效课堂形态

我校积极推进"道德课堂"教学改革，在生本教育、道德课堂理念指导下，结合校本实际和师情学情，摸索并逐渐提炼形成独具特色的启悟课堂形态。通过实施"一本三单四环节"的教学策略，有效提升课堂教学效率，增强课程实施的效果。

（五）立足素养，探究单元整合教学

依托大单元、大概念、大任务教学的探究，要求教师打破单一课时的视野局限，以联系的眼光、系统的思维高屋建瓴地把握课时与课时之间的联系，考虑单元设计的整体性如何对学生的核心素养培养起到作用，进行单元教学的设计与实施，从而不断提升教学效率，形成课程意识，助力学生核心素养的培养。

（六）落实"双减"政策，推进作业优化设计

基于课程标准，依据学习目标，优化作业设计。本着趣、活、精、实的原则，设计分层次、有针对性、实效性的丰富多样的作业，把作业建设作为减负增效的重要突破口。致力于构建实现课内外联系、校内外沟通、学科间融合的作业设计体系，让作业成为培养和发展学生素养的有效途径。

二、校本课程的实施

在实施校本课程时，我们在空间组织方式上实行走班制，在时间组织方式上实行长短课时制和周期课时制，在师生互动方式上实行导师制。

（一）在空间组织方式上实行走班制

教师在学校课程部的带领下，开发校本课程，为学生提供课程菜单，每学年开学之初，学生根据自己的兴趣、爱好和个性需求进行选课。学校每周安排固定的时间，在这个时间段中，全校学生打乱班级顺序，根据自己选择的课程进行走班上课。亦即同一年级的不同学生，甚至是不同年级的学生，可选择同一门课程教学，接受统一的授课。当然，有一些课程会在所有的班级组织教学实施。比如"童年读书课"作为拓展型课程会排进一至六年级的课表中，由语文老师进行教学。德育课程"最好的教养"与少先队活动课相结合，由班主任老师进行渗透式教学实施。

（二）在时间组织方式上实行长短课时制和周期课时制

在校本课程的实施过程中，我们会根据一些课程的实际需求，进行长短课时的安排。还有一些研究型课程，是以主题探究、创新实践为主的综合活动课程，是选修课程。如二十四节气统整课程、我的金色童年——成长仪式系列课程等课程，是通过一系列的体验、探究活动展开的，教师在教授这些课程时，会根据时间节点和研究需要按一定的周期分阶段实施。

（三）在师生互动方式上实行导师制

在师生互动的组织方式上，除了由任课教师与学生之间、不同学习层次的学生之间、家长与学生之间多方面的相互作用和影响而建立的走班制，我们还着力于从学业指导、兴趣培养、特长形成和心理疏导等角度，建立导师制，以有利于针对学生的个性化成长，对学生进行及时的指导和帮助。

三、综合实践课程的实施

综合实践课程是一种实践性课程，是基于学生的直接经验，引导学生从自身生活和社会生活中发现问题，尝试运用研究性学习的基本方法，体验研究过程的一种学习活动，以重视学生学习的过程作为课程教学的追求。我们的综合实践课程是以主题探究、项目学习、创新实践为主的综合活动课程。在课程实施的过程中，我们更多地采用体验式学习活动、项目式学习活动和探究式学习活动的形式进行教学。

如生命美育课程，通过一系列的体验、探究活动来展开：开展走进自然活动，引导学生发现生命萌芽、生长、成熟之美；开展救护观摩、消防演习等活动，引导学生学习自我防护，感受生命无法重来的庄严之美；开展感恩父母亲子活动，引导学生发现生命因家人而不同，感受中国传统人伦之美；开展挫折教育活动，引导学生感受被老师、同学关怀的温暖，感受生命中的人情之美；开展励志进取教育，引导学生感受生命需要挑战，认识生命意志之美。

在项目式学习活动中，主要是借助项目式学习这一载体，进行课程的整合、融合，遵循学生为主体、实践为中心、开放为特点、适度为要求的四项原则，让学生在真实的问题情境中灵活运用各种学科知识进行合作学习、自主探究，不断提升学生的高阶思维和合作、实践、创新等必备品格和关键能力。项目学习模式的操作流程由选定项目、制订计划、活动探究、作品制作、成果交流和活动评价六个部分组成。

游学研习课程亦应通过活动的形式来实施，让学生带着课题参加冬、夏令营活动，社会实践活动，走进自然，体验异域风土人情，考察不同地域文化，在行走和实践中放眼世界，开阔视野，关注社会，思考人生，提升学生的自我认知能力及自理生存能力，培养其实践能力和创新精神。

第四节　融慧立人课程的评价

一、对学生的评价

在国家课程校本化实施，校本课程开发、实施的过程中，我们着力于重构学生发展评价体系，促进课程目标有效落实。注重克服以往评价偏重于甄别和选拔的倾向，建立科学、规范的课程审议及评价制度，形成专业化的课程管理与质量保障机制。在评价中不仅关注学生的成绩，而且注意发现和发展学生多方面的潜能，注重过程性评价，采取多元评价方式，突出学生的主体性，显示评价的激励性，帮助学生认识自我，建立自信，发挥评价的教育功能，促进学生持续向前发展。

（一）倡导过程性评价

新课程改革倡导的是以促进学生全面发展为基础的过程性评价，评价应贯穿于教学的整个过程，伴随和贯穿于教育教学活动的每一个环节，不能只发生在教育教学活动之后。促进学生全面发展的评价除了终结性评价，还有过程性评价，过程性评价的重心在过程。

在过程性评价中，学校将关注的视角指向学生学习体验的过程。学生在具体活动中，通过积极参与、合作交流，采用活动记录的方式评价自己在活动过程中的行为、情绪情感、参与程度、努力程度等，教师给予指导和指导性评语。

姓名		班级		学号		阅读时间	
阅读书目（篇目）							
作者及作者资料							
阅读方式			1.精读		2.略读	3.浏览	
完成情况			1.全部		2.一半	3.一半以下	
主要内容							
阅读摘记							
阅读体会							
阅读评价效果	自我评价				家长评价				教师评价		
	优	良	合格	需努力	优	良	合格	需努力	优	良	合格	需努力

童年读书课学生阅读反馈表

（二）坚持全面性评价

在课程评价中，强调评价内容的综合化，不仅关注学生的学业成绩，还关注其多方面的潜能和特质的发展，尤其是探究与创新能力、自主学习能力、合作学习能力、实践能力，以及学习兴趣、学习态度、学习习惯、学习过程、学习方法、情感体验等，应用多维目标进行综合评价。

锚定学生培养目标。我们精心设计评价章、评价币，引导孩子立己达人，争章竞飞。围绕学校核心理念、课程目标和毕业生形象的设定，我们构建了"立己达人，争章竞飞"的评价体系，即从"立人币"（树德币、博闻币、启智币、健体币、尚美币、修能币）到"立人章"（树德章、博闻章、启智章、健体章、尚美章、修能章），再到"立人少年"（诚毅少年、博雅少年、睿思少年、阳光少年、艺美少年、行健少年）的三级评价体系。制订"立人少年"六个维度的评价标准，让评价浸润学生校园生活的角角落落，促进学生积极进取，助力学生全面发展。

（三）评价主体多元化

我们倡导评价主体的多元化，让学生以及与学生有关的教师、管理者、家长、社会人士都参与到评价过程中去，加强自评、互评，让自评、互评成为人们积极参与的交互活动。评价主体的多元化，将更有利于提供多角度、多层面的评价信息，更有利于被评价者的进步。如对于学生的评价，教师的评价体现了教育目标和课程标准对学生发展的要求；家长的评价反映了家庭、社会对下一代成长的期待，往往能提供教师看不到的东西；同学之间的互评促使学生通过评价他人反省自己，能够加深对评价标准、评价要求的理解，从而促进自我进步；学生的自我评价可以使学生养成自我反思的习惯，不断提高自我评价的能力。

表达能力	写作能力	设计及资料搜集能力
1. 故事比赛 2. 问答比赛 3. 小组讨论或辩论 4. 简单的故事表演 5. 介绍新书 6. 作家、作品的讨论	1. 句子、段落或其他文字的读后感 2. 仿写 3. 续写故事 4. 写读后感 5. 介绍故事中的人物 6. 给故事中的人物写信 7. 写阅读报告	1. 摘录本展览 2. 书签设计 3. 封面或插图设计 4. 搜集、剪贴与故事有关的资料 5. 名家作品专集 6. 专题阅读或展示
愿意在阅读中思考，阅读能力提高。（ ）	语言表达能力提高。（ ）	

续表

敢于展示自我，发表自己的意见。（　　）	书面写作能力提高。（　　）
愿意和同学合作，懂得倾听他人意见、尊重他人。（　　）	学到了读书的方法，提高了搜集整理信息的能力。（　　）
自我综合评价：	
小组评价：	签名： 年　月　日
老师评价：	签名： 年　月　日
家长评价：	签名： 年　月　日

我觉得自己在这些方面的进步最显著：（请在括号中画"★"）

童年读书课读后展示活动项目表

（四）评价方法的多样化

我们的课程评价强调评价方法的多样化，即把质性评价方法与量化评价方法结合运用，把终结性评价变成发展性评价，以动态全面的标准不断激励学生，让所有的学生都渴望进步、树立信心、体验成功。

学生的"成长风铃"是我们评价改革的重要手段，体现了新课标"以学生发展为本"的教育理念。学生评价的过程贯穿了我校"开放的心态、自我的参与、兴趣的演绎、个性的张扬"的成长理念。学生的"成长风铃"，其实就是学生的成长档案袋。我们认为教育是一件浪漫的事，而"档案袋"的称呼缺乏生命力，"成长风铃"则让人感觉诗意盎然。在"成长风铃"里，家校联系手册、活动照片、手工作品、师生评语等无所不有，包括学生用刻苦和努力换来的奖状、用心写的作业及创作的自画像、生日贺卡……把单项评价变成多项评价，把单一评价主体变成多评价主体。

二、对教师的评价

教师作为校本课程的开发者和实施者，其自身的素养与热情直接关系到课程的发展前景。为调动教师参与课程建设研究的积极性，学校将教师在课程建设方面做的贡献与学校的评优评先相结合，并在绩效考核方面给予一定的体现。每个学期末都要评出课程建设先进个人及优秀团队，并进行奖励。具体实施方式如下：

1. 每学期课程结束时，由校课程委员会组织对教师进行评价，并把评价意见反馈给任课老师，评价结果同时作为评优评先依据。

2. 参与教师评价的人员包括课程委员会、专家、学生、家长。

3. 根据课程实施过程情况对教师进行评价，包括听课、过程检查、问卷访谈及课程实施的效果等方面。

4. 对教师评价的维度主要有教学态度、教学方法、教学水平、课堂组织、教学效果、考勤记录、教学材料等。

三、对课程的评价

我校依托课程研发中心，展开课程评价，关注课程本身、教师教学、学生学习、团队建设等课程建设的四个核心要素，将课程评价纳入整体教育教学评价体系，并与教学评价、学业评价、学生发展评价、教师发展评价充分融合。

（一）国家课程的评价

课程的评价由课程中心负责，分为三个阶段。

第一阶段，由课程中心对学科实施方案进行审核。

第二阶段，组建评估组，采用随机考核的形式对课程实施进行过程性评价。

第三阶段，由课程中心制订课程实施情况调查问卷，从教师、家长、学生三个维度对课程实施成效进行诊断性评价。

教学的评价主要围绕每学期常态开展的约课、观课及"滋兰杯""树蕙杯"课堂展示观摩活动展开。

学习的评价主要围绕《素年锦时——学生发展评价手册》展开。一方面由学生对自己参与学习的收获感悟进行自主性评价，另一方面由授课老师对学生学习的态度、学习方法的掌握程度、技能的习得、情感的发展等方面进行等级性评价。

团队的评价主要围绕学校年度优秀教研组评选活动展开，学校依据教研组在课程开发、课程实施、学生学习辅导、团队文化建设方面的表现，给予综合性评价。

（二）校本课程的评价

校本课程是各个课程群的重要组成部分。校本课程与国家课程的评价理念和操作模式基本一致，主要从课程的准入、课程的监控、课程成果的展示、星级课程的评选等几个环节进行评价。

（三）综合实践课程的评价

综合实践课程，因其开放性、体验性、综合性等特征，使得课程评价不便于面向整体，不便于过程监控。为保障课程实施取得实效，避免热闹浮华流于形式，学校坚持以评价为导向，从教师组织引导的科学有序性、学生探究的真实有效性两个维度进行评价。

对教师组织引导的评价分为自评和校评。校评由课程中心负责，通过对课程方案的审核、实施过程的跟进、实施成果的调研等途径，对课程设计的科学性、课程准备的充分性、课程实施的有效性、课程评价的及时性进行综合评价。

对学生综合实践课程成效的评价分为自评和师评。师评由授课教师负责，对照综合实践课程评价标准，对学生的学习态度、学习方法、学习体验、学习收获进行鉴定性评价，并将评价结果计入《素年锦时——学生发展评价手册》。自评方面，由学生个人或小组将课程学习的收获以图文并茂的形式进行记录，由教师搭建交流平台，将研究成果进行活动性、展示性评价。

总之，学校课程的规划和实施均围绕学生健康、和谐发展展开。我们殷切地希望，在老师们的谆谆教导下，学生能在丰富多彩的课程中，强身健体、磨炼意志、开发智力、塑造人格，动静结合、内外兼修、张弛自如，如鸟儿翱翔蓝天，如鱼儿畅游大海，每个学生都能健康快乐地成长，在课程中遇到更好的自己……

第五节 融慧立人课程的保障

一、组织保障

在推进课程建设过程中,学校管理者肩负着领导和管理的重任。学校管理者根据现有条件,制订课程改革方案和实施指南,成立以校长为组长的课程建设领导小组,建立由专家教师、骨干教师组成的校本培训团体,从而确保我校课程建设工作的有效开展。

(一)建立学校课程建设的组织网络

1. 课程建设领导中心组:全面负责学校课程建设总体规划,并参与组织实施、评价与考核,适时调整课程方案。

2. 课程建设指导专家组:对学校课程的规划与实施提供指导性意见,并参与课程规划的论证与调整。

3. 课程研发中心:搜集整理课程开发过程中的资料,并向课程中心的其他部门提供课程开发的说明和依据。

4. 课程审议中心:客观科学地对学校课程设置进行审议,即审议所开设的校本课程是否符合学校办学理念,是否与学校课程总目标紧密联系,课程设置是否合理科学,课程的实施是否受学生欢迎,是否有利于学生成长。

(二)学校实行课程"四级管理"制

实行课程"四级管理"制,同时实行课程实施"第一责任人"负责制,在管理上赋

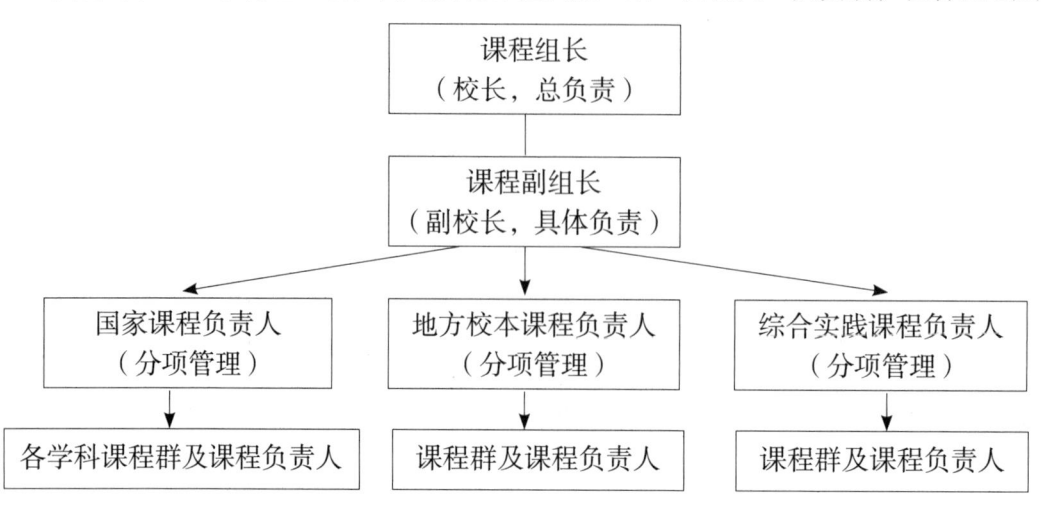

```
                   ┌─────────────────┐
                   │   课程组长       │
                   │ (校长,总负责)  │
                   └────────┬────────┘
                            │
                   ┌────────┴────────┐
                   │  课程副组长      │
                   │(副校长,具体负责)│
                   └────────┬────────┘
          ┌─────────────────┼─────────────────┐
          │                 │                 │
   ┌──────┴──────┐   ┌──────┴──────┐   ┌──────┴──────┐
   │ 国家课程负责人│   │地方校本课程负责人│ │综合实践课程负责人│
   │ (分项管理) │   │ (分项管理) │   │ (分项管理) │
   └──────┬──────┘   └──────┬──────┘   └──────┬──────┘
          │                 │                 │
   ┌──────┴──────┐   ┌──────┴──────┐   ┌──────┴──────┐
   │各学科课程群及│   │ 课程群及课程 │   │ 课程群及课程 │
   │课程负责人   │   │ 负责人      │   │ 负责人      │
   └─────────────┘   └─────────────┘   └─────────────┘
```

龙翼小学校本课程四级管理结构图

权与问责并行,谁分管谁负责,重在服务、协调、指导和管理。

二、制度保障

学校加强现代管理制度建设,建立科学、规范的课程审议及评价制度,形成专业化的课程管理与质量保障机制,明确质量目标、工作职责,有效控制管理过程,做到凡事有人负责、有章可循、有据可查,规范各部门各环节的管理协调方式,保障学校课程各项工作的有序进行。

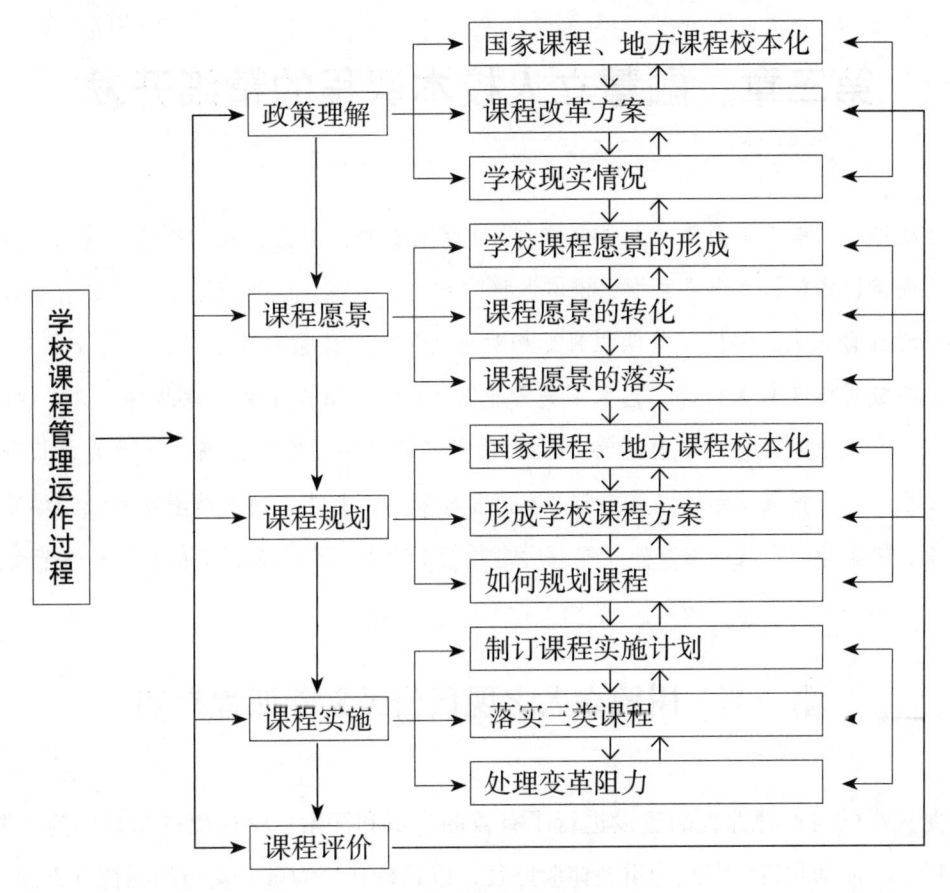

课程管理流程图

学校课程管理运作过程:
- 政策理解 → 国家课程、地方课程校本化 / 课程改革方案 / 学校现实情况
- 课程愿景 → 学校课程愿景的形成 / 课程愿景的转化 / 课程愿景的落实
- 课程规划 → 国家课程、地方课程校本化 / 形成学校课程方案 / 如何规划课程
- 课程实施 → 制订课程实施计划 / 落实三类课程 / 处理变革阻力
- 课程评价

三、物质保障

学校充分开辟校内外活动场所,整合校内外课程资源,为校本课程的开发与实施提供必要的经费支持;完善教师培养培训制度,激发教师内在动力,为教师提供多样化、可选择的培训内容,探索教师专业发展新模式,建立和完善教师专业发展保障机制;在资金允许的情况下,积极购置、更新教学设施资源,切实保障课程的科学开发和有效实施。

第三章　融慧立人校本课程的精细开发

　　学校围绕"融天下大慧，立未来栋才"的课程建设总目标，从"树德、博闻、启智、健体、尚美、修能"六个层面推进校本课程的开发与实施，以作为国家课程的有益补充，扎实推进五育并举。学校以与课程目标相对应的现代公民素养课程群、人文交往素养课程群、科技思维素养课程群、艺术审美素养课程群、实践探索素养课程群、身心健康素养课程群等课程群建设为载体，为学生提供更广阔的学习空间，满足学生的成长需求，丰富学生的成长钙质。走进龙翼小学，在丰富多彩的课程中，时时能看到孩子们学习着、成长着、快乐着的育人氛围，处处能倾听老师们工作着、生活着、幸福着的和谐节奏。

第一节　树德立人之现代公民素养课程举隅

　　龙翼小学对德育课程的建设进行了有益的尝试和探索。学校以课堂教学为主要渠道，以主题活动和特色实践为重要体验路径，以家校共育为重要支撑的树德立人课程体系，已成为学校融慧立人课程的重要组成部分。立德树人的根本任务贯彻于教育教学的全过程，渗透于学生日常生活的方方面面。

　　本课程群中的"最好的教养"课程，以培养全面发展的人为核心，共开设了八个单元，贯穿六个年级，包含"知礼""明言""行正""品端""洒扫""体健""善学""五爱"8个方面的共计96课时的课程内容，致力于培养学生良好的习惯，提升学生的教养，擦亮人生底色，让每一个龙翼学子都成为"拥一颗真爱心，成一个礼仪人，有较强生存力，怀强烈责任感"的有教养的小学生。

课程名称	最好的教养		
适用年级	一年级至六年级	总课时	96课时
课程简介	本课程以"小学生德育课程纲要"和学校实际情况为依托，将学生在小学阶段六年时间中应该养成的良好习惯和道德品质分为"知礼""明言""行正""品端""洒扫""体健""善学""五爱"8个方面。每个年级根据学生不同的年龄特征和认知程度分别列出不同的学习内容，提出不同的培养目标，采取不同的教学方法。每个年级每两周安排1个课时，每学年共16个课时，六个年级一共96个课时。		
背景分析	目的和意义： 　　秉承"立人为本，为幸福人生奠基"的办学理念，龙翼小学在德育工作中始终致力于学生良好习惯的培养。德育课程的开发是实现学校德育有效性的重要策略，是学校构建德育特色的应有之义，通过德育课程的开发和探索，有助于学生优良品质的形成。因此，学校致力于开发"最好的教养"小学德育课程，努力构建符合学校、学生实际的德育课程体系，在德育教学过程与教学方法、德育资源的开发与应用等方面有所创新，促进学生自我成长。 学情分析： 　　龙翼小学坐落于千顷龙湖的东北水岸，是一座高起点、高标准的公办小学。自建校以来一直重视德育建设，以少先队的常规管理为突破口，以丰富多彩的活动为载体，以"星级少年""星级班级"评选为评价体系，不断地对学生进行思想道德教育。学生已初步养成了讲文明、讲卫生、爱劳动、爱学习等良好的行为习惯和思想品质。 资源分析： 　　龙翼小学位于郑东新区北龙湖中原科技城区域，有利于开展社会实践活动。学校硬件设施完备，除了有充分的实践器材和场地，还有一支经验丰富、注重德育创新的德育工作队伍。学生多来自附近新开发的小区，家长对学生的成长寄予厚望，对学校的工作比较支持。		
课程目标	1.通过小学六年时间的学习，逐渐养成热爱学习的良好习惯，并学会相应的学习技巧。 2.热爱劳动，知道阳光体育运动的意义，养成良好的生活、运动习惯，会保护双眼，保护牙齿。 3.掌握必要的安全知识，知道在集体行动与公众场合中遵守秩序的重要意义。遵守交通规则，遵守校纪。 4.讲究个人卫生，爱护校园卫生，维护公共卫生，保护环境，能参加力所能及的劳动，养成良好的卫生习惯。 5.能够正确使用文明礼貌用语，养成诚实守信、勤俭节约、谦虚自信的品质，树立自尊自爱、关心长辈、团结友爱、关爱他人、为校争光、为国争光的意识。		

续表

课程名称	\multicolumn{6}{c	}{最好的教养}
学习主题/活动安排	\multicolumn{6}{c	}{课程内容与安排}
	单元主题	周次	年级	课程内容	课程目的	课程实施
	第一单元 知礼	上学期 1—4 周	一年级	待人有礼	会正确运用礼貌用语问候别人；懂得在各种场合用餐的礼仪	依托儿歌、故事以及典型事例，在班里进行交流学习
			二年级	仪表仪态	学会穿戴干净整齐，做到仪容大方。学会经常微笑，注重坐立行走有正确的姿势，以及其他个人仪表仪态	通过课堂上听老师讲解、观看视频、表演生活剧等方式达成目标
			三年级	待客有礼	掌握做客、待客的相关礼仪知识，展现个人礼仪修养	课堂模拟演示
			四年级	尊敬师长	听从师长的正确指导，学会与长辈、老师进行沟通的技巧与方法	通过课堂上老师讲解、观看视频、小组讨论、表演生活剧等方式达成学习目标
			五年级	集会礼仪	知道在升国旗、出游等集体活动中应该注意的基本礼仪，并能遵守相关礼仪规范	创设情境，利用节日、集会，组织学生开展实践活动
			六年级	观赛礼仪	在参加比赛的过程中做到文明观看、文明参赛	通过小组讨论、讲解、表演生活剧等方式达成学习目标
	第二单元 明言	上学期 5—8 周	一年级	交谈礼仪	知道用普通话的基本意义和要求。知道与人交流时做到落落大方、表达清楚，懂得使用礼貌用语	创设情境，引导学生参与角色体验，深化相关认识
			二年级	电话礼仪	乐于使用电话与人沟通，掌握在电话中与人交流的基本礼仪	通过观看主题视频、小组讨论、讲解、表演生活剧等方式达成学习目标

续表

课程名称				最好的教养		
学习主题/活动安排			三年级	诚实守信	认识诚实、守信的重要性，能够在犯错时学会认错，做一个诚实、守信的孩子	通过讲故事、观看主题视频、谈感受，让学生明白诚实守信的重要性
			四年级	演讲技巧	能够围绕主题准备演讲内容，并自信、礼貌、声情并茂地进行演讲，掌握朗诵和演讲的技巧	通过观看视频、讲解、表演、组织演讲比赛等方式达成目标
			五年级	语言艺术	知道"说、唱、念、打"等语言艺术，学会在各种表达中恰当地使用体态语言表达自己的情感	通过观看视频、讲解、表演等方式达成目标
			六年级	文明上网	在网络中正确与人交流，上健康的网站，遵守网络道德规范	组织相关主题活动
	第三单元 行正	上学期 9—12 周	一年级	队列行走	知道行走的姿势及要求，学会在队列中行走，遵守队列行进的基本要求与规范	通过观看视频、讲解、表演、校内实践、向榜样学习等方式达成学习目标
			二年级	交通安全	认识简单的交通标志，学会在马路、校园、社区、教室走廊等地方文明、安全、有序行走	通过观看视频、讲解、学习交通规则、校内实践等方式达成学习目标
			三年级	安全乘梯	学会安全乘坐电梯；能够在学校的逃生疏散演习中，按指定线路疏散至安全区域	组织直观教学，进行安全演练，深化学生体验
			四年级	遵守校纪	认识到遵守学校纪律的重要性。按时上学、参加集会不迟到、做到快静齐，听从口令	通过学生讨论、实地操练等方式达成目标

33

续表

课程名称				最好的教养		
学习主题/活动安排	第四单元品端	上学期13—16周	五年级	文明出行	在外出期间，能文明、安全地乘坐公共汽车等交通工具。能够做到集体出行时文明有序	通过实践活动，落实集体外出、公共场合活动中的相关要求
			六年级	安全骑车	能够在街道、社区规范、安全骑行，按要求停放自行车；知道骑自行车的交通规则	通过观看视频、老师讲解、学生表演生活剧、社会实践等方式达成学习目标
			一年级	遵守秩序	能够在公共场合遵守秩序，做到安全、文明、有序	通过观看视频、老师讲解、表演生活剧等方式达成学习目标
			二年级	团结同学	能在日常活动中遵守班规班纪，有集体荣誉感，能和同学友好相处，同学遇到困难时能及时帮助	通过老师讲解、同学讨论、观看相关主题视频等达成学习目标
			三年级	勤俭节约	能够管理自己的零用钱，并学会合理花销，养成勤俭节约的好习惯	创设情境，并结合家庭教育，落实实践活动
			四年级	学会宽容	不用粗话、脏话损伤别人的自尊心，学会宽容别人。和别人意见不一致时，学会同别人协商	通过观看视频、老师讲解、学生表演生活剧等方式达成学习目标
			五年级	自爱自律	知道我国基本法规，不私拆、偷看他人信件；不登录内容不健康的网站；不吸烟、不喝酒、不赌博、不参加封建迷信活动；不到游戏厅等未成年人禁止入内的地方娱乐	通过社会小调查、课堂授课的形式指导学生健康上网。通过值周评定和文明监督等形式全面提高学生的自觉性

续表

课程名称					最好的教养	
学习主题/活动安排	第五单元洒扫	下学期1—4周	六年级	谦虚自信	懂得谦虚使人进步，正确认识自我，了解自信者应具备的心理品质。树立自信的生活态度，培养正确的人生观和价值观	通过观看视频、老师讲解、故事交流等方式达成目标
			一年级	卫生自理	能够保持好个人卫生，按时刷牙洁面，衣着干净，饭后漱口。养成良好的睡前卫生习惯。学会基本的打扫卫生的劳动技能，能完成家庭及校内的卫生打扫任务，并能自觉维护校园卫生	从学生良好的卫生习惯养成方面开展教育，通过观看视频、讨论等方式达成学习目标
			二年级	公共卫生	能自觉、积极维护校内外等公共场所的环境卫生，不乱丢垃圾，见到垃圾会主动捡起。热爱劳动，掌握大扫除等基本的劳动技能	从学校公物保护和维护公共卫生方面开展教育，家校结合，培养学生相关的劳动技能
			三年级	卫生自理	学会自己洗头、洗澡、洗衣服，做好个人卫生，学会自己整理自己的房间，饭后收拾餐桌等，养成良好的卫生习惯	组织相关实践活动，把课堂要求落实到课外实践中。开展相应评比活动
			四年级	保护环境	会种植小树、花草，能够为环保献计献策，对环保有自己的想法和提议	通过看视频，做调查、讨论、实地实践等方式进行

续表

课程名称	最好的教养			
学习主题／活动安排	第六单元体健	下学期5—8周	五年级	节约用水	知道世界水资源的有限，懂得水对于人类的宝贵意义，知道如何节约用水，并付诸行动	组织相关实践活动

课程名称	最好的教养					
学习主题／活动安排	第六单元体健	下学期5—8周	五年级	节约用水	知道世界水资源的有限，懂得水对于人类的宝贵意义，知道如何节约用水，并付诸行动	组织相关实践活动
			六年级	生理卫生	了解青春期男生、女生身体及心理的变化特征。正确与异性、同学、父母相处	通过观看视频、老师讲解、参观科技馆等方式达成学习目标
			一年级	爱眼护牙	知道眼睛和牙齿的作用，能按照正确的方法刷牙、做眼保健操。养成正确的爱牙、用眼的好习惯	通过观看视频，老师示范、讲解，学生实践等方式达成学习目标
			二年级	课间游戏	寻找适合自己的课间游戏，并能利用课间进行健康的体育锻炼	通过搜集资料、实践等方式达成学习目标
			三年级	阳光体育	知道阳光体育运动的意义与要求，能积极参与到阳光体育运动中	通过观看视频，老师示范、讲解，学生在操场实践等方式达成学习目标
			四年级	校运动会	知道校运动会的相关知识，并能在日常生活中做好体育锻炼，积极参加学校运动会	通过活动实践，加深学生体验，推进学生运动
			五年级	走近奥运	知道奥运会的相关知识，养成热爱运动的好习惯，有为国争光的意识	通过观看视频，结合学校体育节，普及奥运知识
			六年级	户外探险	知道户外探险的内容，知道如何参加户外探险，做一个敢尝试、爱探索的人	通过观看视频、老师讲解、游学实践等方式达成学习目标

续表

课程名称					最好的教养	
学习主题/活动安排	第七单元善学	下学期9—12周	一年级	课堂习惯	能够做好课前准备，上课时保持正确的姿势，养成认真听讲的好习惯	通过讲解、课堂实践达成学习目标
			二年级	预习复习	学会制订学习计划。学会课前预习、课后复习，并养成预习、复习的习惯	通过讲解、讨论等方式达成学习目标
			三年级	喜欢阅读	选择有益读物，能够坚持每天阅读；学会有感情地朗读，养成有感情地朗读的习惯；在学习中遇到问题，敢于质疑，学会讨论解决	组织实践活动，开展读书交流活动与朗读评比活动，通过读书笔记和读后感评比，落实课内外阅读
			四年级	合作学习	会与同伴一起合作学习，乐于合作，善于合作	结合实践进行讲解、讨论，进行相关评价
			五年级	善于观察	对于生活中的人和事，学会观察，并能对发现的问题进行深入思考	结合学科活动进行观察实践
			六年级	乐于写作	欣赏书法作品，学会创作书法作品。热爱写作，能用文字自由表达自己的情感	通过讲解、参观书法作品展、创作书法和习作作品等方式达成学习目标
	第八单元五爱	下学期13—16周	一年级	爱自己	了解自己，学会关注、爱惜自己。初步树立自尊、自爱的道德意识，初步形成爱惜个人声誉的意识	通过主题队会、老师讲解等方式达成学习目标
			二年级	爱父母	尊敬父母，听取父母的教导，不刁蛮任性；树立关心父母、感恩父母、孝敬父母的道德意识	开展主题队会和系列感恩教育活动

续表

课程名称			最好的教养	
学习主题/活动安排		三年级	爱他人	尊重学校教职工；团结、友爱同学，关心同学；尊老爱幼，关爱他人	通过探讨班级发生的小事、课前新闻快报等班级活动和相关主题的队课达成学习目标
		四年级	爱学校	爱惜学校公物和环境。树立"我为校争光、校以我为荣"的情感观，不做有损学校声誉的事	通过主题队会、专项讨论、演讲比赛等方式达成学习目标
		五年级	爱祖国	认识国旗、国徽，会唱爱国歌曲；会讲爱国故事，了解祖国当下的基本情况、历史；关心国家大事，关注国情，树立为国争光的远大理想	通过主题队会、专项讨论、演讲比赛等方式达成学习目标
		六年级	爱自己 爱父母 爱老师 爱祖国 爱他人	关爱自己，感恩父母与老师的辛勤付出。能够从身边的小事做起，做到心中有祖国、有他人	通过主题队会、专项讨论、演讲比赛等方式达成学习目标
评价活动/成绩评定	结合少先队开展"诚毅少年""艺美少年""行健少年""博雅少年""睿思少年""阳光少年"争优活动。在评价方法上，主要采取形成性评价与综合性评价相结合的方法。在形成性评价中，注重评价的可操作性，通过即时评价得出阶段性评价，进行终结性评价，让学生、家长、同伴、老师、社会共同参与评价。 （一）即时评价 通过相应的机制，对评价对象在每一个单元中的表现进行评价，并将评价结果采用操作性强的手段予以记录，即时发放评价立人币，进行立人评定，积"币"成评，保证即时评价结果看得见、摸得着，并在进行阶段性评价和终结性评价时能够用得上。 例如：二年级第八单元评价表				

续表

课程名称	最好的教养					
评价活动/成绩评定	单元主题	五爱	本课内容		参评者姓名	
	评价内容		自我评价	同伴评价	家长评价	教师评价
	1. 尊敬长辈，会虚心听取长辈的教导。					
	2. 不用言语冲撞长辈，不刁蛮任性。					
	3. 感恩父母，会帮父母做力所能及的事。					
	4. 关心父母，在父母的生日、节日送给父母祝福。					
	5. 关心父母的身体健康。					
	6. 孝敬父母，了解2—5个孝敬父母的故事。					
	评价人签字					
	本课综合评价					
	本课最终评价					
	备注：每一栏的评价以星级进行判定，"三颗星"是内容完成得非常好，"两颗星"是完成得良好，"一颗星"为合格，没有任何行动则没有星。					

（二）阶段性评价

以即时评价结果为依据，分阶段对评价对象进行总结评价，对评价对象的行为进行肯定或者指引。

（三）终结性评价

是一种传统的评价方式。将各阶段的评价结果进行汇总，进而得出最终评定成绩，并将成绩纳入学生的期末成绩单中。

最好的教养课程纲要

（郑州市郑东新区龙翼小学　王换娣　宋健平　朱方方）

第二节　健体立人之身心健康素养课程举隅

龙翼小学以促进学生身心健康全面发展为宗旨，开设融合体育、心理健康教育为一体的身心健康素养课程。通过学科融合，促进学生动作技能、身体素质、心理素质等方面的提升；培养学生热爱生活，积极进取的精神；提高学生自主自助和自我教育能力；增强其承受挫折、适应环境的能力；培养学生健全的人格和良好的心理品质。体育校本课程"国风龙狮龙舟"、心理健康教育校本课程"心语之声"是其中的代表性课程。

课程名称	国风龙狮龙舟		
适用年级	二年级至六年级	总课时	18课时
课程简介	龙狮、龙舟运动是中华民族传统民俗中最优秀的文化遗产，也是中华民族的优秀传统体育活动。它是人类创造力、想象力和劳动力的结晶，是中华民族文化传承多样性的生动展示。郑州市郑东新区龙翼小学国风龙狮龙舟课程至今已开设5年，始终以"弘扬传统文化，丰富学子校园生活"为宗旨，让学生了解学习传统体育项目，是学校学习和传承传统文化的一个特色项目。国风龙狮龙舟课程，以"龙文化"为主线，内容主要有：舞龙、舞狮、彩带龙、划龙舟等传统体育项目。每周一、周三到郑东新区龙湖水上基地学习划龙舟，每周五在学校学习龙狮以及彩带龙表演。			
背景分析	目的和意义： 龙翼小学龙狮、龙舟课程是学校健体立人课程群的重要子课程。"龙文化"是中华民族传统文化的重要组成部分，是我们的精神财富和民族瑰宝。龙翼小学围绕"龙文化"，开展龙狮和龙舟课程，并创造性地在学校大课间活动中巧妙融入彩带龙表演活动，用"龙文化"为学生健康成长插上腾飞翅膀。龙湖之上，劈波斩浪，击楫中流，奋勇争先，团结向前；绿茵场上，闪转腾挪，舞动彩龙，放飞童心，放飞梦想。通过学习和训练，孩子们强健体魄，和谐身心，把自强不息的龙的精神刻入心底，在得到锻炼的同时增进对中国传统文化的了解，增强民族文化自信，形成"惟志惟勤，日新又新"的班风学风，铸就"厚德腾龙，敦行振翼"校风校貌，取得了德智体美劳全面的成长。 学情分析： 学生对学习龙狮、龙舟有极大的学习热情，教师根据学生不同的水平段设置了不同的学习内容，有一定基础或者零基础都可以学习。课程内容			

续表

课程名称	国风龙狮龙舟				
背景分析	丰富，能够激发学生学习的主动性和积极性，激发学生对传统文化的探索欲望。但是小学生的身心发展还处于相对不稳定阶段，有些学生注意力不够集中，特别是在室外练习、水上练习时，注意力常有所分散。因此，教师必须不断给予学生心理上的刺激，以吸引学生在有限的课堂学习时间内，全身心投入学习中，通过竞争性的、趣味性的、结构化的练习方法，激发学生的学习欲望。 资源分析： 　　学校配备有田径场、体育馆等训练场地，配备有彩带龙、小狮头和儿童训练龙等器材。龙舟训练在郑东新区水上运动中心，龙舟、桨、鼓等水上器材由河南省龙狮龙舟协会提供。学校师资力量强大，经常组织教师参加龙狮龙舟的相关培训。 通过长时间的学习和练习，经常组织学生参加全国、省、市、区级的彩带龙表演、舞狮展演及龙舟比赛等活动。				
课程目标	1.通过对舞龙狮、划龙舟的学习，能在龙狮龙舟比赛中灵活运用各项基本技能，增强身体的耐力、协调、力量、灵敏等体能。 2.通过对舞龙文化的学习，激发内心对中华民族传统体育活动的兴趣，增强文化自信，涵养家国情怀。 3.通过开展节目表演、系列比赛活动等，培养团结协作和社会活动能力，热爱学校生活，适应社会发展。				
学习主题/活动安排	课程内容与安排				
	日期	周次	单元	课程内容	课程目的	课程实施
	每周一、周三、周五下午	第一周	龙文化	课程纲要分享课	更好地把握整个学期的学习内容与目的	讲授、思考、讨论、体验
		第二周		走进龙狮龙舟文化	学习龙狮龙舟文化，了解传统运动项目的由来和发展	讲授、思考、讨论、交流
		第三周		龙狮龙舟比赛、表演视频观赏与评价	欣赏龙狮龙舟表演，激发学习兴趣；知晓比赛中的技术动作、比赛规则、裁判方法等	观赏、评价、讲授、思考、交流、体验
		第四周		龙狮龙舟规则与裁判方法	了解龙狮龙舟的比赛规则和裁判方法，能对常见的犯规动作进行判罚	观赏、讲授、思考、评价、交流、体验

续表

课程名称	国风龙狮龙舟					
学习主题/活动安排	每周一、周三、周五下午	彩带龙	第五周	各种形式的"8"字舞龙	掌握彩带龙的"8"字舞龙技术动作,锻炼上下肢的协调性、增强上肢力量,为传统舞龙奠定基础	讲授、示范、练习、合作、展示、交流
			第六周	体前转龙接头顶转龙	掌握体前转龙接头顶转龙动作技术方法,不同方位的舞龙衔接自然、无停顿	讲授、示范、练习、合作、展示、交流
			第七周	旋转背龙接甩龙	掌握旋转背龙接甩龙动作的技术方法,上下肢协调、节奏感好、动作衔接自然	讲授、示范、练习、合作、展示、交流
		舞龙舞狮	第八周	基本握法	熟练掌握正常把位和滑把的操作方法,能够说出把位和滑把的操作方法要点	讲授、示范、练习、合作、展示、交流
			第九周	基本步型	熟练做出舞龙舞狮的基本步型,能够说出各种步型的动作要点	讲授、示范、练习、合作、展示、交流
			第十周	基本步伐	掌握舞龙舞狮的基本步伐,正确的做出各种步伐动作并说出步伐的动作要点	讲授、示范、练习、合作、展示、交流
			第十一周	基本步型	熟练做出舞龙舞狮的基本步型,能够说出各种步型的动作要点	讲授、示范、练习、合作、展示、交流
			第十二周	基本动作	掌握龙狮龙舟的基本动作,能够说出动作的要点,小组配合默契	讲授、示范、练习、合作、展示、交流
		龙舟	第十三周	划手: (1)握桨 (2)坐姿 (3)入水 (4)拉水 (5)桨出水 (6)移桨	掌握划手的基本动作技能,能够坐姿正确,握桨自然,完整地做出划桨动作	讲授、示范、练习、合作、展示、交流

续表

课程名称	国风龙狮龙舟			
学习主题/活动安排	每周一、周三、周五下午	第十四周	启动桨	能够小组动作整齐划一，入桨、拉水、出桨动作节奏掌握正确，能连续完成划水动作	讲授、示范、练习、合作、展示、交流
^	^	第十五周	加速桨	能够有节奏地加快划桨速度，动作舒展，划水正确，划手间的配合默契	讲授、示范、练习、合作、展示、交流
^	^	第十六周	途中桨	能够保持划手动作整齐，入水距离拉长，拉水动作有力，眼睛注意前方桨，节奏保持	讲授、示范、练习、合作、展示、交流
^	^	第十七周	冲刺桨	掌握节奏的渐快，鼓手照顾划手的节奏同时调整速度、激励划手冲刺加速	讲授、示范、练习、合作、展示、交流
^	^	第十八周	学期检测	彩带龙舞龙舞狮划龙舟	成果展示

评价活动/成绩评定	龙狮龙舟课程的评价，以学生个体的基础水平为基点，以学生的发展为前提，对学生进行过程性评价和综合性评价。 课程评价的学期成绩以百分制呈现，由两部分组成：过程性评价（40分）、终结性评价（60分）。 一、过程性评价			
^		评价内容	评价方式和标准	等级
^	课堂表现	出勤率（10分）	考勤记录	上课出勤修满18课时者得10分；修习超过16课时者得7分；修习不足16课时但超过15课时者得4分；不满10课时者不得分
^	^	学习态度（10分）	课前准备（着装1分、预习1分） 课堂学习状态（积极主动回答问题2分、及时提问解决疑难问题2分、帮助同学学习2分）	优秀（10分）；良好（8—9分）；合格（6—7分）；不合格（6分以下）

43

续表

课程名称	国风龙狮龙舟		
	课堂表现	学习态度（10分）	练习表现（按要求完成技术1分、勇于展示技术动作1分）	优秀（10分）；良好（8—9分）；合格（6—7分）；不合格（6分以下）
	课后锻炼情况	课后锻炼的次数（4分）	优秀（10分）；良好（8—9分）；合格（6—7分）；不合格（6分以下）
		锻炼的态度（3分）	
		锻炼方法（3分）	
	过程测试成绩	单元测试（5分）共两次，共计10分	优秀（5分）；良好（4分）；合格（3分）；不合格（2分以下）
	过程性评价成绩（40分）= 课堂表现（20分）+ 课后锻炼情况（10分）+ 过程测试成绩（10分） 二、终结性评价 终结性评价成绩（60分）= 体能成绩（30分）+ 技能成绩（30分）		

国风龙狮龙舟课程纲要

（郑州市郑东新区龙翼小学　王新柯　李　彦　司雪成　张　柯）

课程名称	心语之声		
适用年级	三年级至六年级	总课时	17课时
课程简介	心语之声课程以提高学生的心理素质，充分开发学生的潜能，培养学生良好的心理品质，促进学生人格的健全发展为宗旨，分为"认识自己""人际关系""学会学习""学会生活"四大板块。密切关注学生，及时发现学生的异常心理；多角度引导学生，教给学生心理疏导方法，解决学生心理问题；家校形成教育合力，共同对学生进行心理关爱，促进学生的身心健康发展。		
背景分析	目的和意义： 　　该课程紧密关注小学生的心理健康问题，引导学生不断正确认识自我，增强自我调控、承受挫折、适应环境等能力；培养学生建立健全的人格和拥有良好的心理品质；发展和谐的人际关系；提升学生的学习能力和生活自理能力；对少数有心理困扰或心理障碍的学生给予科学有效的心理咨询和辅导，帮助学生尽快摆脱心理障碍，调节自我，提高心理健康水平。 　　在教学实践中，遵循小学生的心理和认识发展规律，注重学生的体验活动，促进学生健康快乐成长。 学情分析： 　　如今，多变的社会环境、快速的生活节奏，给小学生带来了不同的心理反应。在我校学生中，由于单亲家庭、留守儿童等问题家庭的存在，部分学生的心理状况受到不利的影响，形成心理问题。常见的心理问题有：不能正确认识自我，无法控制自己的情绪和行为；不知道如何与人交往；厌学贪玩，对学习存在焦虑心态；无法自如应对日常生活事务等。如何做好学生的心理健康教育，心语之声校本课程则是对此进行的深入探索。 资源分析： 1. 我校有设施设备齐全的心理咨询室，环境温馨、整洁、舒适。 2. 学校高度重视心理健康教育，有经验丰富的专业辅导教师。 3. 学生对心理健康教育课程兴趣较为浓厚，家长对课程实践活动非常支持。		
课程目标	1. 正确认识自我。 2. 发展良好的人际关系。 3. 学会学习，养成良好的学习习惯，不断提升学习能力。 4. 学会生活，提高生活自理能力，对生活充满热爱和向往。		

<table>
<tr><td rowspan="3">学习主题/活动安排</td><td colspan="6" align="center">课程内容与安排</td></tr>
<tr><td>日期</td><td>周次</td><td>单元</td><td>课程内容</td><td>课程目的</td><td>课程实施</td></tr>
<tr><td>每周五下午</td><td>第一周</td><td>认识自己</td><td>课程纲要分享课</td><td>更好地把握整个学期的学习内容与目标</td><td>讲授、思考、讨论</td></tr>
</table>

续表

课程名称				心语之声		
学习主题/活动安排	每周五下午	第二周	认识自己	认识我自己	通过游戏体验，认识自我；通过活动和探究，学会合理地评价自己，欣赏和发扬自己的优点	讲授、观察、思考、讨论
		第三周		自己的事情，自己做	自己的事情自己做，不会做的事情学着做，克服依赖他人的思想	讲授、思考、讨论、交流、游戏
		第四周		我的注意力，我做主	通过观看视频、讨论，感受集中注意力的重要性，知道影响注意力的因素；通过活动，掌握提高注意力的方法	讲授、游戏、观看视频、讨论
		第五周		我的情绪，我做主	对自己的情绪状态有基本的了解，明白需要个人主动调控情绪的道理；逐步掌握一些情绪调控的有效方法，初步形成自我控制的能力	讲授、游戏、视频、讨论
		第六周	人际关系	尊重他人，尊重自己	能够反省在生活中自己不尊重他人的行为。能够知道尊重他人才能获得他人的尊重的道理。在活动中体验如何尊重他人，体验由相互尊重带来的快乐	小组活动、思考、讨论
		第七周		面对欺凌怎么办	懂得欺凌事件的发生与欺凌者、被欺凌者和旁观者这三种人物都有着一定的关系；学会分析评价人物角色，学会并采用面对欺凌的正确做法；能够拒绝欺凌、关心他人，乐于与他人交往，更富有同情心、包容心	小组活动、思考、讨论、角色扮演
		第八周		学会宽容	认识到宽容的重要性，增强宽容的意识感；理解宽容的内涵，能与他人和睦相处，提升人际交往的能力；在活动中体验宽容，在体验中感	小品表演、讲授、观察、讨论

续表

课程名称				心语之声	
学习主题/活动安排	每周五下午	第九周	人际关系	悟宽容，在感悟中升华宽容，懂得宽容是一种爱，是一种境界，是一种美德	
				真正的朋友	了解建立良好人际关系的条件以及与同伴交往有障碍的原因，学会与同学或同伴和谐相处，建立良好的同伴关系；懂得什么是真正的友谊，学习交更多更好的朋友	视频、交流、讲授、讨论
		第十周	学会学习	我学习，我快乐	认识到学习兴趣的重要性及掌握培养学习兴趣的方法；在小组讨论中更加深入地了解自己的学习兴趣及态度，在活动中分享培养学习兴趣的办法；在课堂中感受到学习的快乐，从名人故事中受到感染，转变学习态度，认识到学习的重要性	小组活动、搜集资料、观察、交流
		第十一周		我爱读书	了解读书的重要性，养成多读书的良好习惯，培养学生对生活和学习的热爱	讲授、讨论、交流、填写自查表格
		第十二周		端正学习态度	了解学习态度对学习的影响；让学生了解自己的学习态度；培养正确的学习态度	讲授、讨论、交流、分享小故事
		第十三周		掌握学习金钥匙	提高记忆力；初步理解和掌握系统学习法；增强学生掌握相关学习方法的意识	讲授、交流、讨论
		第十四周	学会生活	我爱我家	懂得人人都有自己的家，人人都离不开家，培养对家的亲近感和归属感；引导学生通过讲述日常家庭生活，感受家庭的温暖，激发爱家的情感。通过了解长辈们小时候的生活，进一步加深对家庭的认识和了解，感知社会进步给大家家庭生活带来的变化	讲授、观察、讨论

续表

课程名称			心语之声		
学习主题/活动安排	每周五下午	第十五周	学会生活	我爱我校	认识乱丢垃圾、随意践踏花草等不文明的行为习惯会影响学校的环境；意识到应该从点滴做起，热爱校园，同心协力共建美好绿色校园	讲授、视频、观察、讨论、体验、实践
		第十六周		健康的生活习惯	了解健康的生活习惯与不健康的生活习惯的表现形式，认识到良好的生活习惯对我们身心健康带来的良好影响，以及不良生活习惯可能带来的后果；能辨识健康的生活习惯与不健康的生活习惯，体会良好的生活习惯的重要性；培养健康的生活习惯，能以积极的态度改正自己的不良习惯	视频、角色扮演、讲授、讨论
		第十七周		心理剧场	成果汇报	
评价活动/成绩评定	1. 评价内容：关注学生掌握的心理学基础知识与技能；关注学生在日常生活中表现出的情感、态度、能力、行为，注重学生的身心健康发展。 2. 评价方法：在评价方法上除了观察、调查、座谈等，重视过程性评价和多元化评价，了解学生心理健康状态，促使他们健康快乐地成长。 3. 评价主体： （1）学生自评：教师引导和帮助学生对自己在学习中或生活中的表现与成果进行自我评价，以提高自我认识。 （2）教师评价：多鼓励、多赞扬，激发学生的学习兴趣，根据学生在学习中的表现进行评价。 （3）学生互评：学生依据一定的标准互相评价，这种评价可以帮助学生逐步养成尊重、理解、欣赏他人的态度，与同伴一起进步。 （4）家庭评价：根据教师提供的评价标准，父母对孩子的表现进行评价。				

心语之声课程纲要

（郑州市郑东新区龙翼小学　张萌萌　赵丹丹　冯　娟　郭喜梅）

第三节　启智立人之科技思维素养课程举隅

龙翼小学数学、科学教师团队在学校立人课程体系的支持下，以科技思维素养课程为主线，先后开发了少儿编程、飞天航模、天马行空、小小数学家等校本课程，作为国家课程的有益补充。课程旨在通过实践探索感悟问题背后的原理，通过课程活动中设置的智力活动，帮助学生构建完整的智能结构，成为全面发展的人。下面以校本课程小小数学家和天马行空为例，记录龙翼小学在启智立人的道路上所做的一点实践探索。

课程名称	小小数学家		
适用年级	四年级至六年级	总课时	20课时
课程简介	本课程以《义务教育数学课程标准（2022年版）》提倡的核心素养为导向，以美国数学家马丁·加德纳的多元智能理论中"逻辑－数理智能"的培养为核心，引入数学发展史、数学文化史，带领学生进行操作类和思想类的数学推理及实验，了解数学家的知识发现过程，在实践中渗透"玩做学合一"的数学学习理念，促进学生"四基""四能"的发展。课程中的操作实验以让学生动手的方式帮助学生理解数学原理，并设计与数学抽象、推理、建模等相关的探究活动，帮助学生形成数学思维方法。		
背景分析	目的和意义： 在信息化背景下，小学生通过电子产品、课外书籍等媒介，对课外数学相关问题产生浓厚的兴趣。如，"莫比乌斯环的原理是什么？""纸飞机怎么飞得更远？"，等等。但课内学习往往无法满足学生的探究需要，本课程作为数学领域课外拓展的有力补充，具有较强的现实意义。 本课程设计以数学学科为依托，与科学、美术、音乐等学科有效融合。课程内容包含学科原理性知识、经典数学问题及实验，体现了数学学科的思想本质，重视培养学生的理性思维和推理能力。课程实施以探究实验为主，以学生自主思考为主，充分调动学生的学习积极性，让学生树立成为"小小数学家"的自信心与自豪感。 学情分析： 本课程招收的是学校4—6年级的在校学生。学生经过1—3年级的课内学习，已经具备了一定的知识基础和活动经验，能够自主探究课程中的数学问题。根据皮亚杰的认知发展阶段理论，10—12岁学生处于具体运算阶段向形式运算阶段转变期，课程以实验与推理两条线设计内容，有利于促进学生现阶段的思维发展。		

续表

课程名称	小小数学家
	资源分析： 1. 我校硬件设备齐全，可提供课程场地和实验器材。 2. 师资队伍强大，课程由省级骨干教师设计实施。 3. 学生对数学问题有着浓厚的兴趣，课程受到学生的欢迎和家长的支持。
课程目标	（一）总目标 1. 通过发现数学原理的过程，提升灵活的思维能力，形成严谨审慎的治学观。 2. 通过实验归纳的过程，构建完整的智能结构，成为全面发展的人。 （二）具体目标 1. 通过数字关系实验，培养数感、量感及运算能力。 2. 通过空间想象实验，培养认识图形关系的能力及空间推理的能力与想象力。 3. 通过数据分析实验，培养用统计的眼光发现问题的能力，用统计的数据分析问题的能力，用数据说话和分析的素养。 4. 通过数学推理实验，培养归纳推理的能力。 5. 通过数学建模实验，培养应用数学的意识。 6. 通过数学原理研究，提高思辨的能力。

学习主题

课程内容与安排

日期	周次	课程内容	课程目标	课程实施
每周五下午	第1周	数学家的AB面	1. 引入数学发展史，通过讲数学家的故事初步了解数学发展的各个时期。 2. 通过听、讲历史上一些杰出数学家的感人故事和生平成就，感受数学家严谨治学、锲而不舍的探索精神。	围坐学习 讨论交流 讲述展示
每周五下午	第2周	数学也有黑洞吗	小组合作，对"西绪福斯黑洞（123数字黑洞）""卡普雷卡尔黑洞"进行研究，发现规律，感受数字运算的神奇。	小组学习 独立思考 汇报结论
每周五下午	第3周	神奇的过山车跑道	1. 通过视频观察过山车跑道的设计原理，认识莫比乌斯环在生活中的广泛应用。 2. 了解德国数学家、天	实验学习 动手制作 感受特征

续表

课程名称			小小数学家	
学习主题			文学家莫比乌斯和约翰·李斯丁发现莫比乌斯环的历史故事。	
	每周五下午	第4周	肯德基+麦当劳=？	1.思考交流快餐店选址问题,初步感受博弈中的纳什均衡。 2.通过对历史上经典的"囚徒困境"问题的研究,进一步理解纳什均衡的策略。	问题学习 小组交流 汇报结论
	每周五下午	第5周	什么造型的纸飞机飞得更远	了解纸飞机折叠中蕴含的伯努利原理,掌握让纸飞机飞得更远的折叠技巧。	飞行实验测试 模型建构 得出结论
	每周五下午	第6周	扑克牌的秘密	1.通过视频了解扑克牌的产生与数学的联系。 2.在探究活动中学会解答扑克牌中的填数、24点、猜牌等数学问题。	实验学习 自主尝试 完成活动
	每周五下午	第7周、第8周	欧拉回路	1.初步感知:从一笔画问题引入欧拉回路,即一种判断一笔画问题的算法,回路是从原点出发后可以遍历所有的边且经过一次后可以回到原点。 2.深入理解:会判断所给图形是否存在欧拉回路。	问题学习 自主思考 学会判断
	每周五下午	第9周	图形的奥秘	通过数出基本图形的个数,总结数图形的方法,能够在复杂的图形中数出基本图形的个数。	自主学习 讨论交流 掌握方法
	每周五下午	第10周	神奇的分形	从科赫雪花引入分形,观察谢尔宾斯基三角形的特征,动手绘制分形图,初步感受分形几何。	观察特征 动手画图 感受分形之美

续表

课程名称			小小数学家		
学习主题	每周五下午	第11周	蒙娜丽莎的微笑	通过名画探究活动，认识黄金比例0.618，感受优选法在生活中的应用。	欣赏名画 认识比例 拓展延伸
	每周五下午	第12周	硬币能穿越比它小的圆孔吗	研究实验中，将圆形纸向下中央折拢，把圆变成椭圆，圆的直径变长，硬币就可以穿过圆孔。通过实验感知圆在三维空间中的变形，完成拓扑学的启蒙。	实验学习 小组合作实验 得出结论
	每周五下午	第13周	如何猜中陌生人的属相	通过集合游戏，解决一些推理问题。	游戏活动学习 讨论交流 掌握规律
	每周五下午	第14周	从停车位看平行四边形	通过对"为什么在路面紧张的情况下，停车位多会设计成平行四边形"这一核心问题展开研究，从不同角度得出结论。	项目学习 问题探究 讨论交流 得出结论
	每周五下午	第15周	品读《九章算术》	1.通过"方田章"问题巩固分数运算法则。 2.了解《九章算术》这本中国古代数学巨著的价值，认识其与当下所学知识的连接。	读古代经典问题 品数学文化 讨论交流 感受古今连接
	每周五下午	第16周	怎样制作"水杯琴"	通过制作"水杯琴"，知道杯中水的多少与音高之间的关系，让学生加深对容量知识的体验。	跨学科学习 进行假设 动手实验
	每周五下午	第17周	如何测量大树的高度	通过测量大树高度的实践活动，让学生能灵活运用比例知识，解决简单的实际问题，提高动手操作能力，感受数学与现实生活的联系。	实践学习 提出问题 动手实践 分析解决
	每周五下午	第18周	兔子为什么追不上乌龟	1.通过探究认知冲突的解决办法的活动，让学生初步感受数学逻辑思维。	问题学习 小组交流 汇报结论

续表

课程名称				小小数学家	
学习主题	每周五下午	第19周	能用称重法比较面积大小吗	2.了解著名的数学悖论的含义以及特点，认识到数学中悖论所起的积极作用，提升数学思维能力。	
	每周五下午	第19周	能用称重法比较面积大小吗	1.探究活动：将叶片画在均匀的透明纸上，然后剪纸称重，换算成面积。 2.对比称重法和数格子法的异同，了解叶片面积的多种测定方法。	实验学习 小组合作实验 得出结论
	每周五下午	第20周	怎么穿越A4纸	探究穿越A4纸的方法，通过展示"螺旋形""鱼鳞形"等减法，感受周长的变化，从而成功完成穿越任务。	小组活动学习 合作实验 完成任务
评价活动	在小小数学家校本课程中，教师以学生个体的基础水平为基点，以学生的发展为前提，对学生进行综合性的评价。综合评价主要以学习态度、技能发展、作品成果、同伴互助、思维创意等为依据，对学生作出客观性、激励性的评价。学期末评价，建立在日常评价的基础上，结合学生的自评、小组的他评以及平时的表现综合评定。 （1）学生自评 	评价项目	评价标准		
---	---	---	---
	☆☆☆	☆☆	☆
课前准备	进行积极、有效的思考	积极思考	一般
实验学习态度	非常认真	认真	不够专心
合作意识	和小组成员合作紧密、交流充分	能够和小组成员交流合作	仅能进行简单交流
实践能力	善于思考、独立动手能力很强	动手能力较强	在他人帮助下完成 | 小小数学家课程评价表					

续表

课程名称	小小数学家			
评价活动	（2）同学互评			

评价项目	评价标准		
	☆☆☆	☆☆	☆
学习态度	非常认真	充分	不够专心
与人合作	很积极	积极	一般
参与讨论与交流	表达清楚，完整	表达完整，但不清楚	表达不清楚
实践能力	能够学以致用	实践能力较强	不会举一反三

小小数学家课程评价表

（3）教师评价

评价项目	评价标准		
	☆☆☆	☆☆	☆
合作意识	合作能力强	合作能力较好	不会与他人合作
创新能力	创新能力强	创新能力较好	比较倾向于听别人说
自我评价	自我评价准确、客观	自我评价较准确	自我评价不准确
实践能力	能够学以致用	动手能力较强	在他人帮助下完成

小小数学家课程评价表

小小数学家课程纲要

（郑州市郑东新区龙翼小学　余新宇　赵发香　张明珠）

课程名称	天马行空		
适用年级	三年级至四年级	总课时	27课时
课程简介	天马行空课程以基础的科技知识为内容，以化学小实验和物理、生物科技小制作为载体，以丰富有趣的教学方法为手段，带领学生了解科技小知识，提升动脑动手能力，体验和享受科技制作过程的乐趣，明白科学与生活是紧密联系、不可分割的，让学生逐渐养成良好的独立思考的习惯，培养学生创新进取的科学精神，为学生的继续学习和终身发展打好基础。		
背景分析	目的和意义： 课程重点放在物理领域，涵盖物理学－电能相关知识，包含重心、摩擦力等核心知识点，亦将生物工程仿生学等相关知识囊括其中。在教学中注重学生的主体性和参与性，遵循小学生的心理和认识发展规律，注重通过拓展探究活动空间、丰富探究活动内容，激发少年儿童的探索与创新精神。学生参加天马行空科学课程活动时，可以在辅导老师引领下亲身体验以探究为主的科学活动，在实验、探究过程中领略科学的无穷魅力。 学情分析： 三、四年级的学生对科学课程有着浓厚的学习兴趣，学生经过一、二年级科学课程的学习，已经具有基于已有经验和知识制订简单探究计划的能力，能够在教师引导下使用所学的科学知识描述并解释常见现象的外在特征，描述具体现象与分析事物的结构，探索各要素之间的关系，找到它们之间重要的、共同的特征，且初步具有参与技术与工程实践的意识以及使用常见工具的技能，具备良好的学习习惯。这些都是课程开展的良好基础。 资源分析： 1. 学校硬件设备齐全，各种实验器材供给充分。 2. 社团成员每人都有实验箱，为各种各样的科技小实验、小制作提供了便利条件。 3. 师资队伍强大，教师经常参加科技比赛相关培训。 4. 学生对科学课程的兴趣浓厚。 5. 家长对科学课程提供了大力的支持。		
课程目标	1. 学习物理学－电能相关基础知识，了解重心、摩擦力、仿生学等核心知识点，初步形成对客观事物的总体认识。 2. 通过模型建构、推理论证等方法，初步了解客观事物的本质属性及其相互关系。 3. 能采用探究式学习方法，主动参与、动手动脑、积极体验，体验科学探究的过程。 4. 保持好奇心和探究热情，善于合作、乐于分享。		

续表

课程名称	天马行空				
学习主题/活动安排	课程内容与安排				
	日期	周次	课程内容	课程目的	课程实施
	每周五下午	第一周	课程纲要分享课	更好地把握整个学期的学习内容与目的	欣赏、讲授、思考、讨论
	每周五下午	第二周	点亮小灯泡	学习简单的电路知识，认识闭合回路	思考、观察、讨论、操作
	每周五下午	第三、四周	小机器人的核心部件——小电机	1.了解小电机主要的内部构造——线圈和转动轴。2.认识电磁铁——探究影响电磁铁磁性大小的因素有哪些。	思考、观察、讨论、操作、交流
	每周五下午	第五、六周	爬虫机器人	认识材料包中的材料，学会组装爬虫机器人。认识和探究仿生学与工程构建的应用。	观察和认识各种不同的材料。掌握爬虫机器人的组装步骤和仿生学与工程构建的应用。学会独立完成爬虫机器人的组装	小组活动、搜集资料、观察、实践、交流
	每周五下午	第七、八周	仿生蠕虫爬行机器人（仿生蠕虫爬行机器人的搭建；仿生学的概念）	1.认识材料包中的材料，掌握仿生蠕虫爬行机器人的组装步骤，探究仿生学与工程构建的应用。2.学会独立完成仿生蠕虫爬行机器人的组装，提升观察、分析、判断事物的思维能力。	思考、观察、讨论、操作、交流

续表

课程名称			天马行空			
学习主题/活动安排	每周五下午	第九、十、十一周	易拉罐机器人		观察和认识各种不同的材料。掌握易拉罐机器人的组装步骤，通过构建有趣机器人，拓展工程结构知识	小组活动、观察、交流、思考、讨论、操作
	每周五下午	第十二、十三、十四周	两轮平衡机器人		观察和认识各种不同的材料。掌握两轮平衡机器人的组装步骤、了解与重心相关的知识	思考、观察、讨论、操作、交流
	每周五下午	第十五、十六、十七周	扫地机器人	观察和认识各种不同的材料	学会独立完成扫地机器人模型的组装，提升利用简单材料独立组装扫地机器人模型的能力。在此过程中提升观察、分析、判断的思维能力	思考、观察、讨论、操作、交流
				掌握扫地机器人模型的组装步骤、搭建扫地机器人模型		
	每周五下午	第十八、十九周	涂鸦机器人		观察和认识各种不同的材料。掌握涂鸦机器人的组装步骤，了解偏心轮的概念。了解中西方绘画大师及名作	思考、观察、讨论、操作、交流
	每周五下午	第二十、二十一周	暴躁蛙		观察和认识各种不同的材料。掌握暴躁蛙的组装步骤，探究仿生学与工程构建的应用青蛙的知识	思考、观察、讨论、操作、交流
	每周五下午	第二十二、二十三周	八足过障碍机器人		观察和认识各种不同的材料。掌握八足过障碍机器人的组装步骤，探究仿生学与工程构建的应用	思考、观察、讨论、操作、交流

57

续表

课程名称	天马行空			
学习主题/活动安排	每周五下午 第二十四、二十五周	机器狗	观察和认识各种不同的材料。掌握机器狗的组装步骤、了解仿生学的相关知识	思考、观察、讨论、操作、交流
	每周五下午 第二十六周	成果汇报	成果汇报	

评价活动/成绩评定

（1）评价内容：注重学生的个性和特长发展，关注其学习基础知识的过程，强调评价的多元化，学生在科学学习过程中对师生关系的感受，学生的学习兴趣是否浓厚和获得的成功体验等。

（2）评价过程：围绕会学习、会表达、会创新、会合作，对参与科技探究活动的过程进行评价。

（3）终结性评价：见下表。

评价维度	评价标准	评价结果		
		自评	同伴评	师评
会学习	1. 老师或同学讲解时，认真听，积极发言。 2. 和小组成员合作密切、交流充分，听到老师或组长口令，立即执行。	☆☆☆	☆☆☆	☆☆☆
会表达	1. 表达清楚、完整，能回答别人的问题或进行补充并质疑。 2. 能积极探索，并愿意分享交流实验经历。	☆☆☆	☆☆☆	☆☆☆
会创新	1. 会创新性使用小电机，并能够学以致用。 2. 有自己的思考，独立设计并完成作品制作，能利用所学知识做到自行组装机器人。	☆☆☆	☆☆☆	☆☆☆
会合作	1. 全员参与，分工明确，主动与同伴交流合作。 2. 能够倾听别人的汇报，接受别人的建议，并及时反思改进。	☆☆☆	☆☆☆	☆☆☆

续表

课程名称	天马行空	
评价活动/成绩评定	主要依据学生在课程活动中所获得的"☆的总数量"进行评价。	
	"优秀"等级：☆总数≥60%	"良好"等级：40%≤☆总数<60%
	"需努力"等级：20%≤☆总数<40%	"期待进步"等级：☆总数<20%
	终结性评价等级：优秀/良好/需努力/期待进步	

天马行空课程纲要

（郑州市郑东新区龙翼小学　张晓婵　李　思　吕君莉）

第四节　博闻立人之人文交往素养课程举隅

中国学生发展核心素养提出要具有古今中外人文领域基本知识和成果，能理解和掌握人文思想中所蕴含的认识方法和实践方法；具有文化自信，尊重中华民族的优秀文明成果，能传播弘扬中华优秀传统文化和社会主义先进文化；具有全球意识和开放心态，了解人类文明进程和世界发展动态，尊重世界多元文化的多样性和差异性，积极参与文化交流。

为了培养具有人文素养的学生，龙翼小学构建与中国学生核心素养中人文底蕴相对应的人文交往素养课程群，课程主要包含二十四节气统整课程、童年读书课系列课程、国际理解课程等，本节所呈现的童年读书课、英语趣配音是本课程群中比较具有特色的校本课程。

课程名称	童年读书课		
适用年级	一年级至六年级	总课时	16课时/学期
课程简介	童年读书课校本课程的开发与实践旨在推动中华传统文化在学生生活中的普及，弘扬中华优秀传统文化，加深学生对中华传统文化的了解，让中华传统文化成为学生健康成长必不可少的精神食粮。以"读破百部书，背诵十万字，写下千万言"为总目标，以学校校本教材"湖畔书声——童年阅读阶梯手册"为基础，整合优秀传统文化资源，以阅读与鉴赏、表达与交流、梳理与探究等实践活动为主线，引领学生诵读、欣赏、积累"语、诗、文、书、理、影"等，综合构建素养型童年读书课课程体系，促进学生核心素养的提升，助力我校"自信阳光，身心健康；诚毅宽雅，向善向上；乐学睿思，拓新创想；通文达艺，学有所长；胸怀书墨，意气飞扬；躬行践履，敢于担当"育人目标的实现。 本课程倡导亲子共读、师生共读、生生共读。课程设置按照学生年龄特点组织编排，分低、中、高三个学段。每个学段根据学生的年龄特征和认知程度分别列出不同的学习内容，提出分层次的学习目标，采取各具特色的教学方法。每周1课时，每个学期16课时。		
背景分析	目的和意义： 童年读书课以语文课程标准为指导，围绕立德树人这一根本任务，充分发挥中华优秀文化的育人功能，整合具有典范性、文质兼美的作品，重视对学生思想情感的熏陶作用，重视价值取向，突出社会主义先进文化、革命文化、中华优秀传统文化的导向作用，带领学生在积极的阅读实践活动中建立文化自信，拥有开阔的文化视野和一定的文化底蕴；感受语言文		

续表

课程名称	童年读书课
背景分析	字的丰富内涵，具备良好的语感，对国家通用语言文字具有深厚的感情；在阅读中提升思维品质与思维能力；涵养高雅的情趣，具备健康的审美意识和正确的道德观念。 学情分析： 　　通过问卷调查和访谈调查，我们发现我校学生对中华优秀传统文化兴趣浓厚，但是学生在相关阅读书目的选择上方向不明确，在阅读时间上投入精力较少，在阅读内容上缺乏系统性，在阅读方法的运用上缺乏实效性。基于此，学生更愿意在老师的指导下进行高效阅读，根据所学内容来选择拓展内容，这样既可以由课内延伸到课外，阅读更多类型的课外书目，丰富自己的语言积累，又可以长期浸润在优秀文化中，形成良好的人文素养和儒雅的气质，进而建立文化自信。 资源分析： 　　学校硬件设施较为完备，为开放的、多样化的教学组织形式与合作学习提供了条件。建成了学校网络，开辟了学校网络办公的新时代。学校图书馆藏书丰富，还有设施完备的实验室、录播室、计算机室、多媒体教室等，为童年读书课校本课程的实施提供了必要的物质保障。此外，学校语文教研组被评为郑州市优秀教研组，教师教学经验丰富，工作充满激情，组织能力、创新进取意识强，为课程高质量的实施提供了强有力的师资保障。
课程目标	**总目标** 　　1.通过诵读、积累常用成语典故、谚语、格言警句、歇后语、对联等语言材料，丰富语言积累，了解与认识中华优秀传统文化丰富的内涵，并养成自主积累的习惯。 　　2.通过朗诵、吟诵、积累经典诗文，把握诗文大意，想象诗文描述的情景，体会作者在作品中表达的情感，培植热爱祖国语言文字的情感，认识中华文化的丰厚博大，吸收民族文化智慧，对中华传统优秀文化建立坚定的信心。 　　3.通过诵读、交流、摘抄、积累和讲故事比赛、演讲比赛、诵读比赛等方式阅读名家名篇、时文，了解革命英雄及劳动模范、科学家的故事等，具有独立阅读的能力，学会运用多种阅读方法。在阅读的过程中，提升语言文字运用能力；发展思维，提升思维品质；培养高雅的生活情趣；积淀丰厚的文化底蕴，全面提升核心素养，逐步形成积极的人生态度和正确的价值观。 　　4.通过新书推荐会、读书分享交流、写读书笔记、整本书的导读和精读等方式阅读整本书，能说出文本的主要内容，大致了解主人公的特点，并能说出自己印象深刻的情节、人物及书中所描述的情景。认识中华文化的丰厚博大，汲取民族文化智慧。关心当代文化生活，尊重多样文化，汲取人类优秀文化的营养，提高文化品位。

续表

课程名称	童年读书课
课程目标	**第一学段学习目标** 　　1. 通过教师推荐、同伴分享、自主探究、情景再现、视频展示等方式，学会恰当运用100个常用成语、80条格言警句、80条歇后语、50副对联，并在主动探究的过程中掌握积累语言材料的方法。 　　2. 以学校特色校本教材"湖畔书声——童年阶梯阅读手册"一、二年级版为基础，整合课内外经典诗文，通过自主积累、诵读小达人评选、吟诵表演、班级诵读比赛等方式，能至少熟练背诵优秀古诗50首，能熟练背诵《三字经》《弟子规》。 　　3. 通过教师指导阅读、亲子共读、班级共读等方式，阅读浅近的儿歌、儿童诗、童话、寓言故事600篇。在阅读过程中，展开想象，体验语言的优美，掌握并借助图画阅读、边阅读边圈画、想象画面等阅读方法。 　　4. 通过教师指导阅读、亲子共读、班级共读、学生交流、写读书卡等方式，尝试阅读整本书，能准确阅读绘本及简单的寓言、童话故事书、数理科技书籍共150本，会阅读有关个人生活、家庭生活、学校生活的短文等，课外阅读总量达到5万字以上。 **第二学段学习目标** 　　1. 通过自主搜集、同伴分享交流、摘抄积累、自制书签等方式，学会恰当运用300个常用成语、160条格言警句、160条歇后语、100副对联，并在主动探究的过程中分类整理，初步认识中华优秀传统文化蕴含的思想。 　　2. 以学校特色校本教材"湖畔书声——童年阶梯阅读手册"三、四年级版为基础，整合优秀课内外资源，开展教师指导、亲子共读、同伴互读、班级诵读竞赛、学校经典诵读活动等，能至少熟练背诵优秀古诗100首，能熟练背诵古文《增广贤文》《朱子家训》。 　　3. 通过教师推荐、写读书笔记、班级读书分享交流等方式，能够掌握与运用圈点、批注等阅读方法阅读50篇当代美文、30篇名家名篇、50篇叙事性作品，能主动与他人交流阅读的感受。 　　4. 通过新书推荐会、名作家推荐会、整本书的导读课和精读课等方式，能读10本名著，养成读书看报的习惯，乐于与同学交流收藏的图书资料，课外阅读总量不少于40万字。 　　5. 通过教师推荐、同伴分享等方式阅读50篇有关家庭生活、学校生活、社会生活、自然生活的短文，自主阅读红色革命故事和劳动模范、科学家的故事。 **第三学段学习目标** 　　1. 通过诵读、讲解、演示等方式，积累300个成语、160条格言、160条歇后语、100副对联，并按照主题进行分类梳理，在主动探究的过程中能说出其意思和包含的道理。 　　2. 以学校特色校本教材"湖畔书声——童年阶梯阅读手册"五、六年级版本为基础，整合优秀课内外资源，开展教师指导、亲子共读、同伴互读、班级诵读竞赛、学校经典诵读活动等，能熟练背诵优秀古诗至少150

续表

课程名称	童年读书课				
	首，能准确熟练背诵古文《论语》精选篇目。 　　3.走进大自然，走进科学世界，走进社会，阅读参观访问记、考察报告、科技说明文、科学家小传等共50篇。运用圈点、批注等阅读方法阅读80篇当代美文、50篇名家名篇、100篇叙事性作品。 　　4.通过新书推荐会、名作家推荐会、整本书的导读课和精读课等方式，阅读20本名著，与同学分享书的主要内容，积极向同学推荐并说明推荐理由，主动学习革命英雄、劳动模范的事迹。课外阅读总量达到100万字以上。				
学习主题/活动安排	课程内容及安排				
^	周次	课程内容	学习内容（各学段第一学期）		
^	^	^	低年级	中年级	高年级
^	第1周	课程纲要分享	通过课程纲要分享课明确本学期童年读书课的学习目标、学习内容、学习方法、学习评价等	通过课程纲要分享课明确本学期童年读书课的学习目标、学习内容、学习方法、学习评价等	通过课程纲要分享课明确本学期童年读书课的学习目标、学习内容、学习方法、学习评价等
^	第2周	成语拾贝	通过教师推荐、同伴分享、自主探究、情景再现、视频展示等方式，学会恰当运用常用的20个动物成语	通过教师推荐、同伴分享、自主探究、情景再现、视频展示等方式，学会恰当运用历史故事中的30个成语	通过教师推荐、同伴分享、自主探究、情景再现、视频展示等方式，学会恰当运用经典名著中的30个成语
^	第3周	语 格言撷英	通过教师推荐、同伴分享、自主探究、视频展示等方式，说出格言特点。诵读积累20条格言，包括珍惜时间类、热爱祖国类格言	通过教师推荐、同伴分享、自主探究、视频展示等方式，诵读积累仁爱类、劝学类的格言30条。初步认识中华优秀传统文化蕴含的思想	通过教师推荐、同伴分享、自主探究、视频展示等方式，诵读积累中外诚信类、立志类格言50条。在分类梳理的基础上能说出其意思和包含的道理
^	第4周	歇后语拾趣	通过教师推荐、同伴分享、自主探究、视频展示等方式，了解歇后语特点。诵读积累歇后语20条	通过教师推荐、同伴分享、自主探究、视频展示等方式，了解歇后语的特点。诵读积累谐音双关类、历史故事类歇后语30条	通过教师推荐、同伴分享、自主探究、视频展示等方式，了解歇后语的特点。诵读积累谐音双关类、历史故事类歇后语50条

续表

课程名称	童年读书课			
学习主题/活动安排	第5周	对联集锦	通过教师推荐、同伴分享、自主探究、视频展示等方式，了解对联特点及规律。诵读积累10副对联	通过教师推荐、同伴分享、自主探究、视频展示等方式，诵读积累春联、寿联、节日联、婚联等30副	通过教师推荐、同伴分享、自主探究、视频展示等方式，诵读积累春联、寿联、节日联、婚联及挽联、堂联、名胜古迹联、书画联、寺庙联等50副
	第6周	古诗赏韵	以"湖畔书声——童年阶梯阅读手册"为载体，通过自主背诵积累、教师指导、分享交流等方式，掌握古诗大意，能熟练并有感情地背诵古诗4首，吟诵1首	以"湖畔书声——童年阶梯阅读手册"为载体，通过自主背诵积累、教师指导、分享交流等方式，掌握古诗大意，能熟练并有感情地背诵古诗5首，吟诵1首	以"湖畔书声——童年阶梯阅读手册"为载体，通过自主背诵积累、教师指导、分享交流等方式，掌握古诗大意，能熟练并有感情地背诵古诗7首，吟诵1首
	第7周 诗	古诗赏韵	以"湖畔书声——童年阶梯阅读手册"为载体，通过自主背诵积累、教师指导、分享交流等方式，掌握古诗大意，能熟练并有感情地背诵古诗4首，吟诵1首	以"湖畔书声——童年阶梯阅读手册"为载体，通过自主背诵积累、教师指导、分享交流等方式，掌握古诗大意，能熟练并有感情地背诵古诗5首，吟诵1首	以"湖畔书声——童年阶梯阅读手册"为载体，通过自主背诵积累、教师指导、分享交流等方式，掌握古诗大意，能熟练并有感情地背诵古诗7首，吟诵1首
	第8周	新诗品味	以"湖畔书声——童年阶梯阅读手册"为载体，通过师生共同朗读、想象画面、联系生活、同伴交流、情景再现、自主背诵等方式，积累童谣或儿歌5首	以"湖畔书声——童年阶梯阅读手册"为载体，通过师生共同朗读、想象画面、联系生活、同伴交流、情景再现、自主背诵等方式，积累现代儿童诗歌8首	以"湖畔书声——童年阶梯阅读手册"为载体，通过师生共同朗读、想象画面、联系生活、同伴交流、情景再现、自主背诵等方式，积累现代儿童诗歌10首

续表

课程名称			童年读书课		
学习主题/活动安排	第9周	新诗品味	以"湖畔书声——童年阶梯阅读手册"为载体，通过师生共同朗读、想象画面、联系生活、同伴交流、情景再现、自主背诵等方式，积累现代儿童诗歌10首	以"湖畔书声——童年阶梯阅读手册"为载体，通过师生共同朗读、想象画面、联系生活、同伴交流、情景再现、自主背诵等方式，积累童谣或儿歌5首	以"湖畔书声——童年阶梯阅读手册"为载体，通过师生共同朗读、想象画面、联系生活、同伴交流、情景再现、自主背诵等方式，积累现代儿童诗歌8首
	第10周	文	国学启蒙	通过教师指导、同伴交流、自主探究等方式学习国学启蒙经典《三字经》	通过教师指导、同伴交流、自主探究等方式学习国学启蒙经典《朱子家训》	通过教师指导、同伴交流、自主探究等方式学习国学启蒙经典《论语》
	第11周		国学启蒙	通过教师指导、同伴交流、自主探究等方式学习国学启蒙经典《三字经》	通过教师指导、同伴交流、自主探究等方式学习国学启蒙经典《增广贤文》	通过教师指导、同伴交流、自主探究等方式学习国学启蒙经典《增广贤文》
	第12周	书	绘本童话	以"湖畔书声——童年阶梯阅读手册"中推荐的绘本《猜猜我有多爱你》《蝴蝶·豌豆花》为基础，引领学生借助图画展开想象，阅读绘本2本，掌握绘本阅读的基本方法。自主阅读绘本5本	以"湖畔书声——童年阶梯阅读手册"中推荐的《爱丽丝漫游奇境》《吹牛大王历险记》《绿野仙踪》《苹果树上的外婆》为基础，引领学生进行批注圈画阅读。自主阅读童话书5本	以"湖畔书声——童年阶梯阅读手册"中推荐的《八十天环游地球》《海底两万里》《幻想大王奇遇记》为基础，引领学生进行批注圈画阅读。自主阅读童话书6本
	第13周		名家名著	通过教师指导、自主阅读、同伴交流等方式阅读金波的四季美文《树和喜鹊》《雨点儿》《阳光》《沙滩上的童话》	通过教师指导、自主阅读、同伴交流、批注圈画阅读等方式阅读整本书《柳林风声》	通过教师指导、自主阅读、同伴交流、批注圈画阅读等方式阅读整本书《狼王梦》

续表

课程名称			童年读书课		
学习主题/活动安排	第14周	理 数理悦读	以"湖畔书声——童年阶梯阅读手册"中推荐的《李毓佩数学童话集》为基础,带领学生领略数学的趣味与奥妙	以"湖畔书声——童年阶梯阅读手册"中推荐的《有趣的科学》为基础,带领学生领略科学的趣味与奥妙	以"湖畔书声——童年阶梯阅读手册"中推荐的《启发每个人思维的数学小书》为基础,带领学生领略数学的趣味与奥妙
	第15周	影 影音记录	通过视频再现的方式,师生重温经典影视《大闹天宫》,认识美猴王敢做敢当、大胆反抗天威神权的无畏精神	通过视频再现的方式,师生重温经典影视《千与千寻》,学习主人公在面对困境时的坚强与勇敢	通过视频再现的方式,师生重温经典影视《大卫·科波菲尔》,学习主人公在逆境中自强不息、披荆斩棘、顽强奋斗的品质
	第16周	评估 期末检测	成果汇报	成果汇报	成果汇报
评价活动/成绩评定			建立童年读书课课程评价体系,不是简单地检测学生的阅读量增长与否,而是为了促进学校童年读书课校本课程的可持续发展,使学生、教师在课程中彼此滋养,彼此成长。为此,我校在进行童年读书课评价方面注重运用多元评价方式,采取定性和定量相结合、自评与互评相结合等灵活多样的评价方法,对学校童年读书课进行科学、全方位的评价。 (一)日常评价(占60%) 1. 教师评价 教师根据学生在课上及课下的学习状态,在积累、学习、欣赏"语、诗、文、书、理、影"过程中及时给予具体、恰当、具体的评价,让学生适时知晓自己的学习状态,不断诊断并调控学习的方法、学习的方向及学习的态度。 2. 自己评价 学生在积累、学习、欣赏"语、诗、文、书、理、影"过程中及时对自己的学习状态及学习效果进行评价,及时总结学习的收获以及需要改进的地方,保持对读书活动课的兴趣。 3. 同伴互评 同伴之间的互评让学生更加明确地认识到彼此的优点与不足,进而找到自己的不足,并树立榜样、确定目标。在同伴互评中有效发挥同伴之间相互学习与督促的作用,进而发挥同伴互评的导向价值。		

续表

课程名称	童年读书课
评价活动/成绩评定	（二）综合性评价（占40%） 1. 形成性评价 　　在童年读书课校本课程实施的过程中，依据教师的日常观察记录、与学生的面谈等方式对学生积累、学习、欣赏"语、诗、文、书、理、影"的过程作出全面客观的评价。依据教师的日常观察记录了解学生在学习过程中的主动性、积极性等行为态度，通过与学生的面谈知晓学生在学习过程中的态度、遇到的疑难困惑等。通过形成性评价，教师可在教学过程中随时了解学生在学习童年读书课时的得失情况，获得学生的连续反馈，随时调整教学计划，改进教学方法。 2. 终结性评价 　　终结性评价包含期末的成果展示、评价报告单等。对学生进行期末终结性评价，其目的主要是了解学生经过一学期的学习，是否达到童年读书课要求的学期目标、学年目标和学段目标。除了给学生评定学习成效的等级之外，还要发挥终结性评价对下一阶段童年读书课学习的预测和评估作用，确定学生在后继童年读书课课程中的学习起点。在充分发挥终结性评价功能的情况下，发挥部分形成性评价和诊断性评价的功能。 　　以上各种形式的评价，既充分肯定学生的进步和成绩，又找出学生在学习中的不足及改进方法，以促进学生发展。 附：高学段学生阅读反馈表

姓名		班级		学号		阅读时间	
阅读书目（篇目）							
作者及作者简介							
阅读方式	1. 精读　　2. 略读　　3. 浏览						
完成情况	1. 全部　　2. 一半　　3. 一半以下						
主要内容							
采撷记录							
阅读收获							
阅读效果	自我评价			家长评价			教师评价	
	优	良	合格	需努力	优	良	合格	需努力	优	良	合格	需努力

续表

课程名称	童年读书课		
评价活动/成绩评定	<table><tr><th>表达能力</th><th>写作能力</th><th>设计及资料搜集能力</th></tr><tr><td>1. 故事比赛 2. 问答比赛 3. 小组讨论或辩论 4. 简单的故事表演 5. 新书推荐 6. 作家、作品的讨论</td><td>1. 句子、段落或其他文字的仿写 2. 续写故事 3. 写读后感 4. 介绍故事中的人物 5. 给故事中的人物写信 6. 写阅读报告</td><td>1. 摘录本展览 2. 书签设计 3. 封面或插图设计 4. 搜集、剪贴与故事有关的资料 5. 名家作品专集 6. 专题阅读或展示</td></tr><tr><td colspan="2">愿意在阅读中思考，阅读能力提高了。（　　）</td><td>语言表达能力提高了。（　　）</td></tr><tr><td colspan="2">敢于展示自我，发表自己的意见了。（　　）</td><td>书面写作能力提高了。（　　）</td></tr><tr><td colspan="2">愿意和同学合作了，懂得倾听他人意见、尊重他人了。（　　）</td><td>学到了读书的方法，搜集整理信息的能力提升了。（　　）</td></tr><tr><td colspan="3">自我评价：</td></tr><tr><td colspan="3">小组评价： 　　　　　　　　　　　　　　　　　签名： 　　　　　　　　　　　　　　　　　年　月　日</td></tr><tr><td colspan="3">老师评价： 　　　　　　　　　　　　　　　　　签名： 　　　　　　　　　　　　　　　　　年　月　日</td></tr><tr><td colspan="3">家长评价： 　　　　　　　　　　　　　　　　　签名： 　　　　　　　　　　　　　　　　　年　月　日</td></tr><tr><td colspan="3" align="center">**读后展示活动项目表** 我觉得自己在这些方面的进步最显著：（请在后面画"★"）</td></tr></table>		

童年读书课课程纲要

（郑州市郑东新区龙翼小学　吕君莉　张贝贝　王　静）

课程名称	Sound of English 英语趣配音课程		
适用年级	三至五年级	总课时	17课时
课程简介	英语趣配音就是选取合适的英语配音片段作为教学的主要素材，通过"欣赏、辨析、模仿、表演、配音"等五个教学步骤，开展教学活动，促进学生的语言能力、文化素养和学习能力的发展，从而提高学生的英语综合运用能力（特别是听说能力）和综合素养的一门课程。通俗一点儿来讲，英语趣配音课程主要是学生给1—2分钟的短视频配音，充满趣味性。配音视频包括最新最热的纪录片、动漫、绘本、歌曲、美剧等。在配音的过程中，学生可以摆脱枯燥无味的背书学习方式，自由选择模仿、跟读喜欢的视频，从而真正爱上英语。		
背景分析	目的和意义： 1.能够掌握简单英语配音的表演形式，提高英语口语的表达能力。 2.能够激发学生对英语配音的兴趣爱好，建立学习的成就感和自信心，在学习过程中发展语言综合运用能力。 3.通过排练英语配音短片段或者短剧，能够激发学生想象力，培养学生的创新精神，增强合作探究与实践能力。 4.增强学生对不同国家文化的了解，发展跨文化沟通与交流能力。在理解鉴赏优秀文化的同时增强家国情怀和命运共同体意识。 学情分析： 小学生学习英语时，由于缺乏相应的语言环境，学习形式枯燥，学习效率往往低下。培养学生学习的兴趣，是英语教学的首要任务，英语趣配音课程为学生英语学习兴趣的培养提供了重要载体。参与课程学习的学生英语学习兴趣较高，基础普遍较好，口语表达能力较强。他们的表演欲望很强，但是表现力、模仿力还有待进一步提高。 资源分析： 学校英语学习氛围浓厚，教师十分重视学生的学科活动，积极举办各种英语活动，提升学生的学习兴趣。教授此课程的教师均为一线教师，自身素质较高，非常了解学生的学情，重视学生英语口语的训练，也十分关注学生思维品质、情感价值的培养。		
课程目标	提升语言能力： 1.通过欣赏与某一主题相关的短视频或者影视剧、动漫以及演讲片段，体验真实的语言交际情境。 2.通过梳理剧本台词，能够掌握地道的英语语言表达，为表达自己的观点积累丰富的语言素材。 3.通过感知模仿经典原声，体会重音、意群、语调与节奏等方面的变化，逐渐形成良好的语感。 4.通过教师点拨发音技巧，反复感知模仿，感受语音之美、语言之美。		

续表

课程名称	Sound of English 英语趣配音课程					
课程目标	提升思维品质： 1. 分析、评价配音素材中人物的思想观点。 2. 围绕配音素材中反映出的中心话题创造性地表达自己的观点。 形成健康的审美情趣： 1. 在重复观赏配音素材的过程中，能更深入地体会人物的情感、思想以及话题所涉及的文化内涵，形成健康的审美情趣。 提升学习能力： 1. 通过课堂展示等活动，敢于开口说英语，建立积极主动的学习态度和较强的自信心。 2. 熟练运用趣配音App这一学习资源，自主选择感兴趣的配音片段，拓展英语学习渠道。					
学习主题/活动安排	课程内容及安排					
^	日期	周次	单元	课程内容	课程目的	课程实施
^	每周五下午	第1周	认识课程	课程纲要分享课	更好地了解整个学期的学习内容、目标、实施及评价	欣赏、讲授、思考、讨论
^	每周五下午	第2周	英语趣发音	Level 1 字母发音	熟练认读26个字母并掌握其标准发音	朗读、跟读、模仿、拼读
^	每周五下午	第3周	^	Level 2 短元音发音	熟练掌握15个短元音组合的标准发音，能够运用拼读规律正确朗读65个核心词汇	朗读、跟读、模仿、拼读
^	每周五下午	第4周	^	Level 3 长元音组合	熟练掌握14个短元音组合的标准发音，能够运用拼读规律正确朗读35个核心词汇	跟读、模仿、拆音、拼读
^	每周五下午	第5周	^	Level 4 字母组合	熟练掌握10组短元音字母组合的标准发音，能够运用拼读规律正确朗读60个核心词汇	跟读、模仿、拆音、拼读
^	每周五下午	第6周	英语趣阅读	*How do you feel?*	绘本配音练习，在教师的指导下进行台词背诵，配音展示，学会正确表达自己的情绪	朗读、模仿、配音、表演

续表

课程名称				Sound of English 英语趣配音课程		
学习主题/活动安排	每周五下午	第7周	英语趣配音	Who am I？	熟练朗读绘本，讨论自己梦想的职业。学写一首关于自己的藏头诗	倾听、辨析、思考、讨论、写作
	每周五下午	第8周		《驯龙高手2》配音片段	了解配音视频片段背景、故事情节、人物性格。教师采取范读、跟读等方式教授台词	讲授、倾听、辨析、思考、讨论
	每周五下午	第9周			根据剧本和角色进行练习，根据教师指导要点进行台词背诵，设计表演动作，完成配音任务	朗读、模仿、配音
	每周五下午	第10周		《狮子王》配音片段	了解配音视频片段背景、故事情节、人物性格。通过范读、跟读、小组对话等方式学习台词	讲授、倾听、辨析、思考、讨论
	每周五下午	第11周			根据剧本和角色进行练习，根据教师指导要点进行台词背诵，设计表演动作，完成配音任务	朗读、模仿、配音
	每周五下午	第12周	英语趣短剧	The hare and the tortoise（《龟兔赛跑》）	围绕英语短剧内容，理解语言意义，思考剧本所传达的含义与价值。教师指导学生朗读短剧台词的要点	讲授、朗读、讨论、模仿
	每周五下午	第13周			揣摩人物性格特征和相关情节，练习台词及发音，抓住人物语气语调的变化，设计动作，训练走位，集体排练	演绎、排演

续表

课程名称	\multicolumn{5}{c	}{Sound of English 英语趣配音课程}
学习主题/活动安排	每周五下午	第14周		*Pretend to play the Yu*（《滥竽充数》）	围绕英语短剧的内容，理解其中的语言意义，思考剧本所传达的含义与价值。教师指导学习短剧台词的要点，学生熟悉台词	讲授、朗读、讨论、模仿
	每周五下午	第15周			揣摩人物性格特征和相关情节，练习发音，抓住人物语气语调的变化，设计动作，训练走位，集体排练	演绎、排演
	每周五下午	第16周	成果汇报	英语配音片段展示	学生现场展示一段配音作品。可以是本学期所学配音片段，也可以自选配音片段	欣赏、评价
	每周五下午	第17周		英语短剧表演	学生自由组合小组，表演一个完整的英语短剧	欣赏、评价
评价活动/成绩评定	\multicolumn{5}{c	}{1. 评价内容 课程主要评价学生综合语言运用能力的发展水平，通过评价激发学生的学习兴趣，促进学生的学习能力、思维能力、跨文化意识和健康人格的发展。课程评价注重过程，将过程性评价与终结性评价相结合，关注学生在学习过程中的表现和进步，同时设置包括语言能力、文化意识、思维品质、学习能力等方面的多样化评价指标，测试学生的综合语言运用能力。 2. 评价方法 根据上课考勤、课堂表现、课程配音作业及成果汇报对学生的学习情况进行评价。综合表现评定＝学时成绩15%＋课堂表现35%＋配音作业20%＋成果汇报30%（配音占10%，短剧表演占20%）。在过程量化的基础上，通过学生自评、同学互评、教师评价等方式，最终取三个评价结果的平均值，评价学生的综合表现。 3. 综合表现评定 对学生的综合素质实行等级评价，划分为优秀、良好、合格和待合格四个等级。成绩计算采用星级评价，满分为100分。其中90—100分为优秀，75—89分为良好，60—74分为合格，60分以下为待合格。}

续表

课程名称	\multicolumn{5}{c}{Sound of English 英语趣配音课程}

评价活动/成绩评定	评价项目	优秀 30—35 分	良好 25—29 分	合格 20—24 分	待合格 20 分以下
		日期： 班级： 姓名： 教师：			
	语言能力	1. 口语表达流畅、清晰明了，语法正确，词汇量丰富。 2. 能够熟练运用英语表达思想和感受，具备良好的表达能力和语言思维能力。 3. 大胆开口，能大声讲英语，语音、语调基本正确，吐字清晰。	1. 口语表达比较流畅，能够应用一定的语法和词汇表达自己的意思。 2. 存在一些小错误，但整体表现不错。 3. 大胆开口讲英语，语音、语调基本正确。	1. 口语表达不太流畅。 2. 有一些语法和词汇方面的错误，但仍能够表达清晰的意思，有一定的英语交流能力。 3. 大多数时候能够大胆讲英语。	1. 口语表达比较困难。 2. 存在较多的语法和词汇错误，但总体上能够传达基本的意思，表现有所欠缺。 3. 不太敢开口表达自己。
	思维品质	1. 能够独立思考，通过推断、比较等方式正确评价人物和事件，从不同角度提出问题并能找到解决办法。 2. 能够创造性地表达自己的观点。	1. 能够主动观察语言和文化的各种现象，通过比较，识别各种信息之间的关系。 2. 能通过教师引导，总结出自己的观点。	1. 根据所获得的信息，提取人物或事件的共同特征，区分其不同点。 2. 能够选择正确的语句表达自己的观点。	1. 不善于思考，找不到人物或者事物之间的相互联系。 2. 不能够表达出任何观点。
	文化意识	1. 能够理解和尊重不同文化背景下的习俗和价值观念。 2. 汲取中国传统文化精华，涵养内在精神，形成正确的价值观，具备一定的跨文化沟通能力。	1. 能够理解和尊重不同文化背景下的习俗和价值观念。 2. 能够通过学习英语，激发探索中西方文化差异的兴趣。	了解不同国家的文化、习俗以及待人接物等方面的差异，形成正确的价值观	不能认识到不同文化背景下的习俗和价值观念的异同

课程名称	\multicolumn{5}{c}{Sound of English 英语趣配音课程}
评价活动/成绩评定	学习能力	1. 能够主动拓宽学习渠道，进行英语学习。2. 根据自身的特点以及学习的需要，调整和安排自己的学习任务、学习目标、学习方法和学习时间。	1. 学习态度端正，能够按教师要求参加与英语学习有关的活动。2. 能发现学习中的问题，并适当调整学习计划和学习方法。	1. 能按时进行英语配音学习，但学习主动性不强，热情不高。2. 能完成课堂学习任务，但不善于改进学习方法。	1. 学习态度不端正，无心向学，经常迟到、旷课。2. 学习自觉性差，方法不当。3. 上课经常完不成学习任务。
	自评				
	他评				
	师评				
	总评及建议				

附件1：Sound of English 英语趣配音校本课程过程性评价表
（课堂表现情况评价表）

日期：　　　　班级：　　　　姓名：　　　　教师：

\multicolumn{2}{c	}{配音作业}	优秀 18—20分	良好 15—17分	合格 10—14分	待合格 10分以下
评价项目	配音内容	充实生动、积极向上	充实生动、积极向上	充实生动、积极向上	充实生动、积极向上
	语言表达	语言规范、发音清楚标准、语调自然	语音、语调标准自然	发音规范，语音语调基本规范，出现3—5处小错误	发音及语音语调出现很多错误

课程名称		Sound of English 英语趣配音课程				
评价活动/成绩评定	评价项目	流利程度	口语自然流畅、还原度高	自然顺畅、无反复、无中断	整体较为流畅，中断1—3次	非常不流畅，中断次数超过5次
		情感表达	情绪表达生动、恰当、饱满	感情充沛，情绪表达恰当	情绪表达基本恰当	不能够正确表达情绪及人物感情
		音画同步	每句台词录制完整、音画匹配度较高	每句台词录制完整、音画基本匹配	每句台词录制完整、音画较匹配。出现1—3处不匹配现象	台词录制不够完整、音画出现5处以上不匹配的现象
	自评及目标					
	互评及建议					
	师评及建议					
	总评					

附件2：Sound of English 英语趣配音校本课程过程性评价表
（配音作业情况评价表）

班级：　　　　姓名：　　　　教师：

配音作业		优秀 9—10分	良好 7—8分	合格 5—6分	待合格 5分以下
评价项目	配音内容	充实生动、积极向上	充实生动、积极向上	充实生动、积极向上	充实生动、积极向上
	语言表达	语言规范、发音清楚标准、语调自然	语音、语调标准自然	发音规范，语音语调基本规范，出现3—5处小错误	发音及语音、语调出现很多错误
	流利程度	口语自然流畅、还原度高	自然顺畅、无反复、无中断	整体较为流畅，中断1—3次	非常不流畅，中断次数超过5次

续表

课程名称	Sound of English 英语趣配音课程					
评价活动/成绩评定	评价项目	情感表达	情绪表达生动、恰当、饱满	感情充沛，情绪表达恰当	情绪表达基本恰当	不能够正确表达情绪及人物感情
^	^	音画同步	每句台词录制完整、音画匹配度较高	每句台词完整、音画基本匹配	每句台词完整、音画较匹配。出现1—3处不匹配现象	台词不够完整、音画出现5处以上不匹配的现象
^	自评及目标					
^	互评及建议					
^	师评及建议					
^	总评					

附件3：Sound of English 英语趣配音校本课程终结性评价表
（配音展示评价表）

成员姓名：　　　　　　教师：

短剧		优秀 18—20分	良好 15—17分	合格 10—14分	待合格 10分以下
评价项目	语音、语调及语言准确性	语言规范、发音清楚标准、语调自然，没有语法或拼读错误	语音、语调标准自然，较少有语法或拼读错误	语音、语调基本规范，出现3—5处小错误	发音及语音、语调出现很多错误
^	表演	仪态大方得体，肢体动作表演到位，表演夸张，生动有感染力	肢体动作较为自然，能够体现人物的性格特点	肢体动作基本自然，能够完整地表演短剧	肢体动作不自然，不能完整呈现人物的性格特点和短剧剧情

续表

课程名称	Sound of English 英语趣配音课程					
评价活动/成绩评定	评价项目	团队合作	分工合理，配合默契，每个成员都有适合自己的角色	成员配合较为默契，所有组员积极参与	成员分工合理，每个人都有一个角色	成员分工不太合理，团队配合不默契
^	自评及目标						
^	互评及建议						
^	师评及建议						
^	总评						

附件4：Sound of English 英语趣配音校本课程终结性评价表
（短剧表演小组评价表）

班级：　　　　　姓名：　　　　　教师：

评价内容		自评	互评	师评
学时成绩				
课堂表现				
配音作业				
成果汇报	配音作品			
^	短剧表演			
总评及建议				

附件5：Sound of English 英语趣配音校本课程学生综合表现评价表

Sound of English 英语趣配音课程纲要

（郑州市郑东新区龙翼小学　彭梦梦　韩玉琴　赵红霞）

第五节　尚美立人之艺术审美素养课程举隅

龙翼小学始终坚持"尚美立人"的理念，在教育教学过程中，崇尚自然之美、科学之美、人性之美和艺术之美，崇尚美言、美行和美德，追求以美育美和各美其美的教育方法和观念，培养孩子感受美、鉴赏美、表现美、创造美的意识和能力，塑造美好心灵，塑造美丽自我。

艺术审美素养类课程作为影响学生终身发展的基础课程，在龙翼小学的课程体系中占有重要地位。龙翼小学积极开发美育类校本课程，作为国家课程的有益补充，给学生搭建了一个发现美、创造美、传承美的平台，以期充分开发学生的艺术潜能，让每一个学生得到全面充分和谐的发展。

课程名称	波普艺术		
适用年级	三年级至六年级	总课时	17课时
课程简介	波普艺术是一种与流行文化有关的当代艺术，以组合图像表现日常生活中的平凡之美为宗旨，在内容上一般包含日常生活中通俗且流行的图像，比如连环画、杂志和超市商品，在形式上多采用新颖古怪的拼贴技术，这与儿童在创作时的奇思妙想有着异曲同工之妙。学生在校本课程实施的过程中，能熟练复制和拼贴现实生活中废旧图片上的形象，运用明朗绚丽的色彩和层次分明的色块以及充满想象力的趣味图案，在体现波普元素的同时，在作品中传达个性、流行、幽默、快乐等。		
背景分析	目的和意义： 校本课程教学紧密契合小学生奇思妙想的创作需要，注重感性的积累和体验，既贴合实际又富含艺术语言，隐含着丰富的艺术学科技能。以学生对流行文化的兴趣为出发点，注重对其艺术能力的发展和审美情趣的培养。课程内容突出趣味性、游戏性，注重过程与学生参与。 在教学中关注学生的主体性和参与性，重视小学生的心理和认识发展规律，激发其对艺术的向往与憧憬。 学情分析： 小学阶段的儿童喜欢用鲜艳的色彩涂抹以及通过剪、贴、画等方式进行手工制作，是天生的想象家，想象力丰富。波普艺术为他们提供了一个展现自我、表达自我的空间。经过一、二年级的学习，学生积累了一些有关构图、造型、色彩等方面的知识，为三至六年级学好波普艺术课程奠定了良好的基础。		

续表

课程名称	波普艺术					
课程目标	资源分析： 1. 我校硬件设备齐全，各种美术器材供给充分，拥有多样且专业的美术教室。 2. 教师队伍强大，均有名校背景且对课程开发有丰富的经验。 3. 学生对艺术创作兴趣浓厚，家长鼓励并支持学生参与艺术活动。					
课程目标	1. 通过丰富有趣的教学方法与手段，学会波普艺术最基础的知识，提高自己的审美能力、想象力和创造力。 2. 经过波普艺术课程的实践创作训练，逐步掌握波普艺术的艺术特征，创作出富有波普元素的作品。 3. 逐渐养成良好的创作习惯，并将学到的波普艺术知识和技能广泛运用到生活美化、环境美化中去。					
学习主题/活动安排	课程内容与安排					
^	日期	周次	单元	课程内容	课程目的	课程实施
^	每周二下午	第1周	课程纲要分享	课程纲要分享课	更好地把握整个学期的学习内容与目的	欣赏、讲授、思考、讨论
^	每周二下午	第2周	认识波普艺术	走进波普艺术	了解波普艺术的定义，了解波普艺术的风格成因、发展历史及艺术特点，探求流行艺术的魅力	欣赏、观察、思考、讨论
^	^	第3、4周	^	波普艺术大师作品赏析	认识具有代表性的波普艺术大师，通过分析其作品，掌握波普艺术创作的表现方法及特点，能在日常生活中识别波普艺术作品	欣赏、探索、思考、讨论、展示、交流
^	每周二下午	第5、6周	波普艺术元素训练	组合拼贴（拼贴添画 / 黑白撕贴）	根据波普艺术关注平凡生活中流行图像的特点，搜集并整合废旧物、商品招贴广告、各种报纸杂志上的图片。用图片进行拼贴组合，创作出以人物、动物、植物、日用品等为主体的作品	小组活动、搜集、观察、实践、交流

续表

课程名称				波普艺术		
学习主题/活动安排	每周二下午	第7周	波普艺术元素训练	重复构成	了解波普艺术以许多完全相同或略做改变的形象被绝对精细和均匀地排列在画面中的创作手法，学会以点过渡到线、以线过渡到面的方式去欣赏作品。能独立对自己喜欢的形象进行重复构成，体验这种蕴含色彩、韵律的形式美	讲授、观察、讨论、绘画
	每周二下午	第8周		重叠图底	教师分析如何运用重叠的基本形作图底来建立空间的艺术作品。学生能巧妙运用重叠图底法创作有空间纵深感的趣味性作品	小组活动、搜集、观察、交流
	每周二下午	第9周		波普图案	学会运用圆点、条纹、几何形、花朵、动物等最基本的波普风格图案装饰作品。并能搭配出有趣且富有创造性的图案，体现时尚、幽默的波普风格特点	讲授、观察、讨论、绘画
	每周二下午	第10、11周		波普色彩 冷色 / 暖色	明白明朗亮眼的色彩，是波普艺术中表现幽默与快乐的基础。通过分析大师的艺术作品，掌握色彩的基础知识，掌握色彩冷暖色调的表现方法，熟练运用同类色、邻近色、对比色和互补色	讲授、观察、讨论、绘画
	每周二下午	第12周	波普艺术创作篇	迷人的风景	采用富有波普风格的艺术元素，对树木和建筑等风景进行装饰和设计	讲授、观察、讨论、绘画
	每周二下午	第13周		可爱的动物	欣赏、了解民间艺术中的动物形象，熟练运用有波普风格的艺术元素对其进行再创造	讲授、观察、讨论、绘画
	每周二下午	第14周		有特点的脸	了解人物头部的结构，分析五官的比例关系，掌握不同表情的表现方法，选用拼贴等方法进行波普创作	讲授、观察、讨论、绘画

续表

课程名称	波普艺术				
学习主题/活动安排	每周二下午	第15周	波普艺术创作篇	生动的人物	分析人物的动态表现，掌握人物站、坐、走、跑、蹲等造型，抓住人物特征运用重叠图底的波普艺术方法进行表现	讲授、观察、讨论、绘画
	每周二下午	第16周	作品展览	波普艺术作品展	举行作品展示评价会	欣赏、分析
	每周二下午	第17周		成果汇报	成果汇报	
评价活动/成绩评定	1. 评价内容：注重学生的个性和特长发展，关注学生对基本知识的学习过程，强调评价多元化。如，将学生在美术学习过程中对师生关系的感受，学生的学习兴趣是否浓厚和能否获得成功体验等作为评价学生的主体内容。 2. 评价方法：在评价方法上，除了考查学生学习的知识，还重视形成性评价，如定期展示孩子的作品，激发他们持久的学习兴趣。 3. 教师评价： （1）学生自评：学生结合参加本课程以来的变化进行自我评价。 （2）教师评价：多鼓励、多赞扬，激发学生的学习兴趣，培养其创作能力，根据其在学习中的表现进行适当评价。					

波普艺术课程纲要

（郑州市郑东新区龙翼小学　吴思佳　朱方方　秦平利）

课程名称	墨香画韵		
适用年级	四年级至六年级	总课时	25课时
课程简介	墨香画韵中国画校本课程，聚焦于国画中写意花鸟、果蔬的画法，从细微之处着手，通过生动的教学演示，引领学生逐步掌握中国画的笔墨技巧与造型艺术。遵循由浅入深、循序渐进的原则，让学生在墨香之中感受画韵，于笔端挥洒自如，探寻中国画的无穷魅力。立足于中国画的特点，通过丰富的实例，深入剖析中国画的表现技法，让学生在实际操作中领悟中国画的精髓。同时，穿插讲解国画的基本理论常识，旨在提高学生的绘画水平，锻炼审美能力，陶冶艺术情操。		
背景分析	目的和意义： 中国画作为中华文化的重要组成部分，具有悠久的历史和独特的艺术价值。在全球化的背景下，保护和传承这一文化遗产显得尤为重要。为此，我校决定开设墨香画韵中国画校本课程，以培养学生对中国画的认知与热爱，同时也为弘扬中华文化做出贡献。开设本课程的目的在于提高学生的艺术素养和审美能力。通过学习中国画，有助于学生深入了解中华文化的内涵，增强文化自信，培养学生的创造力、观察力和表达能力。 学情分析： 墨香画韵校本课程选修人数有20人，为四至六年级对国画感兴趣的学生。美术国家课程中虽有国画相关内容，但是所涉内容有限，因而大部分孩子国画学习基础相对较弱，但这并未阻碍他们追求艺术的步伐。墨香画韵课程，作为中国画的入门之选，适合初学者，也可满足小学生的探索欲望。 资源分析： 1. 我校硬件设备齐全，各种美术用品供给充分。 2. 教师队伍强大，学校经常对教师展开美术技能培训。 3. 学生对美术课的兴趣浓厚。		
课程目标	1. 通过课程学习，能够欣赏和评价不同风格和流派的中国画作品，热爱和尊重中华传统文化，积极传承和发扬中华优秀传统文化。（文化理解） 2. 能够掌握两到三种中国画的基本绘画技巧和表现手法，通过实践创作出具有个人特色的作品；提升创新思维和艺术想象力，尝试探索新的绘画风格和表现形式，不断提升自己的艺术表现力和创造力。（艺术表现、创意实践） 3. 通过课程学习，学会鉴赏和评价中国画作品，提升自己的审美水平和艺术鉴赏能力；通过观察、分析和比较不同作品的特点和风格，能够理解艺术创作的意义和价值，初步形成自己的艺术观点。（审美感知、艺术评价）		

续表

课程名称	墨香画韵					
学习主题/活动安排	课程内容与安排					
	日期	周次	单元	课程内容	课程目的	课程实施
	上学期每周四、周五下午	第1周	理论知识学习与技法的练习	认识笔墨纸砚	认识、了解传统中国绘画。认识干湿浓淡墨色	欣赏、观察、思考、讨论
		第2周		1.执笔与用笔。2.学画线条。	通过对毛笔握笔姿势及坐姿的练习，和毛笔的使用方法及运笔方式的学习，认识画中国画独特的工具。了解毛笔的运笔方式，感受中锋、侧锋用笔所画线条的不同	欣赏、探索、思考、讨论、讲授、练习、展示、交流
		第3周		学习白菜的画法，注意掌控用笔及墨色	分析、了解白菜在中国画中的表现方式与特点，通过实践练习，感受中国画的笔墨意趣	讲授、观察、讨论、绘画
		第4周		学习萝卜的画法，注意掌控用笔及墨色	通过欣赏国画作品中萝卜的种种画法，以及教师的示范，认识、了解国画中萝卜的表现方式	欣赏、观察、讨论、示范、练习、交流
		第5周		学习枇杷果及枇杷枝叶的画法，注意掌控用笔及墨色	学会中锋用笔画枇杷果，以及学会运用侧锋用笔来表现枇杷枝叶的画法	讲授、观察、练习、展示、交流
		第6周		学习樱桃的画法，注意掌控用笔及墨色	学会中锋用笔画樱桃果，以及学会侧锋用笔来表现樱桃枝叶的画法	讲授、观察、练习、展示、交流
		第7周		学习荔枝的画法，注意掌控用笔及墨色	学会中锋及侧锋用笔画荔枝果，以及学会侧锋用笔来表现荔枝枝叶的画法	讲授、观察、练习、展示、交流
		第8周		学习草莓的画法，注意掌控用笔及墨色	通过学习单个草莓的画法，了解、掌握成组草莓的表现方法	讲授、观察、练习、展示、交流

续表

课程名称	墨香画韵			
学习主题/活动安排	上学期每周四、周五下午	第9周	写意蔬果画创作篇	自行选定主题（可以是蔬果的搭配，也可以是纯蔬菜或纯水果），进行创作练习	自选主题，通过三角形、S形等构图方法的学习，进行合理构图，反复练习，提升构图能力	讲授、示范、练习、展示、交流
^	^	第10周	^	^	^	^
^	^	第11周	作品展览	墨香画韵作品展	举行作品展示评价会	欣赏、分析
^	^	第12周	^	成果汇报	成果汇报	
^	下学期每周四、周五下午	第1周	画法回顾	上学期作品成果欣赏展示，回顾所学内容与画法	通过温习上学期所学内容，回顾笔墨纸砚的使用方法	交流、评价、总结、练习
^	^	第2周	^	回顾以前所学内容，自主命题创作一幅写意蔬果图	通过主观创作练习，迅速找回学习状态	练习、展示、交流、评价
^	^	第3周	理论知识学习与技法的练习	学习丝瓜的画法，注意以色造型，以及对水分的把控	通过了解丝瓜的外形结构，学习以色造型的绘画技法	欣赏、讲授、示范、交流、练习、评价
^	^	第4周	^	学习南瓜的画法，双勾造型并以色润之	通过勾写润色，体验中国画的笔墨意趣	欣赏、讲授、示范、交流、练习、评价
^	^	第5周	^	学习牵牛花的画法，以中锋用笔、侧锋用笔结合画花，侧锋用笔画叶	通过学习对盛开的喇叭花的绘画及学画花骨朵，了解并掌握这一类型花卉的表现方法	欣赏、讲授、示范、交流、练习、评价
^	^	第6周	^	学习鸡冠花的画法，注意灵活用笔及墨色变化	通过分析鸡冠花的特征，分别练习花冠与叶子的画法，掌握鸡冠花的整体画法	欣赏、讲授、示范、交流、练习、评价

续表

课程名称				墨香画韵	
学习主题/活动安排	下学期每周周四、周五下午	第7周	理论知识学习与技法的练习	学习葫芦的画法，注意中锋用笔与侧锋用笔相结合，注意水色比例	学会中锋用笔与侧锋用笔画葫芦，学会侧锋用笔表现葫芦枝叶的画法	欣赏、讲授、示范、交流、练习、评价
		第8周		学习莲藕的画法，双勾画法，勾画轮廓线条要流畅	学会中锋用笔及侧锋用笔画莲藕	欣赏、讲授、示范、交流、练习、评价
		第9周		学习桃子的画法，刻画桃子的果实要注意颜色搭配	通过了解桃子的外形结构，学习以色造型的画法	欣赏、讲授、示范、交流、练习、评价
		第10周		学习马蹄果的画法，双勾造型并以色润之，注意掌控用笔及墨色变化	运用双勾画法练习画果实，掌握马蹄果的表现方法	欣赏、讲授、示范、交流、练习、评价
		第11周	写意蔬果创作篇	自行选定主题（可以是蔬果的搭配，也可以是纯蔬菜或纯水果），进行创作练习	自选主题，反复练习，提升创作表现能力	讲授、示范、练习、展示、交流
		第12周	作品展览	墨香画韵作品展	举行作品展示评价会	欣赏、分析
		第13周		成果汇报	成果汇报	
评价活动/成绩评定	1.评价内容：关注学生在中国画学习中的主动性与创造性，评价中重视学生自我评价、生生互评与教师评价相结合。注重学生的个性和特长发展，关注学生对基本知识学习的过程。评价学生学习情况时，主要从课堂学习状态、是否能够独立思考并积极表现、小组的合作情况、作品的完成情况等方面进行多方位的评价，促进学生的全面发展，培养学生的艺术素养和提升其创新能力。					

续表

课程名称	墨香画韵
评价活动/ 成绩评定	2.评价方法：在评价方法上，除了学习成果展示，应重视形成性评价，定期展示孩子的作品，激发他们持久的学习兴趣。 　　3.评价过程：在评价过程中，我们秉持全面、客观、公正的原则，力求确保评价的准确性和有效性。评价过程时，既关注学生的学习成果，也重视学生在学习过程中的表现和发展。 　　首先，我们会定期搜集学生的作品，进行展示和评价。这不仅是对学生学习成果的肯定，也是激发他们学习兴趣和动力的有效方式。同时，我们会对学生的作品进行细致观察和分析，了解他们在创作思路、技能掌握情况以及艺术表现力等方面的表现。 　　其次，我们注重学生在学习过程中的表现和发展。通过观察学生在课堂上的参与度、合作能力、解决问题的能力以及创新思维等方面的表现，我们可以更好地了解学生的学习状态和需求，为他们提供更有针对性的指导和帮助。此外，我们还重视学生对教师教学和自身学习兴趣等方面的评价。通过访谈等方式，了解学生对教师的教学风格、课堂氛围以及师生互动的满意度，以便及时调整教学策略，为学生创造更加和谐、积极的学习环境。 　　最后，我们会根据学生的表现和进步情况，进行综合性评价。评价结果将作为学生学业成绩的重要参考，同时也是教师进行教学反思和改进的依据。我们致力于构建一个多元化、全方位的评价体系，以更好地促进学生的全面发展和个性成长。

墨香画韵课程纲要

（郑州市郑东新区龙翼小学　古筱芳　赵红霞　张贝贝）

第六节　修能立人之实践探索素养课程举隅

作为学校融慧立人课程的重要组成部分，实践探索素养课程是学校教育和校外教育衔接的创新形式，是综合实践育人的有效途径。

龙翼小学实践探索素养课程以学校所在地的自然、园馆、厂矿等资源为依托，建立学科融合的实践体验式学习体系，开展丰富多彩的实践体验活动，带领学生在知行合一的学习过程中开阔眼界、丰富知识、增强自信，提升实践创造及团队合作能力，促进学生的全面发展。

我们先后开发了行走在山水间、童眼看世界等课程，践行知行合一的教育理念，培育学生实践探索的精神，成就躬行践履、敢于担当的龙翼少年。下面以校本课程行走在山水间为例，记录龙翼小学在修能立人的道路上所做的实践探索。

课程名称	行走在山水间		
适用年级	四至六年级	总课时	17课时
课程简介	行走在山水之间，欣赏山川美景——泰山雄、衡山秀、华山险、恒山奇、嵩山峻。走进名山大川，拥抱祖国的绿水青山。将祖国山川美景搬进课堂，缩龙成寸，动手实践，制作成精美的山水盆景，让更多的孩子行走在山水间，发现祖国山川之美，感受山水盆景这一古老而独特的艺术形式之魅力，尝试通过多方式、多角度、多元文化思考进行造型表现与设计应用，装扮与美化生活，将山水文化发扬光大，是郑东新区龙翼小学行走在山水间校本课程的目的和初衷。		
背景分析	目的和意义： 基于对学生行走在山水间校本课程需求的调查，发现学生都向往大自然，期待能够走进山水，亲近自然，许多学生都对用美丽山水装点生活有着强烈的需求，对山水盆景的表现形式有着浓厚的兴趣。对行走在山水间校本课程的研发与实践，旨在培养与塑造会审美、有特长、能创造的学子，这与学校总体课程的目标相一致。		
	学情分析： 行走在山水间校本课程的实施对象是学校四至六年级的学生。高年级孩子有二至三年的山水盆景学习经验，虽技法熟练，但创新能力不足，对山水意境等缺少整体认识，需要教师引领他们走进名山大川，采风体验，拓宽眼界，从大自然中汲取营养，搜集素材，打开思路。		

续表

课程名称	行走在山水间				
背景分析	资源分析： 　　校园环境优美，主题园区绿化景观次第生成，树石花草，相映成趣。三庭轩敞雅致，五园花木葱茏，三庭五园，佳境呈现。学校有专业的阳光花房、创意空间等创作教室。学校紧邻北龙湖公园，环境优美，易于开展户外采风等实践活动。依托绿博园、园博园、郑州植物园等园馆资源，扩充课程资源。				
课程目标	1.能够实地走访、体验，搜集素材，了解祖国和家乡的名山，了解南北方山水景观及山石的特点。 　　2.了解山水盆景在中国的历史发展及文化内涵，掌握山水盆景的基本造型特征，激发想象力与创作愿望。 　　3.用山水的表现形式，通过看看、拼拼、摆摆、做做等方法创作山水盆景作品，并能大胆进行表演和展示，体验活动的乐趣。 　　4.通过实地探访和对山水盆景造景艺术的学习、创作，领略祖国河山和传统文化的魅力，传承山水盆景民间艺术，涵养热爱祖国山水的家国情怀。				
学习主题/活动安排	课程内容及安排				
^	日期	单元	课程内容	课程目的	课程实施
^	第1周	课程纲要分享	课程纲要分享课	明确本学期的学习内容。	交流课程纲要和评价方法
^	第2周	第1单元河南之美（河南山水盆景）	真材"石"料	欣赏、对比、把玩各种材质的石材，感悟山水盆景的造型特点。	1.拜访专家和民间艺人。 2.自主探索、对比欣赏山水盆景等。 3.体验捏制和彩绘山水作品。欣赏、对比、把玩各种材质的石材，感悟山水盆景的造型特点。
^	第3周	^	走进河南——山水盆景	1.初步了解河南民间山水盆景的历史、文化、造型，领略河南山水盆景的独特美感。 2.能用简练的话语总结出河南山水盆景的造型、色彩、石材纹理特点。 3.初步感受山水盆景造型方法，增强对家乡民间美术的喜爱之情。	^

续表

课程名称			行走在山水间		
学习主题/活动安排	第4周	第2单元经典"山水"系列	山水盆景——仰山观澜	1. 了解经典山水盆景的历史传说,感悟山石古老造型的独特美感。 2. 感悟经典山水造型特点。 3. 能用简练的话语总结出拼摆过程,体验造景倒流香作品,感受其造型方法,增强对山水盆景的喜爱之情。	1. 拜访民间艺人、拜访专家。 2. 自主探究、欣赏、触摸、观察、分析山水景观。 3. 资料搜集。 4. 通过了解、观察、拼摆、粘接,对中国传统文化中山水产生兴趣并心生喜爱。
	第5周				
	第6周		山水盆景——倒流香		
	第7周				
	第8周				
	第9周	第3单元中原"山水情"	豫山豫水遇见你	1. 了解"中原地区山貌和南方山水的异同。 2. 找到山水盆景的造型特点并制作经典造型。 3. 尝试刻画山石的纹路并涂色。	
	第10周				
	第11周	第4单元中原名山	走进中原名山大川——嵩山	1. 了解中原地区名山大川的文化背景。 2. 登嵩山、画嵩山,寻找嵩山碎石,野采嵩山青苔。 3. 找到中原山水的造型特点并创作出经典造型。 4. 抓住嵩山的特点,尝试进行创作。	
	第12周				
	第13周	第5单元山水盆景系列	山水盆景——菖蒲造景	1. 根据造型经验,借鉴各地山石形象,拼摆粘接各种山石造型。 2. 给自己的盆景进行造景配饰。 3. 说说自己的创作想法。	1. 搜集查阅资料。 2. 有自己的创意想法。
	第14周		山水盆景——水陆缸		
	第15周		山水盆景——水旱盆景		

课程名称				行走在山水间	
课程实施	第16周	第6单元"我的山水"故事汇	我的"山水情缘"故事汇	1. 会运用小组合作的形式，根据一个名山创作山水盆景作品。 2. 摆一摆、讲一讲或演一演自己与山水的情缘，体验山水盆景的多种玩法，感受情境玩法的快乐。	1. 总结盆景制作的步骤和方法。 2. 情节想象。 3. 小组合作。
	第17周				
课程实施	一、课程资源 课程材料：自编学习材料 授课教师：学校美术教师、班主任 学习工具：石材（英德石、斧劈石、千层石、吸水石、风凌石、龟纹石、松皮石等）、502胶水、快干泥、小摆件（人物摆件、动物摆件、景观摆件）、绿植、小水泵、雾化器等；其他辅助材料（包括围裙、护目镜、一次性手套等）。 实践基地：学校山水盆景工作坊等。 二、实施思路 行走在山水间校本课程，每周1个课时，每课时60分钟，每学期进行1—2次外出采风，开展体验式学习。参与该课程开发研究的教师每月组织一次交流展示活动，研究团队教师进行典型案例的交流和实操。每学期开展一次师生深度研学活动，邀请专家到校指导或者外出实地学习。 三、实施保障 1. 场地保障：学校专用教室、山水盆景工作坊等。 2. 教师要求：教师在课程实施过程中扮演着极为重要的角色，既是中华优秀传统文化的传承者，又是中华优秀传统文化的宣传者。教师利用自己已有的知识经验，指导学生学习制作带有不同地域特点的传统山水景观，逐步培养学生对山水盆景的动手制作能力和对中华传统文化的热爱。在学生动手操作时，教师应适时点拨指导，帮助学生掌握好盆景制作的基本要领。同时，本课程要求教师能够融合多学科的知识，对学生进行创新制作、分工合作、语言表达、宣传设计等全方位的指导。 3. 学生要求：每周坚持参加行走在山水间校本课，充分发挥自身的主动性和积极性，在深厚的中华优秀传统文化氛围中动手动脑、传承创新、学会审美、学会合作。 四、实施方法 1. 实践法：根据要求进行实际的动手操作，熟练掌握具有地方特色盆景的制作流程，能制作有地区特色的盆景，并让大家欣赏。				

续表

课程名称	行走在山水间
课程实施	2. 演示法：对各组或个人成果进行展示，直观感受艺术效果、创新魅力。 3. 任务驱动法：进行场景设定或任务设定，以竞赛的形式进行小组创作活动。 4. 创新交流法：在动手或混合活动中，小组或个人进行创新实验，并借此进行多样的推广宣传。
评价活动/成绩评定	评价分为过程性评价、终结性评价以及综合性评价。 **一、过程性评价（占综合性评价60%）** 1. 教师依据每节课学生所制作的山水盆景造型和意境引领学生进行自我评价与他人评价，给出每一节课的成绩。 （1）填写评价表。教师在第一节课上发放小小园艺师的足迹评价表，给学生讲清楚填表的目的和意义，指导学生填写相关内容，记录其成长足迹，保存在成长档案袋里。 （2）自评。每次完成作业后，先由学生根据自己所完成的作品的特点和表现过程给予评价，并根据要求给出星级。 （3）他评。在课堂上，引导学生请同桌对自己的作品和表现给予客观的评价，给出星级。 （4）师评。教师在批改学生作业后，及时在师评一栏中给出评价星级，把平时作业评价作为期末"综合等级"评价的重要依据。 2. 制作山水盆景作品集（过程性评价的一部分）。 （1）把学生在校本课程中完成的作品，以照片形式保存汇集在作品集中。 （2）引导学生把在本年度课程中山水盆景的制作过程拍成照片，进行自我积累、自我整理。 **二、终结性评价（占综合性评价40%）** 以自我评价表的创建、填写和考查学生的一件盆景作品的形式为主进行评价。 **三、综合性评价** 综合性评价是过程性评价与终结性评价相结合的一种评价方式，其中过程性评价占60%，终结性评价占40%。综合性评价结果分为"优秀""良好""合格"三类，以此作为学生获得学分的依据及评选优秀学生的依据之一，评选出行走在山水间校本课程学习小标兵，并为其颁发奖状。

续表

课程名称	行走在山水间
评价活动/成绩评定	班级：　　　　　姓名：　　　　　教师： 	本课内容	自评	互评	师评
---	---	---	---
1. 我知道了山水盆景故事			
2. 我学会了几种山石造型			
3. 我创作的山水盆景的视觉效果			
4. 我的作品			
5. 我周围的卫生情况			| 说明：1. 星级制：5☆，优秀；4☆和3☆，良好；2☆和1☆，合格；没有星星表示需继续努力。 　　　2. 可根据情况附带简要的文字。 　　　3. 5颗☆，优秀，可申请期末免测，没有星星或认为自己可以取得更优秀的成绩，可申请重测。 **附件1：行走在山水间校本课程过程性评价表** **（小小园艺师的足迹）** 班级：　　　　　姓名：　　　　　教师： | 评价内容	A等	B等	C等	D等	个人评价	同学评价	教师评价
---	---	---	---	---	---	---	---
对国内名山大川的认知程度，对山水盆景知识的认知水平	热爱山水文化，熟知国内名山大川、山水盆景的基础知识；熟悉山水盆景的造型特点、拼摆方法、绿植摆件的运用等，并能够熟练地创作出不同造型的山水盆景作品	知道祖国知名的山水景观，在教师指导下，能够较为熟练地拼摆山水造型，并能运用摆件和绿植设计作品	对山水知识了解不多，在教师指导下，能够进行山水盆景制作	对山水知识了解得不多，有兴趣在老师指导下制作山水盆景作品			

课程名称	行走在山水间							
评价活动/成绩评定	平时表现和作业完成情况	工具准备齐全,能认真、及时独立完成课堂作业	课堂表现较认真、能独立完成作品	在教师指导下能完成作品	在教师的指导下作品完成得不够好			
	对民间美术文化的情感、态度、价值观	对中国民间山水盆景的历史文化有所了解,喜欢民间山水艺术,会欣赏,能够创作出生动的山水盆景作品	对山水文化的兴趣浓厚,会欣赏和创作作品	对山水文化感兴趣,在老师的指导下,会欣赏、制作山水盆景作品	对山水文化感兴趣,在教师的指导下会初步制作山水盆景作品			
	创新情况	能独立创作个性化的山水盆景作品	创作的作品有一定的新意	创作的作品体现了自己一定的想法	会模仿创作山水盆景作品			

附件2：郑东新区龙翼小学校本课程行走在山水间
终结性评价标准表

我这样评价自己：
_____

同伴眼里的我：
_____

老师的话：
_____

行走在山水间课程纲要

（郑州市郑东新区龙翼小学　蒋春荣　杨　旭　吕君莉）

第四章　融慧立人课程的课堂形态

龙翼小学围绕中国学生发展核心素养，立足于生本教育、生本课堂的教学理念，积极进行课堂教学改革的探索与实践，提出"一本三单四环节"的启悟课堂有效课堂形态。启悟课堂坚持以生为本，依托"课前预学单""课中导学单"和"课后巩固单"，通过课堂教学中教师主导下"温故知新，自学初悟－合作分享，互助促悟－聚焦重点，导思启悟－拓展迁移，致用体悟"的教学策略，帮助学生学习知识、锻炼思维、提升能力、濡染文化，提升核心素养。

第一节　启悟课堂构建的背景

21世纪的公民应具备怎样的知识、能力、态度和价值观，才能从容应对时代的挑战，在服务国家贡献社会的同时，实现个人潜能的发挥与拓展？对这一问题的回答，关乎一个国家能否具备应对未来全球竞争的能力。21世纪以来，世界各国及一些国际组织纷纷启动对核心素养的研究与发展规划。2016年初，《中国学生发展核心素养（征求意见稿）》出台，意见稿指出，学生发展核心素养是指学生应具备的、能够适应终身发展和社会发展需要的必备品格和关键能力。综合表现为九大素养，具体为社会责任、国家认同、国际理解；人文底蕴、科学精神、审美情趣；身心健康、学会学习、实践创新。核心素养的核心在哪儿？校长、教师该如何通过教育教学，发展学生的核心素养呢？业内专家指出，落实核心素养的基本载体是课程，主渠道是课堂，同时需要转变教师的教学方式和学生的学习方式。

道德课堂是在郑州市课改的土壤里生长起来的、新课程背景下诞生的一种高品质的课堂形态；是以学生为主体，呈现尊重、关爱、民主、和谐学习生态的课堂，是能够高效实现教学目标的课堂，是一种融德性化、人性化、生命化为一体的课堂，是学生成长的家园。推进道德课堂建设，要改善教师的教学生态、学生的学习生态，让教师和学生在课堂生活中享受幸福和快乐，提升教师和学生的生命质量和生命境界。郑州市教育局原副局长田保华在《全力推进道德课堂建设，走好教育生态文明之路》的讲话中指出：教育改革最终发生在课堂上，从一定程度上说，课堂是教育改革成败的关键所在。我们应该以新课程的理念，从道德自觉的高度，去重新审视我们的课堂，审视那些不道德的教育现象，努力加以改进和完善，使我们的教师在充满道德的环境中对学生进行关于道德的教学，在教学过程中，提升学生的道德，丰富学生的人生体验，使学生学科知识增长的同时，人格得到健全和发展。让我们的课堂教学过程和结果都合乎道德的要求，让我们的课堂生活充满生命的活力。

郑州市郑东新区龙翼小学作为郑东新区一所高起点、高标准、高品位的公办小学，本着"教育即生长"的办学思想，围绕"立人为本，为幸福人生奠基"的办学理念，确立"韫家国情怀，拓世界视野"的育人方向，秉承"厚德腾龙，敦行振翼"的校训，树立"诚毅砺志，静笃致远"的校风，涵养"诚朴儒雅，弘道树人"的教风和"惟志惟勤，日新又新"的学风，倾力构建丰富生命成长钙质的融慧立人课程体系，打造激扬生命成长活力的启悟课堂，尊重生命，关注生长，用人类文明的优质成果养其正，成其人，培养健康阳光、乐学睿思，具有家国担当、国际视野、人文情怀、科学素养、创新精神和实践能力的未来公民。让学校真正成为师生精神栖居的家园，勤勉致知的学园，德馨人和的乐园，诗意美丽的花园。

作为一所新建学校，践行以关注学生发展为本的"立人为本，为幸福人生奠基"的办学理念，努力将学校塑造成为一所深入人心的温暖的学校、一所值得信赖的品牌学校、一所受人尊敬的卓越学校，是我校发展的坚定目标。

我们通过凝聚集体智慧，围绕中国学生发展核心素养和生本教育、道德课堂的理念，全员参与规划研究，从学校软实力的核心内容，即生命智慧、人文关怀、艺术品位、创新激情、责任担当、儒雅风范、和谐氛围和宏阔视野等方面不断提升学校的文化内涵。

在建设优质高效的课堂教学文化过程中，我们主要运用调查访谈法、文献研究法、行动研究法、统计分析法和课堂观察法等方法，一边通过调查访谈摸清校情学情，一边阅读大量文献资料，并对文献资料进行归纳、分析和整合。在理论知识和校本课程实际相结合的基础上，我们提出构建我校启悟课堂教学形态的构想；在课堂形态形成的过程中，我们采取行动研究的方法，在做中学习、做中思考、做中提升，同时运用统计分析法和课堂观察法等进行调查分析，检验研究效果，初步形成具有我校特色的启悟课堂形态。

第二节　启悟课堂内涵的解读

一、启悟课堂的内涵

启悟，亦作"启寤"。寤，通"悟"。启悟的含义为启发使觉悟。源自《后汉书·宦者列传第六十八》："近者神祇启悟陛下。"《晋书·陆喜传》："始闻高论，终年启寤矣。"北齐颜之推《颜氏家训·勉学》："此事遍于经史，吾亦不能郑重，聊举近世切要，以启寤汝耳。"卢文弨补注："启，开也；寤，觉也，与'悟'通。"宋人沈揆《〈颜氏家训〉跋》："辨析援证，咸有根据，自当启悟来世。"许地山《东野先生》："一般人既习非成是，最好的是能使他们因理启悟，去非归是。"

龙翼小学着力构建的启悟课堂，主张在教学中摒弃各种形式主义，注重适时启发，触发悟感，彰显体悟精神，促进学生核心素养的提升。

启悟课堂中的体悟精神是一种通过体验、反思与感悟，对认知对象进行整体直观的把握，从而生成新的意义，实现人的身心发展、和谐统一的精神。

启悟课堂认为比基本知识和基本技能更为基础的是发展人的情感和感悟力。感悟力是一种善于见微知著的敏锐的观察能力，是对知识、信息进行综合、比较、演绎的独立思考能力，是从感性到理性、由表及里、融会贯通的理解能力。真正的感悟来源于学习者的亲身经历与感受，有的领悟是学习者渐渐获得，有的领悟则是学习者瞬间获得。学习者只有对人生、对事物以及对世界不断感悟，才能不断提升自己的感悟力。拥有感悟力是人的精神生命拓展、核心素养形成的重要基础，学生学习的核心应该是发展感悟力，学习并不断积累的意义则在于形成感悟力。

启悟课堂的儿童观强调，人的起点非零，人拥有其自身发展的全部凭依，具有与生俱来的语言的、思维的、学习的、创造的本能，儿童是天生的学习者，潜能无限，教育教学中应借助于学生的本能力量的调动，形成教育的新的动力方式和动力机制。

启悟课堂的教师观表明，教师应是生命的牧者，而不是拉动学生的纤夫。教师在教学中要尽可能不见自我，要把教学内容从单纯传授一大堆知识点转变为引导学生把握知识的灵魂和线索，以创造最大的学习空间，引领学生积极飞扬地学习。

启悟课堂的教学观集中表现为，教学就是学生在老师的组织引导下的自主学习。启悟课堂区别于考本、本本、师本的课堂，区别于短期行为的、分数的课堂，是促进人的发展的课堂。在教学组织上，启悟课堂鼓励先学后教，以学定教，少教多学，直至不教而教。倡导采用个人独立、小组合作、班级协作的多种方式自主、合作学习，让课堂教学真正达到"合乎道，至于德"的道德课堂的境界。

二、启悟课堂的理论依据

（一）建构主义学习理论

建构主义学习理论认为，学习的过程不是学习者被动地接受知识的过程，而是积极地建构知识的过程。建构主义学习活动是以学习者为中心，学习者往往更具有兴趣和动机。在建构主义学习理论的支撑下，我们提出启悟课堂注重创设适合师生教与学的环境、学习任务，通过自主、合作、探究的学习方式实现知识建构过程。

（二）人本主义心理学的内在学习论

美国著名心理学家马斯洛提出内在学习论。所谓内在学习，就是依靠学生内在驱动，充分开发学生的潜能，达到自我实现的学习，这是一种自觉的、主动的、创造性的学习模式。这种内在教育模式运用于启悟课堂的构建中，就是通过转变教学方式和学习方式，打破各种束缚人发展的清规戒律，促使学生自主地学习，充分发挥他们的想象力和创造力，自由地学他们想学的任何课程。

（三）认知主义心理学的认知结构学习理论

美国心理学家布鲁纳创立的认知结构学习理论认为，为了促进学生获得最佳学习成果，提供信息是必要的，但是掌握这些信息本身并不是学习的目的，学习应该超越所给的信息。认知结构理论强调学习过程、直觉思维和内部动机，这与启悟课堂学习中要求注重培养学生的创造性思维能力是一致的。启悟课堂教学模式可激发学生的学习动机，有助于学生在学习过程中发挥直觉思维和想象力，在自我探索中获得知识和精神的提升。

第三节 启悟课堂教学的流程

为了实现启悟课堂健康、和谐、本真、活力、可持续发展的核心价值,我们探索、研究的目光密切关注课堂的主体——学生及学生学习的方式,致力于构建这样一种课堂:基于课标,基于学材,基于学情,把教学内容从一堆零散的知识点转变为核心素养的灵魂和线索,以此创造最大的空间,迎接学生积极飞扬的学习激情。在教师主导下,激发课堂中学生的本真与活力,让课堂中的每一个个体和群体都在其中通过交流、互动,达成目标,共同成长,使教学真正抵达"合乎道,至于德"的境界。基于这样的思想,我们在教学中通过反复实践和研磨,提出了"一本三单四环节"的启悟课堂教学策略。

一、一本

指的是以生为本,立人为本。一切为了学生,高度尊重学生,全面依靠学生。学生作为教育对象,有着自身生命价值的存在,是有着无限潜能的人类的未来。在课堂教学中,我们一定要坚持以生为本,让课堂洒满阳光。

二、三单

指的是课前预学单、课中导学单和课后巩固单。

三、四环节

指的是"温故知新,自学初悟 – 合作分享,互助促悟 – 聚焦重点,导思启悟 – 拓展迁移,致用体悟"四个教学步骤。

环节一:师生温故知新,自学初悟,完成预学单

教师通过预学单对学生的自主学习进行干预和指导,让学生的自主学习更有目标、方法和效果。在学习目标的指导下,学生复习对新知识有铺垫性和迁移性的旧知识,在此基础上尝试自主预习新课知识。把相关新知识的资料搜集、信息提取、理解感悟,以及自学中产生的问题等记录在预学单中。

环节二:小组合作分享,互助促悟

通过自主预学,学生已经获取了关于新课的知识经验。在此基础上,教师努力创设课堂互学互助的学习情境,引导学生学会合作、交流、分享,从而碰撞出思维的火花,解决疑难问题,获得素养提升。可以这样安排教学环节:

首先，教师明确小组合作学习要求。

其次，小组合作学习。学生以小组为单位，在组长的组织带领下，有条不紊地进行学习活动。第一步，对照预学单，小组成员分享各自的学习收获；第二步，小组成员介绍学习方法，组长总结小组各成员的学习经验；第三步，小组成员提出自学中遇到的问题，组内讨论交流，共同解疑促悟，组长负责汇总组内不能解决的问题。

学生合作学习时，教师需要密切关注学生的学习情况，扮演好合作学习的组织者、指导者、调控师的角色。一是关注各小组学生的学习参与度，适时鼓励每个学生积极参与分享、交流和研讨，避免合作学习成为个别学生的"一言堂"。二是密切关注各小组的学习效果。深入了解各组学生对学习重难点问题的理解，关注学生自主发现的问题和生发的独到见解等，及时掌握学情，为后续学习环节的推进做好准备。三是引导学生积极参与讨论。教师要充分了解学生原有的学习基础，明确学生学习的最近发展区，充分预见课堂上可能出现的问题，及时进行引导，充分发挥参与小组学习的每个学生的主观能动性，小组合作学习才不会流于形式化。

环节三：师生聚焦重点，导思启悟，完成导学单

学生通过小组合作学习，虽已经进一步理解了新学内容，掌握了一些基本的知识点，但一些学生掌握得还不够深入扎实，需要继续抓住学习的重点，突破学习的难点，加强对基本知识、基本技能和学科思想方法的深入学习。在课堂教学中，教师需要针对教学重难点，通过多种教学方法当堂训练，让学生加以掌握。

学生经过小组合作讨论之后，在学习中存在的问题纷纷呈现。教师要带领学生把诸多问题进行归类，提炼出蕴含学科思想，促进学生核心素养形成的核心问题，基于核心问题创设问题情境，引导学生在导学单指导下，运用学科思想方法解决问题。对于精选出来的核心问题，由学生自主解决。在教师的科学引导下，学生继续进行自主学习、合作学习，进行实验、实践、体验、思考、探究、讨论等学习活动，继而经由成果的汇报，产生全班集体智慧的大碰撞，从而找到解决核心问题的方法和途径，让问题得到解决。在交流和碰撞中，教师要充分肯定学生通过自主学习和小组合作学习取得的学习成果，发现问题时不要轻易进行大段的讲解或简单地告知答案，而要把思考的空间还给学生，把发言权还给学生。要注意倾听学生的发言，对学生的发言进行及时适切的点拨指导。点拨指导要看准时机，抓好火候，何时讲、讲什么、讲多少，决定权不在老师，而在学生，由学生"画龙"，教师"点睛"。教师要充分发挥教学智慧，通过科学的点拨，对学生导思启悟，使学生的思考由零碎而变得系统，由感性而变得理性，从而真正内化知识，锻炼自己的能力，形成自己的素养。

在这个环节中，教师扮演着合作者、支持者、促进者的角色。教师的介入是为了在情境创设中催生学生的感悟，在交流互动中激活学生的思维，在及时点拨中启发学生的智慧，耐心地引导学生思考，教会学生思考的方法。

环节四：师生拓展迁移，致用体悟，完成巩固单

学生通过上述三个板块的学习，已经基本上掌握了新课中要求学习的知识、技能、思想和方法。接下来，还需要师生合作对课堂收获进行梳理总结，将学习收获编"珠"成"链"。把原来零散的知识点进行重新建构和组合，整理知识结构，梳理方法步骤，总结规律技巧，基于学科核心素养，促进学生必备品格和关键能力的提升。还要基于基本知识、技能、学科思想、方法等，对所学新知识的内涵、外延加以挖掘和延展，设计拓展型练习、研究型作业，将教材与生活链接，将知识转化为能力，将课堂空间拓展为开放的学习空间。让课堂永远是一个开始，让课堂成为学生飞翔的起点。

在这一环节，教师要善用巩固单，真正把巩固迁移，体悟致用落到实处。要注意三点：

第一，注意练习设计具有基础性、层次性、拓展性、实践性。

第二，注意统计、了解、分析检测的效果。

第三，对重难点、应用点再次进行强调。

启悟课堂以"生本"为基点、以"启悟"为核心、以"三单"为依托的"四环节"教学策略，集中体现了生本课堂、道德课堂先学后教的理念，具体表现为：

第一，它细化了课堂教学的结构，给教师提供了转变教学方式，实现课堂教学改革的可操作的方法和策略。

第二，它的各环节顺序、比重可以根据教学目标、内容等进行灵活调整，可以根据课堂教学实际重复进行，体现了以学定教的灵动性。

第三，它适应各个学科基本的课堂教学结构和层次，体现了教学策略的普适性。

第四节 启悟课堂实施策略

我们深入教学实践，以课例为载体，以行动跟进研究，以研究促进行动，尝试探索实施启悟课堂的有效策略。

一、校本研修，为启悟课堂构建筑牢根基

有效推动启悟课堂构建的首要条件是教师的专业发展水准高。启悟课堂不仅是启发学生思维的舞台，更是展现教师生命活力的舞台。为此，通过校本研修，不断提高教师的教育教学能力就显得尤为重要。

基于我校校情，从教师作为专业技术人员的职业特点、新课程改革的要求，教师自身发展、自我实现的需要出发，我们将校本研修的目标确定为：通过构建一种多角度、全方位、立体化的校本培训模式，力争培养出一支师德高尚，拥有先进教育理念、优秀综合素质、过硬专业能力、精湛教学方法、一定科技信息素养的教师队伍。

（一）划分不同培训对象，进行层级式教师培训

在教师专业化成长发展上，坚持"教师发展"的校本培训理念，根据不同层次教师的水平和需求，将教师从三个层面进行划分：职初教师、成熟教师、资深教师。三个层面的教师全面参与层级式培训，即职初教师的合格级培训，成熟教师的骨干级培训，资深教师的卓越级培训。

在具体培训安排中，我们把培训种类分为职称层面的"协作式培训"和年段层面的"分享式培训"，力争促进各个层面教师的专业成长。

（二）针对不同研修项目，搭建"四有"阶梯式培训平台

为了让各个层面的教师在教学理念、教学方法、教学水平等方面都有全方位的提升，我校开展"日有所得、周有所练、月有所思、期有所论"的校本研修活动，为教师专业成长搭建阶梯式培训平台。

日有所得：通过校园网站及校讯通短信平台，我校每天请一位教师将自己每天在阅读中收获的经典教育教学语录或者人生哲理与全校教师分享。

周有所练：我校教师每周进行"两笔字"基本功展示，学校教务处会将教师的优秀作品上传至我校网站供老师们欣赏、学习。

月有所思：教师每个月至少写一篇教学反思、一篇读书笔记，学校及时对教师们的

反思及笔记进行评比，每个月都将优秀的教学反思、读书笔记上传到校园网站供老师们阅读学习，给老师们提供相互学习的机会，提升教师的反思能力。

期有所论：每个学期我校都组织多次教师弘道论坛活动。充分利用各种资源，请校内外名师开坛授课，大家一起品书论教，纵论育人心得、读书收获，在碰撞和交流、合作中提升自我教学能力。各课题研究小组也会定期将科研课题的阶段性成果在论坛中分享、交流，并将已经结题、取得的研究成果进行推广。

（三）立足学校工作重点，形成"五式"立体化培训策略

结合学校工作重点，我们将教师培训工作和学校的校园文化建设、课程建设、启悟课堂形态构建、科研兴教工程实施等重点工作结合起来，通过"书香濡染式""课程引领式""课例评析式""课题研究式""青蓝互助式"等培训研修策略，不断提升教师的专业水平。

书香濡染式：建设书香校园，打造学校文化特色，开展广泛深入的读书活动，提升教师的综合素养，丰沛教师的人文情怀。

课程引领式：通过国家课程的校本化实施、学校校本课程的开发与实施，引领教师站在课程的高度研究教学，对课程创造性地开发、实施，让课程成为流动的乐谱，师生携手鸣奏生命的华彩乐章。

课例评析式：立足生本课堂、道德课堂，致力于科学高效的启悟课堂形态的构建，通过深入的课堂观察、课例评析，帮助青年教师提升课堂教学的水平。实施课堂教学精品化工程，积极给老师们搭建学习成长的平台，开展语数英等各科的示范课、优质课赛课活动，在各类课型观课评课活动开展中，每位教师积极参与听课、评课，形成"人人听评我课，我听评人人课"的教研之风。另外，通过"请进来"与"走出去"相结合的办法，探究不同学科、不同课型的教学方法，探究教学内容、教学方法、教学手段的最佳结合方式。

课题研究式：进行基于问题的课题研究，实现学校人人有课题，课题促发展，把"科研兴校"的口号落到实处，力争通过课题研究培养出更多的专家型教师。

青蓝互助式：充分发挥校内骨干教师的模范带头作用，让年轻教师在老教师的帮扶下得以迅速成长。要求老教师每周至少听徒弟一节课，徒弟一周至少听师父两节课，在听评课和各类教研活动中，师父认真指导徒弟，徒弟认真向师父学习，通过师徒结对活动促进教师业务水平的提升。

为提升教师的教育教学能力，学校多次开展以启悟课堂为主题的教师培训研修活动，包括由校长亲自带领教师团队进行的启悟课堂系列培训，同时亦有分学科进行的启悟课堂教学模式的研讨活动。培训以多角度、全方位的多维模式对教师的教学补充营养，要求教师在培训结束后结合自身的专业与课堂经验撰写培训心得，进行教育反思，从而提升教师团队的综合能力，为构建启悟课堂奠定根基。

二、常规管理，为启悟课堂落实明确要求

一直以来，我校关注教学常规中的细节与过程，严抓常规要求的制订和细节的落实，为启悟课堂落实制订规范，明确要求。为了提高工作效率，规范各项教学工作，我们进行"清单革命"。通过深入研究，我们用心编撰"耕耘的诗意——教研活动手册""智慧的星火——集体备课手册""心灵的旅行——培训研修手册""笃行的航标——质量监控手册""深情的陪伴——课后服务手册"等手册，形成校本管理手册体系，为青年教师的教学教研工作提供工作清单和工作流程。通过培训指导、巡课听课、督促检查，持续落实"备课精心、上课精致、训练精当、辅导精诚、测评精到"的"五精"教学规范，让"功在课前、力在课上、辅在课后"成为老师的自觉行动。

备课精心：立足课标和学情，创造性地运用教材，进行基于标准的教学设计，做到五备，备课标、备教材、备教法、备学法、备练习。

上课精致：立足启悟课堂，构建高效课堂，坚持教学评的一致性，把握学科教学的灵魂和精髓，注重学科思想和方法的渗透，充分发挥学生的主体作用，引导学生自主、合作、探究，在积极飞扬的学习中品尝收获的喜悦。

训练精当：优化作业设计，反馈讲评及时。严格按照"四精四必"（"四精"即精选、精讲、精练、精批，"四必"为有发必收、有收必改、有改必评、有评必纠）的要求组织教学活动。各年级各学科加强作业的优化设计研究，倡导分层练习，坚决杜绝作业设计、布置随心所欲的现象。作业设计突出"五性"，即基础性、探究性、开放性、综合性、应用性。

辅导精诚：做好培优补差工作，重视培养学生良好的学习习惯。建立各类后进生档案，采取分层要求、迟缓评价、跟踪教育、结对帮扶等措施，切实提高后进生的学业成绩。同时，增强家校联系密度，确保每周至少有一次与家长的有效交流，共同做好后进生的转化工作，力求体现"五多"，即思想上多鼓励、学习上多关心、课堂上多提问、课后多辅导、作业多检查。

测评精到：不搞题海战术，精选单元检测题目，做到每个单元有检测、有评讲、有反思，力求每次测评都能达到促进学习进步的效果。

三、课例研究，为启悟课堂深化提供载体

启悟课堂的推进离不开对课例的研究与分析，课例给我们的研究提供了第一手资料。我们依托教学课例，通过对课例的研究与评析，可以更为深刻地进行教学总结与教学反思，为课堂形态的不断完善提供经验式帮助。

启悟课堂的实施并不是一帆风顺的，教师思维模式的转变有一个过程，有些学生尚未找准自身在课堂活动中的准确定位，这些因素都成为课堂教学有效展开的障碍性因素。通过观察，我们发现课堂教学中存在以下问题：教材内容解读方面，一些教师对教材解读比较浅显，不能更深层次地挖掘学生的潜力；教学目标方面，教学目标的确定存在死板、空泛的现象，缺乏对学情变化的关注；教学设计方面，教师与学生的互动不能深刻有效地与教学目标相呼应；教学实施过程方面，老师过多地关注既定的教学流程，只顾一味地向前推进进度，没有用心倾听学生的真实需求，从而使得教学设计过于理想化，与实际学情不吻合；教学组织方面，学生差异化培养没能让学生得到最优程度的提高，课堂效果不佳；教学评价方面，老师的语言过于笼统，缺少适切性的建议。

依据教学过程中存在的实际问题，各教研组不断深入研究，寻找合适的解决方案。

1. 教学目标要找准。教学目标统筹课程与单元目标，在课程目标、单元目标的要求下，教师依据学情，合理规划切实可行的课时目标，并通过作业及评价任务来实测教学目标的完成度。

2. 教材解读要充分。对教材进行深入、细致的研读，是教师为教学所做的必要准备。教师只有深入研究教材，抓住学科知识的灵魂和线索，才能让课堂教学起到事半功倍的效果。教师应当根据自己的知识储备，最大限度地挖掘教材所要呈现给学生的丰富知识，激发学生的学习兴趣。

3. 教学设计要重实效。过于追求奇特、华丽的教学设计，于教师教学而言并无帮助，具有实效且饶有趣味的教学设计才是高效课堂的催化剂。准确把握学生需求，激发学生的学习兴趣，为学生提供有效的指导，让老师在教、学生在学的过程中产生互动式合作与共同式成长，这样的课堂，于学生而言，不仅是技能的获得，更是思维的启发与训练；于教师而言，亦是自身综合素养与教育教学能力的锻炼与提升。

4. 教学过程要有变通。在确保完成教学目标的前提下，教学流程应根据学情适当做出调整，以确保课堂的有效性。有效提问，用心倾听，适时调整，会帮助师生优化课堂教学活动，保障课堂教学的有效性。

5. 评价语言要有针对性。课堂评价不能大而空，要针对学生的具体问题提出建设性

意见，这样更能传递出教师对学生差异化发展的关注，这既是对学生的尊重，也有利于学生的成长。

启悟课堂教学模式下，在以课例为载体的教学研究活动中，各学科教师不断发挥学科优势，提炼学科研究内容，找准各学科研究的切入点，加大各学科之间的渗透式合作与交互式发展，不断提升教学实践智慧。

第五节 启悟课堂评价的方法

我们坚持教、学、评一致性原则，以评价贯穿教与学的全过程。课堂教学评价不仅是启悟课堂评价的标准，也是教师在教学活动中的依据和目标，可有效地提升教师的反思能力和教学能力。我校以课堂观察为载体，从"先学、展示、反馈"三个方面设计观察量表，分别从看学生的学习情绪和状态、看学习过程、看检测成果三个方面进行评课。结合课标、教材、学情，制订启悟课堂的观察量表和评价标准。

一、观学生，察状态，让课堂洋溢生命的温暖

评价一节课是否符合启悟课堂的标准，不但要看教师的引导方式，还要看学生的学习情绪和状态。我们依托课堂观察，制订科学合理的观察量表：一看学生是否主动学习、主动提问、主动回答问题、主动参与小组合作探究活动等；二看教师是否尊重学生的主体地位、关注学生的个体差异、满足不同学生的学习需要、创设学生感兴趣的教学情境、激发学生的学习热情、培养学生掌握和应用知识的态度和能力，能否使每个学生都在原有基础上充分发展；三看师生合作是否和谐，配合是否默契，是否有探究新知、发展能力、形成素养的和谐氛围。基于以上标准，指导各学科教师在课堂上要注意充分体现学生的主体地位，能够面向全体学生，营造民主、平等、和谐的教学氛围，让课堂教学趋于高效。

二、看过程，重体验，让课堂释放智慧的灿烂

课堂应该充满生成的惊喜、创造的快乐，唯有在生成和创造的过程中学生才能领略书山妩媚、学海波澜，尽赏无限风景。教学过程是师生交往、积极互动、共同发展的过程，没有交往、互动，就不存在真正的教学。启悟课堂是师生相互合作的课堂，合作学习是我们进行课堂观察的一个重要视角。我们要看学生在合作学习中能否做到四会：一会质疑，有问题的时候主动问老师、问同学；二会倾听，不随便打断别人的发言，努力

掌握别人发言的要点，能对别人的发言进行评价；三会陈述自己的观点，善于接受别人的观点；四会主持、组织小组学习，能整合小组的观点做总结性发言。观课评课时，首先要看课堂上教师在指导学生进行探究性合作学习时，是否尊重学生的不同见解，是否允许学生对自己感兴趣的内容有自己的感受和想法，是否允许学生提出自己的看法、做出自己的判断。其次要看教师是否鼓励学生勇于坚持自己独特的见解，不要人云亦云，是否鼓励学生乐于与他人交流自己的学习感受，并善于在交流中接纳别人的意见。

三、依目标，见成果，让课堂回归本真达高效

我们在评课时应坚持教学评一致的原则：一看教师是否基于课标、学情制订科学合理的学习目标；二看学习内容、评价任务是否和学习目标相匹配；三看学习目标的达成度。依据学习目标，既关注学生的学习结果，又关注学生在学习过程中的变化和发展。充分考虑学生的个性差异，将量化评价和质性评价相结合，对课堂教学效果进行科学的评价。依据观课评课反馈的信息，帮助教师适时调整课堂教学，促进课堂教学目标的高效达成，促进课堂教学质量的全面提升。

附：评价标准

序号	项目	"课前预学单"评价标准	权重
1	达成目标	体现课程标准和教学重点、教学难点及其他知识点的程度	10%
		反映单位课时教学活动内在要求达成的程度	10%
2	学习任务	与"达成目标"匹配，具有完成学习任务就能达成目标的性质	20%
3	学习方法	有利于帮助学生完成学习任务	10%
4	课堂学习形式预告	有利于调动学生认真完成课前自主学习任务的积极性	10%
5	预估效果	预学单的设计实现了高效自主学习（即达成目标）的可能性	40%
总分	综合评分		
备注	（1）"课前预学单"是针对单位课时教学活动设计的，其达成目标和学习任务必须满足单位课时教学活动的需要。 （2）单位课时教学活动包括课前自主学习、课堂内化知识与拓展能力两个组成部分，"课前预学单"用于指导学生课前自主学习。 （3）"课前预学单"是教师设计的指导学生开展高效率自主学习的支架，设计"课前预学单"应贯彻任务驱动、问题导向的基本原则与方法。		

表1 "课前预学单"评价标准

序号	项目	"课中导学单"评价标准		权重
1	达成目标	应体现内化知识、拓展能力的要求，即体现教学活动对于学生在自主学习达到的认知基础上继续发展的意义		10%
2	学习方法	学习方法的设计有利于帮助学生完成学习任务，如，有利于帮助学生开展合作探究或展示活动		10%
3	学习任务	总体要求	学习任务与达成目标配套，具有完成学习任务就能达成目标的性质	
		项目细分	（1）体现内化知识（检测与课前自主学习任务单给出的学习任务的关联性）。	10%
			（2）体现"最近发展区"（进阶作业的设计是否体现"最近发展区"，是否有利于学生内化知识、拓展能力）。	20%
			（3）体现项目学习：合作探究主题来自真实情境；合作探究主题建立在"进阶"达到的认知水平的基础上，且难度大于进阶作业；"展示准备"的设计有利于指导学生做好本小组在课堂展示协作探究成果的准备	50%
总分	综合评分			
备注	1. 单位课时教学活动包括课前学习和课堂学习两个组成部分，"课中导学单"用于指导学生课堂学习。 2. 达成目标和学习任务必须满足单位课时教学活动关于内化知识、拓展能力的需要。 3. 项目学习是发展学生高阶思维的重要手段，凡课堂学习形式设计不能体现"学习任务"中"项目细分"之"（3）体现项目学习"内容者，该项所占的50%权重不得分。			

表2 "课中导学单"评价标准

序号	项目	"课后巩固单"评价标准	权重
1	达成目标	体现"诊断"与"发展"双重功能，即诊断学生"会了没""会多少""会得有多深"，并适当进行拓展延伸	10%
2	学习策略	在一定程度上须与学习目标在逻辑上、内涵上相一致。能够突出"基于认识发展、回归社会生活、适当抽象综合"的特点	10%

续表

序号	项目	"课后巩固单"评价标准			权重
3	巩固任务	总体要求	"达成目标"与"巩固知识"配套,具有完成任务就能达成目标的性质		
		项目细分	(1)体现内化知识(检测与课中导学单给出的学习任务的关联性)		10%
			(2)体现"最近发展区"(进阶作业的设计是否体现"最近发展区",是否有利于学生内化知识、拓展能力)		20%
			(3)体现项目学习	巩固任务主题来自真实情境	50%
				提升在真实情境下解决问题的能力,并能升华出积极的情感态度	
总分	综合评分				
备注	1."课后巩固单"用于指导学生课下学习。 2.达成目标和学习任务必须满足单位课时教学活动关于内化知识、拓展能力的需要。 3.任务设置应提升学生在真实情境下解决问题的能力,并能升华出积极的情感态度。				

表3 "课后巩固单"评价标准

评价维度		评价要点	等级、分值			
			A	B	C	D
目标设置 目标表述 (20分)	1	基于课程标准设置教学目标	5	3	2	1
	2	把握文本的核心内容,分析其在学科知识中的地位、作用	5	3	2	1
	3	准确把握学情、学生认知规律及学习的起点	5	3	2	1
	4	目标表述具体、清晰、可操作	5	3	2	1
课堂评价 (10分)	1	课堂评价与教学目标一致	5	3	2	1
	2	课堂评价形式多样	5	3	2	1
教学过程 教学方法 (40分)	1	教学环节围绕教学目标科学合理地展开	5	3	2	1
	2	适时展开课堂评价落实目标,促进学生进步与发展	5	3	2	1
	3	能准确把握教学内容的难易程度及其逻辑关系	5	3	2	1

续表

评价维度		评价要点	等级、分值			
			A	B	C	D
教学过程 教学方法 （40分）	4	情境创设新颖，教学方式适切	5	3	2	1
	5	自主学习、合作学习有充足的时间与实效	5	3	2	1
	6	关注全体学生，学生主体作用和教师主导作用有机结合	5	3	2	1
	7	能有效利用各种教学资源	5	3	2	1
	8	教室环境布置合理、班风优良	5	3	2	1
基本素质 基本能力 （20分）	1	学科知识准确、系统，学科语言规范严谨，普通话标准	4	3	2	1
	2	能把握教学节奏、管理好课堂秩序、实现师生有效互动	4	3	2	1
	3	思维敏捷，应变能力强	4	3	2	1
	4	教师与学生的关系民主和谐	4	3	2	1
	5	关注学生非智力因素的发展	4	3	2	1
教学特色 （10分）	1	整体设计自然流畅，有创意	5	3	2	1
	2	体现独特、创新的教学风格与特色	5	3	2	1

表4 启悟课堂的评价标准

第六节 启悟课堂教学的课例

一、《天窗》基于标准的教学设计

教学内容来源：人教版四年级语文（下册）第一组（2019年版）

课　　　　时：第2课时

授　课　对　象：四年级学生

设　　计　　者：吕君莉　郑州市郑东新区龙翼小学

【目标制订的依据】

1. 课程标准的相关要求

（1）基于识字与写字

写字姿势正确，养成良好的书写习惯，能用硬笔熟练地书写正楷字，做到规范、端正、整洁。

（2）基于阅读与鉴赏

①学习用普通话正确、流利、有感情地朗读课文。

②能联系上下文，借助字典、词典，理解词句的意思，体会课文中关键词句所起的作用。

③能初步把握文章的主要内容，体会文章表达的思想感情，学习圈点批注等阅读方法。能对课文中不理解的地方提出疑问，乐于与他人讨论交流。

（3）基于表达与交流

观察周围世界，能不拘形式地写下自己的见闻，感受和想象，注意把自己觉得新奇有趣或印象最深、最受感动的内容写清楚。

2. 教材分析

《天窗》是我国现代著名作家茅盾写的一篇抒情散文，描写的是乡下的房子只有前面一排木板窗，夏日里下雨，夜晚孩子们被逼着去睡觉时，所有的木板窗都关闭起来，屋子里黑洞洞的，这时候，屋顶上小小的天窗便成了孩子们唯一的慰藉。孩子们透过小小的天窗看到的画面，听到的声音，丰富了他们的想象，这小小的天窗成了孩子们心灵可以自由飞翔的窗户。课文表达了孩子们对大自然奥秘的向往与追求，表现了其丰富的想象力和创造力。课文共有八个自然段，可分为三个部分。

这篇课文感情真挚，文笔生动优美。课文写作时间久远，富有哲理，意义深刻，当下儿童理解起来有一定的难度。因而，教学过程中，要在引导学生理解文本，体会作者对天窗的特殊情感上下功夫。文章文笔优美，作者想象丰富奇妙，教学时要借助朗读训练、语言训练激发学生的想象，引导学生学习文中想象的方法，展开丰富的想象。只有引导学生深深地融入课文，才能使他们得到心灵的陶冶。

3.学情分析

（1）基于识字与写字

四年级学生已经初步掌握了学习汉字的基本方法，有了主动识字的习惯，有初步的独立识字能力；在书写方面，形成了正确的书写习惯，能够规范书写，但对个别生字的书写把握不到位，须加强指导。

（2）基于阅读与鉴赏

四年级的学生已经有了一定的字词积累量，可以读懂文章大意，但是生活经验不足。大部分孩子没有在农村生活的经历，在理解天窗给孩子们带来无穷的快乐以及体会作者的情感方面会有一定的困难。

（3）基于表达与交流

四年级的学生乐于运用阅读和生活中学到的词句，描述所见所想，但在描述时还不够生动、形象、优美，在课堂上需要帮助他们学习、积累词句，学会运用语言，不断提高表达水平。

【学习目标】

学习目标一：会读、会规范书写"慰、藉"等生字。

学习目标二：能抓住关键词句，说一说天窗是孩子们唯一的慰藉的原因以及他们的快乐，并准确、流利、有感情地朗读课文。

学习目标三：能联系课文和生活实际，发挥自己的想象，仿写优美的语句。

【评价任务】

评价任务一：在老师的指导下，能够规范书写生字词"慰藉"。

评价任务二：能够抓住"卜落卜落""一瞥""猛厉""扫荡"等关键词句，体会课文所表达的作者的思想感情，能通过自读、齐读、表演读等多种朗读方式，正确、流利、有感情地朗读课文。

评价任务三：结合课文内容，联系生活实际，充分发挥想象，具体表达对风雨雷电的想象，仿照课文扩写对美丽神奇夜晚的想象。

【教学过程】

教学环节	教学活动	评价要点
环节一：读诗激趣，由窗导课（2分钟）	活动：出示、诵读含有"窗"字的诗句，谈话导入。 小小的窗子里，有四季的美景，有大大的世界，有无尽的想象，今天这节课，我们继续学习著名作家茅盾先生的散文《天窗》，请伸出手指，跟我一起板书课题。	正确书写课题
环节二：抓关键句，梳理场景（8分钟）	活动一： 1. 回顾已学知识，读关键句。 "这时候，小小的天窗是你唯一的慰藉。" "这时候，小小的天窗又是你唯一的慰藉！" 2. 联系上下文理解"慰藉"，给多音字"藉"组词，并相机指导书写"慰藉"。 3. 在学习单上练习写字，简要评价。 （完成目标一）	学生能够联系上下文说出"慰藉"的意思，能给多音字"藉"组词，并规范书写"慰藉"（评价任务一） 学生能够抓住关键词句，体会在两种场景下孩子们的情感变化（评价任务二）
	活动二： 1. 快速浏览课文，找出其中两个关键句，并指出分别出现在哪个自然段。 2. 自由读课文第四、第六两个自然段，找一找，"这时候"分别是指什么时候？是在什么情况下，小小的天窗成了孩子们唯一的慰藉？找出相关语句和同桌交流体会，再有感情地读一读。 3. 抓住关键词句分享交流，有感情地朗读课文。 （完成目标二）	
环节三：品读课文，感悟慰藉（16分钟）	活动一： 1. 透过这小小的天窗，孩子们得到了唯一的慰藉。透过这小小的天窗，孩子们看到了什么，又想到了什么呢？请自由读课文第五自然段，分别用直线和波浪线画出孩子们的所见所想，在自己感受最深刻的词句旁边做批注，和同桌谈谈你的感受，并带着感情读一读。 （完成目标二）	学生能够抓住"卜落卜落""一瞥""猛厉""扫荡"等关键词，体会课文表达的思想感情，准确、流利、有感情地朗读课文（评价任务二）

续表

教学环节	教学活动	评价要点
环节三： 品读课文， 感悟慰藉 （16分钟）	活动二： 1. 分享交流：透过那小小的天窗，孩子们看到了什么，想到了什么呢？ 2. 在交流互动中，理解"卜落卜落""一瞥""猛厉""扫荡"等词语，模仿"卜落卜落"说一说ABAB型的拟声词，并抓住这些关键词，分享自己对课文内容的理解，在理解课文内容的基础上进行有感情的朗读。 （完成目标二、三） 活动三： 1. 展开想象：让我们和书中的小伙伴一起想象有关风雨雷电的场景，对照学习单说一说。 你想象到： 这雨，_____，就这样猛厉地扫荡了这世界； 这风，_____，就这样猛厉地扫荡了这世界； 这雷，_____，就这样猛厉地扫荡了这世界； 这电，_____，就这样猛厉地扫荡了这世界。 想象它们的威力比现实生活中大十倍百倍。 （完成目标三） 2. 讨论：为什么透过天窗感受到的风雨雷电的威力，比在露天真实感受到的要大十倍百倍？ 活动四：讨论小结。 1. 这是多么活泼富于幻想的孩子，他们从雨脚的卜落、闪电的一瞥，想到了狂风骤雨、电闪雷鸣，他们凭借锐利的想象让原来没有的景象变得更真切、更阔达、更复杂、更确实，这就是从"无"中看出了"有"。 2. 正是因为孩子们活泼，富于幻想，才能仰望天窗沐风雨，而风狂雨骤皆成趣，所以，"这时候，小小的天窗是你唯一的慰藉"。再读关键句。 （完成目标二）	结合课文内容，联系生活实际，充分发挥想象，能够具体表达对风雨雷电的想象 （评价任务三）
环节四： 迁移学法， 再悟慰藉 （12分钟）	活动一： 1. 课文的第七自然段与第五自然段内容类似，请默读课文第七自然段，思考作者透过天窗看到了什么，想到了什么，完成学习单。 2. 分享学习单，看图复述第七自然段。	学生能够利用学习第五自然段的方法学习第七自然段，抓住关键词句，体会课文中作者表达的思想感情 （评价任务二）

113

续表

教学环节	教学活动	评价要点
	<table><tr><td>看到的</td><td>想到的</td></tr><tr><td>一粒星</td><td>无数闪闪烁烁可爱的星</td></tr><tr><td>一朵云</td><td>无数像山似的、马似的、巨人似的奇幻的云彩</td></tr><tr><td>一条黑影</td><td>也许是灰色的蝙蝠，也许是会唱歌的夜莺，也许是霸气十足的猫头鹰</td></tr></table> 3. 讨论小结：如此星辰如此夜，是那样美丽而神奇。其实，这样丰富而神奇的想象，就是从虚中看出了实。 **（完成目标二）**	
	活动二： 1. 品味语言：当你读起第七自然段的时候，有什么样的感觉？ 2. 诗意的语言，正是茅盾散文最鲜明的特色之一，展示茅盾简介，了解茅盾散文的语言特色。 3. 请继续发挥想象，借助课文和课外的一些语言材料，用诗意的语言继续描绘美丽而神奇的夜晚景色，完成学习单。 你会从那小玻璃上面的一粒星，一朵云，想象到 ＿＿＿＿＿＿＿＿＿＿＿＿＿＿＿＿＿＿＿＿＿＿＿ ＿＿＿＿＿＿＿＿＿＿＿＿＿＿＿＿＿＿＿＿＿＿＿ 你会从那小玻璃上面掠过的一条黑影，想象到 这也许是＿＿＿＿＿＿＿＿＿＿＿＿＿＿＿＿＿＿ 也许是＿＿＿＿＿＿＿＿＿＿＿＿＿＿＿＿＿＿＿ 也许是＿＿＿＿＿＿＿＿＿＿＿＿＿＿＿＿＿＿＿ 总之，夜的美丽神奇，立刻会在你的想象中展开。 **（完成目标三）**	学生能结合生活实际，发挥想象，仿照课文运用优美的语句进行创作 **（评价任务三）**
	活动三： 1. 在分享交流的基础上讨论：此时此刻，活泼富有幻想的我们都成了小诗人、小作家，在这丰富、美好、神奇又浪漫的想象中，再读关键句："这时候，小小的天窗又是你唯一的慰藉！" 2. 小结：小小的天窗，成了我们望向大天地、大宇宙的一方窗口，这时候，透过这方窗口，我们想象的翅膀自由翱翔……再读关键句。 **（完成目标二）**	

续表

教学环节	教学活动	评价要点
环节五：朗读末段，升华情感（2分钟）	活动一：配乐读文，小结升华 师：这小小的天窗，是房屋的眼睛，是心灵的慰藉。所以啊—— 男生接读最后一个自然段。 师：春临，拥草木复苏；夏至，收满天风雨；秋黄，听木叶萧萧；冬寒，等落雪满院。所以啊—— 女生接读最后一个自然段。 师生合作读：为心灵打开一扇窗吧，为想象插上七彩的翅膀，飞到阔达辽远的地方，见寰宇浩瀚，摘漫天星光…… （完成目标二）	学生能准确、流利、有感情地朗读课文。 （评价任务二）
	活动二：布置课后作业 1. 有感情地朗读课文，复述或背诵自己喜欢的段落。 2. 在你心目中，窗外的世界是什么样的呢？描写你喜欢的风景，融入自己的想象，表达自己的感受。 3. 推荐阅读：《茅盾散文集》。	

附：板书设计《天窗》

锐利

想象

神奇

附：

《天窗》课前预学单

1. 正确流利地熟读课文。

2. 借助工具书，联系上下文理解以下词语。

慰藉：安慰、抚慰。

卜落：形容物件连续着地的碎响，常叠用。

一瞥：迅速地看一眼，常形容极短的时间。

扫荡：扫除涤荡，指彻底清除。

猛厉：猛烈，形容威力极大。

锐利：本文指想象力敏锐丰富。

阔达：开阔畅达。

3. 思考课后问题，和同学进行交流。

4. 阅读积累，熟读、尽量背诵以下内容。

关于窗的诗句

（1）鸟向檐上飞，云从窗里出。

（2）草色新雨中，松声晚窗里。

（3）窗竹影摇书案上，野泉声入砚池中。

（4）窗含西岭千秋雪，门泊东吴万里船。

（5）要看银山拍天浪，开窗放入大江来。

（6）为心灵打开一扇窗吧，

为想象插上七彩的翅膀，

飞到阔达辽远的地方，

见寰宇浩瀚，

摘漫天星光……

我找到的：

_____

写风雨雷电的句子

（1）乌云笼罩着四野，电鞭划破了长空，狂风刮断树枝，巨雷震耳欲聋，骤然间暴雨如注。

（2）闪电在天上舞绸子，调皮的雨点儿像谁扔下来的钢珠一样砸在河面上，溅起高高的水花。

（3）闪电一次接一次，像条条浑身带火的赤练蛇，飞过天空，照亮了混沌的云雾。

（4）暴雨敲打着玻璃窗，犹如千万只银箭纷纷射来，又纷纷折落。

（5）闪电在远处的天空里，在破棉絮似的黑云上，呼啦呼啦地闪烁着，东一下，西一下，发出耀眼的白光，好似一把把长剑，忽左忽右，猛刺着天空的乌黑云堆。

（6）沉闷的雷声越来越大，它似乎要冲出浓云的束缚，撕碎云层解脱出来，那耀眼的闪电的蓝光急骤驰过，克嚓嚓的巨雷随之轰响，震得人心收紧，大地动摇。

（7）一时间狂风大作，好像千军万马在空中奔腾咆哮，仿佛是林海的涛声时起时伏，又像是被激怒的雄狮、猛虎在怒吼着。

（8）雷声隆隆，像敲响的战鼓，震得人的耳膜嗡嗡作响。

（9）豆大的雨点从天空中打落下来，打得窗户啪啪直响。转眼间，雨点连成了线，哗哗啦啦，像塌了天似的，铺天盖地从天空中倾泻下来。

我找到的：_____

写给星星和云的句子及儿童诗：

（1）云，这是棉花糖吗？

（2）镀金的云朵，弹出一床松软的棉被。

（3）为什么天空那么高？

你看到云没有，

那些都是天空的翅膀啊！

（4）如果云层是天空的一封信，

那我只想读给你听。

（5）云是天海泛起的波浪，

星辰成了锦鲤。

（6）从童年起，我便独自一人，

照顾着历代的星辰。

（7）星星睡不着的时候，

也会数人类吗？

（8）我肩上是风，

风上是闪烁的星辰。

（9）满天都是星星，

好像一场冻结的大雨。

（10）天空苍蓝，

星光像奔跑的兔子。

（11）一颗挨一颗的小星星，

被串成五线谱上的音符，

正等着谁，

来演奏一曲美妙的音乐呢。

（12）小王子住在一个叫 B612 的星球上，

星球上有玫瑰花，

猴面包树，

还有一座小火山，

星球很小很小，

小到可以轻轻松松地绕走一圈，

小到时时刻刻都可以看日出日落，

风云流转……

我找到的：

_____

《天窗》课中导学单

1. 请你照样子正确规范地书写词语。

wèi	jiè
慰	藉

wèi	jiè

2. 充分发挥你的想象，和同桌互相说一说。

你想象到：

这雨，_____，就这样猛厉地扫荡了这世界；

这风，_____，就这样猛厉地扫荡了这世界；

这雷，_____，就这样猛厉地扫荡了这世界；

这电，_____，就这样猛厉地扫荡了这世界；

要想象它们的威力比真实世界中的威力大十倍百倍。

3.默读课文第七自然段,思考作者透过天窗看到了什么,想到了什么,请和同桌一起讨论,课堂上先口头完成学习单,下课后再填写。

看到的事物	想到的事物

4.请继续发挥想象,借助课内外语言材料进行诗意表达,让这夜晚的景色变得更加美丽神奇,与同桌相互说一说。

你会从那小玻璃上面的一粒星,一朵云,

想象到_____

你会从那小玻璃上面掠过一条黑影,想象到

这也许是_____

也许是_____

也许是_____

总之,夜的美丽神奇,立刻会在你的想象中展开。

《天窗》课后巩固单

1.朗读、复述和背诵。

正确、流利、有感情地朗读课文,复述或背诵自己喜欢的段落。

2.观察、想象和练笔。

在你心目中,窗外的世界是什么样的呢?观察、描写窗外你喜欢的风景,融入自己的想象,表达自己的感受。

选做:尝试拍摄喜爱的窗景,配上合适的音乐和你写的文字,制作成一个小视频,在班级群中与同学分享。

3.拓展阅读和积累。

推荐阅读:《茅盾散文集》,在采撷本上积累其中的优美句段。

二、"三位数乘两位数"基于标准的教学设计

教学内容来源：小学四年级上册数学教科书［人民教育出版社（2022版）］第四单元"三位数乘两位数"

主　　　题：三位数乘两位数的笔算（例1）

课　　　时：共5课时，第1课时

授 课 对 象：四年级学生

设　计　者：樊志忠　郑州市郑东新区龙翼小学

【目标制订的依据】

1.课程标准的相关要求

能计算三位数乘两位数的乘法。

2.教材分析

本单元的教学内容属于"数与代数领域""数与运算"部分的重要内容，是义务教育阶段整数乘法的最后一个知识块。本单元主要内容是在算法多样化的基础上理解算理；引导学生在解决现实问题的过程中理解"三位数乘两位数"的运算意义，探索并掌握两位数、三位数乘法的计算方法；研究"积的变化规律"并运用规律使一些计算更加简便，为后续学习除数是两位数的除法及小数乘法奠定基础。

3.学情分析

本单元学习三位数乘两位数的计算，它是在学生已经理解了两位数乘两位数乘法运算的意义，探索了乘法的计算方法，并能根据实际情况选择合适的计算方法的基础上进行的，两位数乘两位数的算理和算法都将直接迁移到三位数乘两位数中来，因此，学生对算理和算法的理解和探索都不会感到困难。但是，由于因数数位的增加，并且连续进位，计算的难度也会相应地增加，计算中就会出现各种不同的情况，错误率高一些。因此，这一单元的学习对学生来说也是非常必要的。

【学习目标】

1.能够清晰地说出两位数乘两位数的算法，可以熟练地进行两位数乘两位数的计算。

2.能够在两位数乘两位数乘法的基础上正确地进行三位数乘两位数的乘法计算，并能说清楚具体的算法。

3. 能在两位数乘两位数的基础上理解三位数乘两位数的算理，并能通过议一议、说一说，讲清楚三位数乘两位数的算理和算法。

【评价任务】

评价任务一：在问题情境中，熟练地进行两位数乘两位数的例题计算，并说出两位数乘两位数乘法的算理及算法，为方法迁移做好准备。

评价任务二：采用议一议、算一算和说一说等方式，在两位数乘两位数乘法的基础上正确地进行三位数乘两位数的乘法计算，并能清晰地说出具体的算法。

评价任务三：采用议一议、说一说和比一比等方式，能用自己的话说出三位数乘两位数的算理和算法。

【教学过程】

学习环节	学习活动	评价要点
环节一：旧知铺垫，忆旧引新	1. 樊老师从学校步行（每分钟步行 68 米）到龙翔嘉苑和超市购买一些礼品去探望他非常敬重的一位长辈，步行来回一趟共用时 12 分钟，你们能计算出樊老师走了多远吗？ 提问： ①已知条件都有哪些？（虽还没有学习路程、速度、时间的数量关系，但可先粗略地感受下） ②自主完成 68×12 的计算，与同桌交互检查、订正。 及时小结： 两位数乘两位数，先用第二个因数每一位上的数与第一个因数相乘，用哪一位上的数去乘，乘得的积的末位就和哪一位对齐，再把两次乘得的积相加。 2. 其实早期的欧洲人有一种算法，你们看得懂吗？ 对比教学：68×12 的两种笔算方法。	从简单的行程问题着手，让学生回顾两位数乘两位数的算法，为三位数乘两位数算理的类推迁移做好铺垫。（完成评价任务一） 旧课不旧，新课不新，另辟蹊径，让学生对比辨析两种算法，在明晰算理的同时，优化思想。
环节二：设疑尝试，探究新知	1. 买到礼物后樊老师改骑一辆共享电车（每分钟行 486 米），从学校到惠济区天伦庄园，一共用了 61 分钟，你们能估一下樊老师大约骑行了多少米吗？说一说，你是怎么估算的，集体交流不同的估算方法。 2. 樊老师到底骑行了多远呢？ ①自主尝试笔算 486×61。 ②小组交流，先算什么，再算什么，最后算什么，有什么需要提醒大家的吗？第一层乘积大还是第二层乘积大？	对两位数乘两位数算法的学习，为三位数乘两位数的笔算做好了类推迁移（运用了类比思想）的准备。先算什么、再算什么、最后算什么，

续表

学习环节	学习活动	评价要点
	③师生共同完成笔算竖式，规范格式。 及时小结： 数位对齐，分位相乘，合并相加。（乘法分配律模型的初步搭建） 强调算理：用哪一位上的数去乘，乘得的积的末位就和哪一位对齐。 出示课题：三位数乘两位数的笔算。	具有逻辑性的点拨，让学生耳聪目明。
环节三： 评价归纳， 沟通联系	1. 对比辨析：486×61的三种笔算方法看得懂吗？ 2. 男女生分组独立完成以下笔算： 145×12=　　　　176×47= 对比辨析：三位数乘两位数的计算方法与两位数乘两位数有何区别与联系？ **再次强调：** ①"用哪一位上的数去乘，乘得的积的末位就和哪一位对齐"的算理。 ②选取最优方法可以使计算简便。 及时练习： 用你自己喜欢的方法计算： 24×322=　　　　145×27=	通过对三位数乘两位数与两位数乘两位数笔算方法的对比辨析，让学生领悟到二者之间的内在联系，用高阶思维实现方法的统一。 对486×61三种算法的对比辨析，可以让学生再次体验和感知计算方法的多元与优化思想的必要性。
环节四： 巩固训练， 深化理解	火眼金睛，先判断对错，再改正。 归纳错误原因：对位、进位、漏乘。 　　134　　　　　　134 ×　16　　　　　×　16 　　804　　　　　　804 　134　　→　　　134 　938　　　　　　2144 十位上的1和4相乘，所得的积要对准十位。 　　342　　　　　　514 ×　32　　　　　×　26 　　684　　　　　3084 　926　　　　　　108 　9944　　　　　4104	让学生认识在计算中容易犯的错误，从而让学生再次深化对三位数乘两位数算理的认识与理解。

续表

学习环节	学习活动	评价要点
环节五：梳理反思，课后延伸	同学们，我们是怎么一步步解决三位数乘两位数算法的学习的呢？ 15世纪意大利人的一本算术书中介绍了一种"格子乘串法"，后来传入中国，在明朝《算法统宗》这本书中，将其称为"铺地锦"，这是一种在事先画好的格子上进行笔算的方法。因为笔算的过程中数字密密麻麻、排列有序，犹如锦缎，所以人们把它称作"铺地锦"。这到底是一种什么样的算法呢？大家可以阅读课本第48页"你知道吗？"，去一探究竟。	学习历程的回顾有利于学生知识方法经验的积累。
板书设计	三位数乘两位数的笔算： 估算：$481 \times 61 \approx 30\ 000$ 笔算：$481 \times 61 = 29\ 341$ $\quad\quad\ \ 481$ $\times\quad\ \ \ 61$ $\overline{\quad\quad\ \ 481}\ \longrightarrow 1 \times 481$ $\ \ 2886\quad\ \longrightarrow 60 \times 481$ $\overline{\ \ 29341}$	简洁清晰，方便学生识记。

附：

"三位数乘两位数的笔算乘法"课前预学单

【课前回顾】

1.用竖式计算出结果。

$26 \times 12=$ $\quad\quad\quad\quad\quad\quad\quad\quad$ $54 \times 35=$

2.两位数乘两位数，先用第二个因数每一位上的数与第一个因数（　　　），用哪一位上的数去乘，乘得的积的末位就和哪一位（　　　），再把两次乘得的积（　　　）。

【课前预学】

1.尝试笔算：145×12

2.举一反三，你认为三位数乘两位数的算法应该是什么样的？

"三位数乘两位数的笔算乘法"课中导学单

1. 樊老师从学校步行（每分钟步行 68 米）到龙翔嘉苑和超市购买一些礼品去探望他非常敬重的一位长辈，步行来回一趟共用时 12 分钟，你们能计算出樊老师走了多远吗？

2. 对比辨析：68×12 的两种笔算方法。

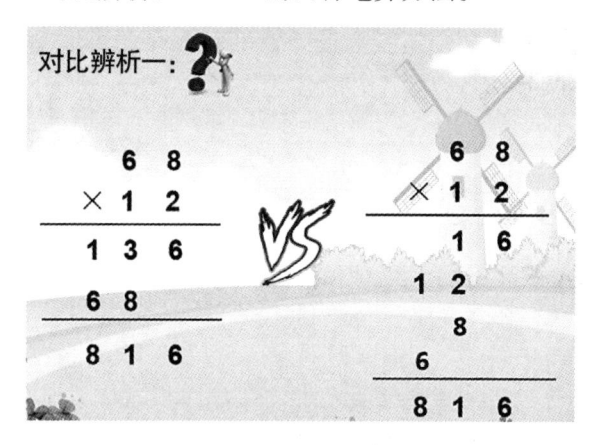

3. 买到礼物后樊老师改骑一辆共享电车（每分钟行 486 米），从学校到惠济区天伦庄园，一共用了 61 分钟，你们能估一估樊老师大约骑行了多少米吗？

①自主尝试笔算：486×61

②小组交流，先算什么，再算什么，最后算什么，你有什么需要提醒大家的吗？

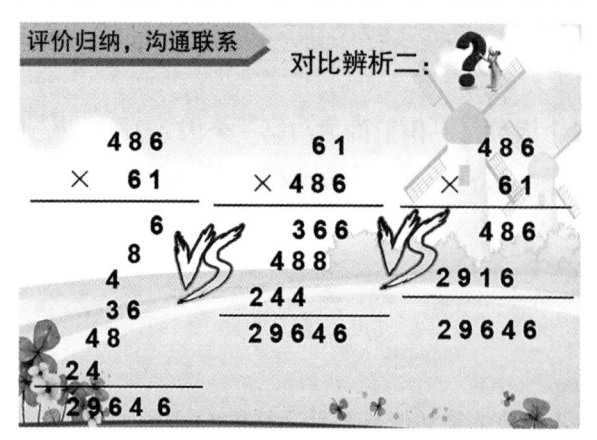

4. 男女生分组独立完成以下笔算：

145×12=   176×47=

5. 对比辨析三：

145×12=1740

```
    1 4 5
  ×   1 2
  ───────
    2 9 0
  1 4 5
  ───────
  1 7 4 0
```

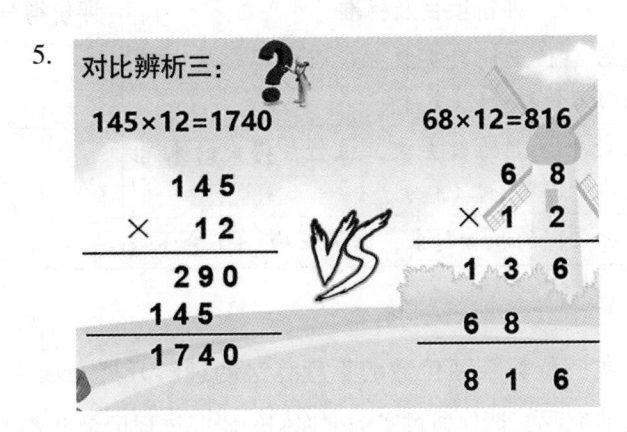

VS

68×12=816

```
      6 8
  ×   1 2
  ───────
    1 3 6
    6 8
  ───────
    8 1 6
```

6. 火眼金睛，先判断对错，再改正。

```
    1 3 4
  ×   1 6
  ───────
    8 0 4
    1 3 4
  ───────
    9 3 8
```

```
    3 4 2
  ×   3 2
  ───────
    6 8 4
    9 2 6
  ───────
  9 9 4 4
```

```
    5 0 4
  ×   2 6
  ───────
  3 0 2 4
    1 0 8
  ───────
  4 1 0 4
```

"三位数乘两位数的笔算乘法"课后巩固单

【基础性作业】

学校买来 42 个足球，每个足球 125 元，根据竖式填一填。

```
    1 2 5
  ×   4 2
  ───────
    2 5 0
    5 0 0
  ───────
  5 2 5 0
```

买（　　）个足球应付的钱数

（　　）×（　　）的积

买（　　）个足球应付的钱数

125

【提高性作业】

在计算乘法时,老师要求同学们理解算理,掌握算法,正确计算,并且要养成检查和验算的好习惯。肖钢用下面的竖式计算出了 435×16 的积。请你结合评价标准对他的解答过程进行打分。

```
     435
  ×   16
    2610
     435
    3045
```

评价项目及标准	评价得分
先用两位数个位上的数去乘三位数,得数的末尾与两位数的个位对齐。(1分)	
再用两位数十位上的数去乘三位数,得数的末尾与两位数的十位对齐。(1分)	
最后把两次乘得的积加起来,结果正确。(1分)	

【发展性作业】

你能基于对两位数乘两位数或三位数乘两位数的算理算法的理解开展一项小课题——关于"四位数乘三位数"的研究吗?请你通过实例把你们的研究过程记录下来吧。

研究课题:　　　　　　　　研究成员:

研究分工:　　　　　　　　研究过程:

研究结论:　　　　　　　　谏言良语:

第五章　融慧立人课程的作业建设

　　归去来兮，田园将芜，胡不归？曾经作业列如麻，生负重而独悲？思已往之误区，知来者之可追。悟教育之真谛，觉今是而昨非。舟遥遥以轻飏，风飘飘而吹衣。凭科研以寻路，渐豁然而开朗。

　　且行且思，克难拓新。常规作业，以学为本。特色作业，个性缤纷。"三基"作业，创造延伸。张课程之视野，显作业之价值。达课内之高效，呈课外之多彩。知情意行并重，思想方法齐观。口头书面结合，动手动脑互连。长期短期兼有，分层弹性体验。注重同伴协作，发掘丰富资源。

　　归去来兮，重减负而增效。回归教育原点，激扬生命活力。悦诵明月之诗，乐歌白雪之章。探科学之精妙，发思维之光芒。知行合一，实践探索。既窈窕以寻壑，亦崎岖而经丘。或登山以舒啸，或临流而赋诗。钟自然之灵秀，感生活之多姿。

　　噫吁乎！课程视界之宏阔，课堂教学之高效，作业设计之优化，质量提升之所依也。吾志在育人，垂辉映千春。怀大爱而耘籽，持夙愿以笃行。生日新而有成，师平生又何憾？怀揣责任信仰，砥砺前行复奚疑！

——《归去来兮辞——略论我校的作业建设》

第一节　理解作业内涵

一、厘清作业概念，思考作业内涵

《中国教育百科全书》中对"作业"一词的解释是，学生为完成学习的既定任务而进行的活动，分为课内作业和课外作业两种；课外作业是课内作业的继续，是教学工作的有机组成部分；学生作业的目的在于巩固和消化所学的知识，并使知识转化为技能技巧。

《教育大辞典》《中国大百科全书·教育卷》将作业分为三类：一类是阅读作业，包括为预习或复习而阅读教科书，及为扩大知识领域，加深对教材的理解，阅读参考书等；二类是口头和书面作业，包括熟读、背诵、复述、书面回答问题、演算习题、绘制图表、作文以及其他创造性作业等；三类是实际活动作业，包括实习、实验、观察、测量和制作标本模型等。

作业与中小学教育活动的各个方面均有紧密的联系，它不仅仅是对课堂知识的巩固和复习，更是对知识的深化理解和实际应用。通过作业，学生可以更好地掌握学科的核心概念和方法，形成自己的知识体系。同时，作业还能培养学生独立思考、解决问题的能力，提高其自我管理能力。

二、寻找认识误区，剖析存在问题

教师的作业观深刻影响着他们的教学行为。以往教师的作业观存在一些误区，亟须转变。

（一）注重知识传承，忽视能力培养

教师一般认为作业是延长教学时间，让学生对知识进行再学习的重要手段。有教师甚至认为，之所以布置作业，是因为沿袭多年来的教育传统和习惯。很多教师非常强调作业布置的数量，对作业是否有助于提高学生的思维能力、综合素养，学生能否接受作业难度，学生能否在规定的时间内完成作业，均未进行深入的考虑。

（二）注重标准统一，忽视个性需求

在布置作业的过程中，教师只是简单地以统一标准要求学生，以致学生作业千篇一律，机械单一。对教师来说，以统一标准布置作业，便于对作业进行检查和评价，但对学生来说，统一的要求忽视了不同学习程度的学生对于作业的个性化需求，不利于学生在各自原有的基础上得到充分的发展，不利于班级学生的整体进步。

（三）注重理论作业，忽视实践体验

教师把知识性作业、理论性作业作为作业布置的重要内容，缺少对学以致用的体验式、实践式作业的布置。比如，教师在布置语文学科作业时，以生字词及课文的抄写、默写为主，没有让学生结合具体的生活情境，进行语言文字的实践应用，导致理论知识与生活实际相脱离，难以起到内化知识、学以致用的效果。

（四）注重个体练习，忽视合作学习

作业内容比较单一、刻板，教师要求学生在相对封闭的学习空间独立完成作业，这使得学生缺乏小组合作学习的机会，得不到合作解决问题的实践锻炼。在学习的过程中，因为学生之间缺乏应有的思维碰撞和信息沟通，所以他们的创造性思维能力、人际交流能力、团队协作能力得不到培养和提升。

（五）注重课时目标，忽视系统建构

在设计作业时，教师大都依据课时教学目标，缺乏立足于单元整合的、整本教材的、学段特点的、整体知识和能力体系的系统化的思考和建构。作业的内容比较零散，不利于学生养成系统学习的好习惯，不利于学生抓住学科的灵魂和主要线索，在脑海中形成完整的知识网络，不利于达成提升学生核心素养的培养目标。

（六）注重单一评价，忽视多元激励

教师在批改学生作业时，常常只给予学生作业一个等级评价，或是一个象征性的分数，忽视对学生作业进行有针对性的评价，没有提出适应学生个性需求的学习建议；在批改学生作业时，以师评为主，缺少生生互动、家长参与的多元主体的评价；在批改作业时，过于关注作业的结果，而忽略了学生做作业的过程和方法。以上种种，都不利于作业效果的达成。

三、优化作业设计，探索实施策略

通过剖析问题，我们深刻认识到，必须在科学的作业观的指导下，基于学生核心素养的全面提升，依据课程标准、教材及学情，围绕目标达成，优化作业设计，精简作业数量，提高作业质量，才能产生"轻负增效"的作业效应。

我校通过厘清认识、制定标准、研修改进、评价引领等途径，分步骤推进作业建设计划。

（一）以研究为基础，确立对作业的正确认识

我们对作业问题进行了专门的调查研究，基于调查研究结果，提出有效教学理念下的作业观：作业不是教学的辅助手段，而是教学的重要组成部分。教学的最终目标是促

进学生发展，使他们获得必备品格，增长关键能力。然而，知识的掌握是从"实践"开始的，也就是说，是从完成教学作业开始的。学生只有通过作业这一环节，真正地参与知识的建构，才能内化知识，进而使自身的品格及能力得到提升。因此，教师只有摒弃"教学辅助"的作业观，从根本上认识到作业的价值，并在教学实践中高度重视作业的地位，不断优化作业设计，才能让教学更加有效。

同时，我们还通过研究破解了教师在作业认识上普遍存在的一些误区，如发现学生学业质量与教师布置作业时间的相关曲线呈现倒"U"形，即没有足够的作业时间与作业时间太多，学生的成绩都不太好。研究还发现，作业的品质包括作业的类型与数量，以及作业的典型性与范例性，与学生的学习成绩密切相关。

（二）以规范促提升，确立作业设计的参照标准

为了使作业建设更具操作性，我校从作业数量、质量、批改和讲评四个维度制定了作业规范化设计标准（如下表所示），让教师的作业优化工作有据可依。

维度	标准设定
作业的数量	（1）减轻学生过重的课业负担。小学一、二年级不留书面作业；小学其他年级的课外作业，绝大多数学生能在1小时内完成。
	（2）学校建立完善的监控作业量的管理机制，在各年级学科综合平衡下，任课老师控制布置课外作业的总量。
作业的质量	（1）符合学生的年龄特征，有利于激发学生的课业兴趣。
	（2）体现课程标准的基本要求，对应教学的重点和难点。
	（3）有利于学习过程的体验和学科思想方法的形成。
	（4）尊重学生的差异，作业选择要有针对性，强化基础性作业，实施分层选择性作业。
作业的批改	（1）作业要及时收齐、及时批改、及时反馈。
	（2）作业批改要规范，能体现有效、有针对性的批改信息；有订正要求，对学生订正的作业要予以及时批改。
	（3）作业批改要关注共性错误问题的归因、个性独创见解的激励、后进学生的面批辅导等。
作业的讲评	（1）作业讲评要根据学生的基础水平，实行分类指导。
	（2）作业讲评要清晰简明，发掘错误原因，褒奖独立思考的学生，为学生的进步与发展作导向。
	（3）作业讲评要体现和谐民主的教学关系，教师既分析学生作业中存在的问题，也要进行自我反思。

郑州市郑东新区龙翼小学作业设计标准

（三）以程序为保障，明确作业开发的基本流程

程序上的专业化是保证作业质量与效果的前提。进行有效教学，优化作业设计，需要细化解读课标和教材，明确学科课程目标，把握学科思想、掌握学科知识体系，厘清主干知识、支干知识、知识点、重点、难点，也就是人们常说的要形成一棵"知识树"。根据"知识分布图"，针对各个"知识点（或拓展点）"研究设计作业，才能形成学科作业体系，这才是理性教学和理性布置作业。目前我校正按照以上思路，按照"课程分析——目标确立——任务设定——知识提炼——形成作业——指导评价——反思创建"的渐进流程，致力于语数英三门学科"精而不多，活而不难"的课前、课中、课后作业库建设。各学科各学段的基于标准的课内作业库已基本形成体系并投入使用，目前正在检验、完善中。

（四）以教研为依托，落实有效作业的具体措施

"优化作业设计"的真正落实在于教师，为此，我校通过以教研组、备课组为单位的校本研修，让各科教师明确并优化作业布置的理念和方法。

1.精选作业内容，突出其目标性、启发性、典型性和系统性。优化作业设计，发挥作业效能，教师必须基于课标、教材、学情，围绕学生学习的目标，在选题、创编上下功夫，不断提高作业设计编制技能，确保作业的目标性、启发性、典型性和系统性，从而达到举一反三的训练效果。

（1）突出目标性。必须根据课程标准、教材要求、教学目标、学生实际情况，立足教学内容，突出教学重点，有针对性地给学生布置作业。每次布置作业都要力求做到紧扣学习目标，让学生练有所得。

（2）突出启发性。不搞题海战术，精选作业内容，突出作业激活学生思维的启发性。布置有启发性的作业，才能帮助学生揭示事物的本质及规律，提升学生举一反三的迁移能力，培养学生思维的灵活性和创造性。

（3）突出典型性。题目千变万化，题海无法穷尽。作业内容必须突出典型性，要选取、创编、设计出最能揭示知识本质的、最具代表性的典型作业。这样的作业才能以一当十，起到触类旁通、事半功倍的作用。

（4）突出系统性。优化作业设计，必须系统地考虑学段、学期、单元、课时的连贯性和一致性，切忌东一榔头、西一斧子，随意布置作业。应以系统化的作业设计引领学生进行系统性的学习训练，让学生在头脑中形成一棵完整的知识树，有利于学生知识的巩固、能力的提高、核心素养的形成。

2. 丰富作业形式，突出多样性、趣味性、实践性和开放性。我们倡导赋予作业多维的形式和丰富的内容，使作业体现出多样性、自主性、趣味性、实践性、开放性和探究性的特点，让学生在兴趣盎然、充满挑战的愉悦环境中完成学习任务。

如我校语文学科低中高学段分别精心设计了"边读边长大"系列读书作业，引领学生走向开阔敞亮的阅读世界。数学学科的"玩转数学"趣味作业，引领学生延伸教材中的知识，寻找生活中的数学问题，探寻数学游戏的秘密，发展思维能力，创生成长智慧。英语组的"生活化英语"特色作业引领学生学以致用，在丰富的生活情境中学习语言，运用语言。综合组的创客作业通过电子积木的创意拼接和乐高机器人的创意制作，让学生在仿型世界和结构创想中感受科学的魅力，放飞创造的梦想。我校还积极开展综合实践活动，实施研究性学习，要求师师做引领、生生都参与，进行基于问题、基于项目、基于设计的作业建设。强调作业内容要走向体验和实践，把抽象的、冷冰冰的"科学世界"与活生生的"生活世界"联系起来。目前，研究性学习已经渗透于我校学生学习生活的各个方面，学生在实践研究中得到了锻炼和发展。

3. 实施分层作业，突出差异性、层次性、适切性和进阶性。教师要充分考虑处于不同学习层级学生的实际需求，有针对性地调控作业难易度，实施分层次弹性化的作业布置，使作业布置既有统一要求，又有差别对待，让每个学生都能通过适合自己学习水平的作业训练取得进步，促进学生的差异化发展。

（1）由易到难，循序渐进。遵循学习的规律，既设计一定数量的基础型作业与练习，又设计一定数量的变式作业与练习，还要设计一些综合性比较强的实践性作业与练习，以利于学生温故知新，拓展思路，加强实践，促进知识、技能的转化。

（2）针对差异，分层设计。为不同学习水平的学生设计适合其"最近发展区"的作业和练习，让每个学生都能跳一跳，摘到属于自己的果子，有效促进各层级学生的发展。

（3）设置台阶，放缓坡度。依据学习目标、学习内容及学情需求，将难度较大的题目进行分解，或给予解决问题的支架，分步骤进行作业练习，指导学生拾级而上，提高学习效率，达成作业目的。

4. 进行多元评价，突出过程性、多维性、增值性和激励性。《基础教育课程改革纲要》指出，评价要帮助学生认识自我，建立自信。作业评价是教师检验教学效果，指导学生学习的重要手段。我们注重从以下方面实施作业评价：评价视角从一维走向多维，评价反馈遵循及时性原则，善于灵活适切运用评价语，指导进行多元主体作业评价，作业评价中渗透人文关怀，善用大数据进行评价反馈等。

第二节 优化作业设计

在"双减"背景下,探讨作业改革,有助于我们更好地聚焦核心素养,提高教学效率,帮助学生转变学习方式,实现减负增效,落实育人目标。我校在优化作业设计,落实减负增效方面进行了一系列探索与尝试,根据校情和学情构建了"五精三型四结合"作业模式,严控作业数量,优化作业质量,以下是我校的作业模式图:

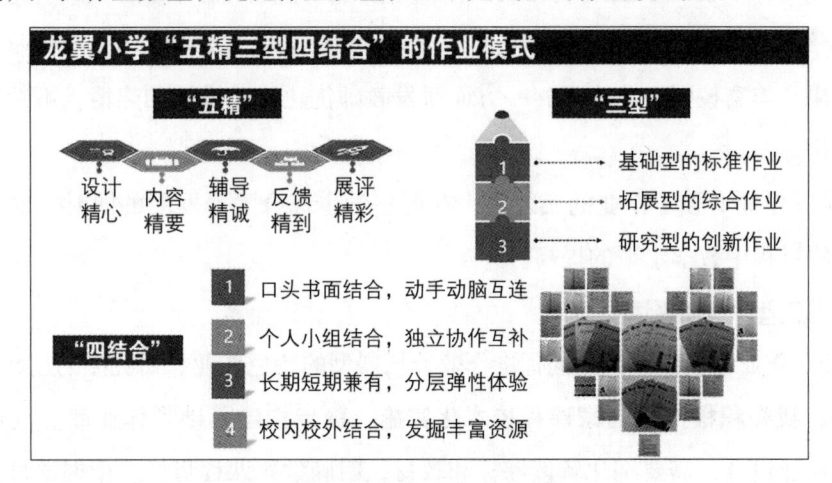

"五精三型四结合"作业模式

一、"五精"的解读

"五精"作业模式,即要求作业遵循设计精心、内容精要、辅导精诚、反馈精到、展评精彩这五个基本原则。

设计精心、内容精要: 优化作业设计,关键在于要扣准学习目标,抓住学习重点,丰富作业形式,并满足不同学生的学习需求。由此我们致力于探索多形式、阶梯型的作业设计。教师统筹考虑作业的内容与形式,做到设计精心,内容精要,以少而精的高质量作业取代简单、机械、重复性的大量作业,达到减负增效的目的。作业形式可以是书面类作业、操作类作业、表达类作业、多学科融合作业。例如语文学科的"小剧本创作""诗配画",科学学科的"小实验""小调查",数学学科的"学具制作""益智思考",英语学科的"字母书""主题绘本"等,教师在为学生的作业量做减法的同时,在作业设计中做加法,不断优化作业内容,让学生能够在完成作业的过程中真正内化知识,提高兴趣,锻炼能力。同时关注学生学情,实现作业内容分层,让不同层次的学生自由选择适合自己的那一组作业，摘到属于自己的"果子"，在作业中体会到学习带来的成就感。

辅导精诚、反馈精到：作业辅导与反馈是教学的重要环节，是检测学生学习效果的有力手段，也是及时获取教学反馈、调控课堂教学的重要途径。作业批改要及时、客观，对作业进行多元评价，培养学生相互学习、自我纠错的意识。评价作业时，不应把重点放在判断结果对错上，而应放在学生解题的过程、思路上。教师批改作业时多用指导型、启发型、鼓励型评语，慎用批评型评语。在关注学生知识掌握程度的同时，更关注学生作业中的思维过程与方法、飞扬的个性及成功的体验。

展评精彩：学校每学期定期开展2—3次形式多样的作业展评活动，以优秀作业带动作业的整体进步。一方面促使学生积累知识、增长见闻，增强学生完成作业的积极性和实际效果，丰富校园文化生活，一方面激发教师优化作业设计的热情，不断提高作业设计的质量。

"五精"作业增强了作业的实效性，在促进学生综合素养发展的同时，也促进了教师研究实践过程中教学水平的提高。

二、"三型"的解读

"三型"作业，包括基础型的标准作业、拓展型的特色作业、研究型的创新作业。

首先，我校积极推进国家课程校本化实施，稳步构建基础型作业库。 进行有效教学，优化作业设计，需要细化解读课标和教材，明确学科课程目标，把握学科思想、掌握学科知识体系，厘清主支干知识、学习重难点，形成一棵"知识树"。只有根据"知识分布图"，针对各个"知识点（或拓展点）"来研究并设计作业，才能形成学科作业体系，进行理性教学和理性布置作业。目前我校正按照这个思路，着眼单元教学，按照"课程分析→目标确定→任务设定→知识提炼→形成作业→指导评价→反思创建"的渐进流程，致力于各学科"精而不多，活而不难"的课前、课中、课后作业库建设。课前预学作业，引导先学，探查学情；课中导学作业，聚焦目标任务，引导深度学习；课后巩固作业，检验学习效果，提高教学实效。目前，我校各学科的"睿思作业本"已部分投入使用，正在检验、完善中。

其次，我校积极开发实施校本课程，拓展型作业百花竞妍。 围绕"修品立行，培养习惯擦亮底色；博闻广智，涵养兴趣厚实基础；强身健魄，滋养身心筑梦未来"的校本课程建设目标，我们致力于拓展型作业的优化设计。比如，围绕人文素养类校本课程"童年读书课"，我校低中高学段分别精心设计了"面朝书海，春暖花开"系列读书作业，引领学生走向阅读的广阔世界，生发书墨情怀，养成书香气质，朝着"读破百部书，背诵十万字，写下千万言"的目标不断努力，以期童年的阅读酝酿出一生的幸福与甜蜜。围绕科技思维类校本课程"玩转数学"，引领学生延展教材中的知识，寻找生活中的数学问题，探寻数学游戏的秘密。通过"初试牛刀，困难重重""求索之路，豁然开朗""通用方法，意外触礁""方法选择，理性思考"等探索过程，发展思维能力，创生成长智慧。围绕艺术审美类校本课程"仰山观澜"，孩子们大胆创意，巧施妙手，创造出意境奇崛、灵动飞扬的山水盆景作品。围绕德育教养类校本课程"最好的教养"中的"知礼""明言""行正""品端""体健""善学""洒扫""五爱"八个方面，每月进行德育主题作业设计，比如：九月入学知礼仪，十月爱国看行动，十一月勿忘父母恩……德育作业，让学生们在体验、实践和感悟中学会健康而幸福地生活。

再次，我校还积极开展研究性学习，研究型作业日新有成。研究性学习不仅是一种课程，还是一种学习方式。作为一种学习方式，它并非研究性学习课程所独有，而是适用于所有学科课程。我校积极开展研究性学习，进行基于研究项目的作业建设，强调作业内容走向体验和实践，把抽象的、冷冰冰的"科学世界"与活生生的"生活世界"联系起来。目前，我们已经在全校进行推广研究性学习课程，并渗透于学生学习生活的各个方面，如一次体验活动（为父母做一件事、我的房间我设计等），一项调查访谈（亲朋好友的周末安排、小学生的消费情况调查等），一次资料整理（关于恐龙灭绝原因的调查、从住房变化看郑州的生活变化等），一次观察记录（我家小狗的一天、社区保安巡视路线等），一次动手操作（倾听光阴，留住回响——我的成长故事绘）……通过设置研究型作业，让学生与社会、生活、世界紧密联系，在实践中得到锻炼和发展。

三、"四结合"的解读

"四结合"的作业模式即口头书面结合，动手动脑互连；个人小组结合，独立协作互补；长期短期兼有，分层弹性体验；校内校外结合，发掘丰富资源。

口头书面结合，动手动脑互连：从作业内容看，考虑书面、口头、手脑并用的实践性作业相结合。一般来说，口头作业离不开读、背、讲。如何让口头作业生动起来？不妨给口头作业换一个名字或换一种形式，赋予学习新鲜感，激发学生的竞争意识，让学生乐于表达、敢于表达。例如，举办"班级好声音"活动、演讲比赛、班级解说员竞选活动、古诗词背诵比赛等。在作业中强调动脑动手实践，努力给学生创设学以致用的机会。如，在学习重量计量单位后，老师提供详细的说明，让学生在父母的帮助下制作糕点，既锻炼了称量技能，又加深了对重量单位的理解。在实践中学，学得轻松，学得有意思，学到了课堂上得不到的实践经验。

个人小组结合，独立协作互补： 从作业主体角度看，个人作业、小组合作作业相结合。教师应注重对课后作业手段、途径、措施的创新与变革。让诸如网络媒介、趣味游戏、实践调研等活动适时融入小组合作下的课后作业设计领域，为提升课后作业实效、促进学生核心素养塑造而助力铺路。例如，在进行综合性学习"轻叩诗歌的大门"古典诗词板块学习时，语文教师将全班学生分成几个大组，各组分别对山水田园派、盛唐边塞派、宋词豪放派、宋词婉约派等不同流派作者的诗词资料进行搜集整理，并在全班以朗诵、表演等丰富多彩的形式进行分享交流，起到了很好的学习效果。

长期短期兼有，分层弹性体验： 从作业时间等方面看，短期作业和长期性作业相结合，分层作业与弹性作业相结合。例如，我校的语文作业涵盖听说读写各方面，既包括了短期作业，如每天的字词巩固、日记练笔等，又包括了长期的读书作业。为了督促学生多读书，读好书，在读中积累知识，开阔视野，我校语文学科设计了两项长期作业：一是日有所诵，每天老师会给同学们推荐经典诗词、美文，让学生利用每天的早读时间进行不间断的积累、背诵；二是读书摘记，要求学生每天读书30分钟，记录每天认识的生字，摘录好词、好句、好段，通过日有所诵和每天的读书作业，培养学生的语感，丰富学生的语文素养。分层作业体现在量和难度这两个方面。作业量的分层是指：对于优秀生，宜减少作业量，让他们有足够的时间去发展自己；对于学困生，要适当增加基础作业量，如生字词的抄写、填空式的默写等，既给他们发展和补救的机会，又为他们良好学习习惯的形成起到一定的促进作用。作业难度的分层是指：把作业分成不同的难度，让不同层次的学生自由选择适合自己的作业，摘到属于自己的"果子"。弹性作业是指：教师对不同程度的学生完成作业的数量、难度等的要求具有伸缩性，体现了作业的自主性、开放性。

校内校外结合，发掘丰富资源： 充分利用学校周边的资源，打通校内和校外的联系，引领学生在实践体验活动中学以致用，全面发展。例如我们积极以节日活动、实践活动为载体，切实实施实践育人。清明节，踏青寻春，追忆先辈祭英烈；端午节，粽忆屈子，点燃爱国情怀；中秋节，家庭诗会，共话团圆；教师节，一束鲜花献老师，感念师恩；国庆节，隆重举行爱国经典诗文诵读大赛，咏唱家国情怀，献礼祖国华诞；慈善日，募捐献爱心，共架慈善桥梁；冬至日，携手亲情包饺子，其乐融融；迎新年，缤纷社团展演活动嗨翻天。另外，还有科学家进校园活动，培养学生爱科学、学科学的兴趣；戏曲进校园活动，走近经典剧目，感受中华传统文化的多姿多彩；社会实践活动，走进好想你农场、宇通车间，身临其境进行职业体验……让孩子们在丰富的实践活动中健康成长。

第三节　细化作业评价

作业评价是学习过程评价中不可缺少的重要组成部分，在作业建设工作中，我校着力于重构与细化作业评价策略，形成了"教——学——评一致性"视域下的作业评价系统。

一、"教——学——评"一致的作业评价观

依据美国教育家和心理学家布卢姆教育目标分类学，教师的教、学生的学以及对学习效果的测评三者必须高度一致，且三者都必须共同指向学习的目标。布卢姆提出保持测评与目标的一致性，基于以下两条理由：一是一致性使学生更有可能获得机会去学习包括在各种测评中的知识；二是如果测评和目标不一致，学生更有可能努力学习那些被测评的东西，而不是学习目标的预期。

崔允漷教授等从课程视域提出了"教——学——评一致性"的理念：清晰的目标是"教——学——评一致性"的前提和灵魂，"教——学——评一致性"指向有效教学。"教——学——评一致性"的作业观强调教师的教、学生的学、学习评价（包含作业）都指向学习目标。从课程角度看，基于"教——学——评一致性"的作业观，强调作业设计的系统性、整体性，这不仅符合课程视域目标性、系统性等理念追求，而且可以解决目前"作业缺乏目标意识，随意化""教学、作业、评价割裂化""课时与课时内容碎片化"等问题。从学生的立场看，"教——学——评一致性"的作业观更关注学生能否"学会"与"会学"，作业是为学生有意义地达成学习目标而服务的。因此，"教——学——评一致性"的作业观关注以下三点：一是目标的一致性，作业目标与课堂学习目标一致；二是内容的一致性，作业内容与学段教学内容一致；三是评价的一致性，通过数据统计检验作业目标的达成，实现以评促学、以评促教。

二、构建作业评价模式

作业评价是"教——学——评一致性"教学过程的关键环节。崔允漷教授在《教师，请你先学会评价再来学上课》一文中明确指出："评价是教学信息流的GPS。教是为了学，学是为了学会。证明学生'是否学会''学会了多少'，需要评价作为GPS不断地获取目标达成信息的证据，以免教学信息流会停止，会迷路，会迷失方向，从而走向无效或低效。"

（一）前置作业评价标准

依据"教——学——评一致性"的理念，为了促进教学目标的高效达成，可将评价标准前置，指导学生在目标的引领下完成学习活动。教师提前公布作业评价标准，让学生在评价标准驱动下主动学习，达成学习的目标。这样，让作业评价促进学生实现目标导向下的学习活动，更有利于实现作业的功能，更有利于学习目标的高效达成。

（二）探索多元评价策略

《基础教育课程改革纲要》指出，评价要帮助学生认识自我，建立自信。作业评价是教师检查教学效果，指导学生学习的重要手段。实施作业评价需要注意：

1. 评价视角从一维走向多维。在学习时，孩子虽要和同伴比，但更重要的是和自己比。学生战胜自己，超越自己，是最大的进步。评价作业时，不把重点放在判断结果对不对上，而要放在学生解题的过程和思路上。在关注学生知识掌握程度的同时，更关注学生作业中体现的思维过程与方法。在多角度的审视中，关注学生作业中飞扬的个性及成功的体验。

2. 评价反馈遵循及时性原则。艾宾浩斯遗忘曲线表明，首次反馈应尽可能在学习之后进行，应不超过1天。学生刚做完作业时，十分关注自己的作业结果，如果作业发还过晚，已转移到下一个单元的学习，学生对作业评价的积极性会下降，收效就较低。所以我们注重作业反馈遵循及时性原则。迅速地批改作业并发还给学生，不仅对他们的学习有所帮助，而且有助于教师掌握学情，在学生遇到难题的时候予以帮助。

3. 善于灵活适切运用评价语。据有关作业批改的综合研究结果显示，布置了作业但没有批改，其效应值只有0.28。而当批改分数时，效应值就会增加到0.78。教师若对学生的家庭作业做出书面批语，效应值应达到0.83，可见评语对作业效果的影响。所以，我校要求老师们在批改作业时尽量多用指导型、启发型、鼓励型评语，慎用批评型评语。评语写多少因时制宜，贵在坚持。有经验的教师总是善用作业评语达到理想的教育效果。著名作家魏巍于学生时代，就是因为蔡芸芝老师那句"心静如水的学生"的评语的鼓励而健康成长起来的。

4. 指导进行多元主体作业评价。倡导评价主体多元化，把作业评价主动权还给学生，教师给予引领指导，让学生学会评价反思。这一环节视具体情况，采用自评、互评、组评等灵活多样的评价方式，指导学生通过自评养成完成作业后自我反思的好习惯；通过互评，从与他人的对比中认识到自己的优势和不足，从而更全面地认识自我；通过组评，营造和谐的学习氛围，达到互相激励、互相促进的目的。

5. 作业评价中渗透人文关怀。 苏霍姆林斯基曾说:"你在任何时候也不要急于给学生打不及格的分数。请记住:成功的欢乐是一种巨大的情绪力量,它可以促进儿童好好学习的愿望。"学生首次完成的作业可能不理想,教师可以运用延时评价法,让学生修改之后,再给予评价,这种做法又称为"事后 100 分"法,给学生创造成功的机会,激励学生不断进步。可以采取多值评价法,用多把尺子量学生,充分挖掘每一个学生的智慧。可以采用期待评价,用发展的眼光看学生。心理学研究表明,期待值与成功率成正比。期待的话语能更好地帮助学生正视自我、调整自我、完善自我,为学生指明努力的方向。

6. 善用大数据进行评价反馈。 作业评价的重要任务是诊断与归因,为后续的教学及学习改进指明方向。在作业评价中,可充分利用大数据带来的便利,增进作业评价的及时性、精准性、互动性、直观性,大大提高作业批改及评价的效率,让科学有效的作业评价不断促进教师教学方式的改进,促进学生学习水平的提升。

总之,在进行作业建设的过程中,我校各学科教师立足于学生核心素养的全面提升,致力于构建实现课内外联系、校内外沟通、学科间融合的作业设计体系,让作业成为培养和发展学生素养的有效途径。使孩子们能受益于课堂,关注生活,亲近自然,在广阔的天地里经风雨、见世面、长见识、增才干。让他们有"我知盘中餐,粒粒皆辛苦"的机会;有勤劳节俭,爱家爱国的机会;有服务公众,传递爱心的机会;有触景生情,感慨万千的机会;有"悟已往之不谏,知来者之可追"的机会;有"手之舞之,足之蹈之,乐以忘忧"的机会;有感受相互间同呼吸共命运的机会……一句话,用一系列优质作业,串起孩子成长的生命线,为他们成长为扎根于现实社会,充满生命活力,能与天地人我和谐相处,有知识,有思辨能力,有家国担当的未来公民奠定坚实的基础。

第四节 作业设计案例

三年级上册 *Look at me*！单元作业设计案例

教材来源：小学英语人教版三年级上册（2012 版）

内容来源：小学英语 PEP 三年级上册第三单元

单元主题：Unit 3　Look at me！

适合对象：三年级学生

设 计 者：岳霞　郑州市郑东新区龙翼小学

本单元涉及"人与自我"和"人与社会"两大主题。根据新课标要求，通过本单元的学习，学生能大方地与人沟通，主动问候，能在具体的生活情境中进行日常问好，进行简单的交流，能明礼守序，能认识五官及身体部位类的单词，并能运用简单句型介绍自己的五官及身体部位，培养学生爱护身体、保护自己的好习惯。

一、学科核心素养细化

根据《义务教育英语课程标准（2022 年版）》要求，从语言能力目标、文化意识目标、思维品质目标、学习能力目标等方面对本单元的课程内容进行分析。

（一）语言能力

1. 能听懂、会说 Part A 与 Part B 的 Let's talk 中的 How are you？问候语以及应答语：I'm fine，thank you. 以及另外一种表达：Very well，thanks. 能正确使用句子：Let's go to school！语音语调自然，并能在实际生活中加以运用。

2. 能听、说、认读一些关于身体部位的单词：ear，eye，nose，mouth，face，hand，head，body，leg，foot，arm，并能听懂相应的指令。

3. 能听、说、读、写大小写字母 Ee—Ii，并能听懂、会说以这 5 个字母开头的 9 个单词和 1 个词组：egg，elephant，face，foot，green，gift，hand，hi，ice，ice-cream.

（二）文化意识

1. 通过学习日常问候语，做到明礼守序。

2. 通过学习有关身体部位的单词，知道要爱惜自己的身体，保护好自己。

3.通过唱歌等形式，提高审美情趣和艺术情操。

（三）思维品质

1.通过画一画、配音秀等类型的作业培养学生创新性思维。

2.通过看一看、练一练等类型的作业培养学生逻辑性思维。

3.通过调查、读绘本等类型的作业培养学生批判性思维。

（四）学习能力

1.通过听、说、读、写、看、演等作业，引导学生在现实生活中运用，培养学生的语用能力。

2.通过阅读故事、绘本等作业，引导学生掌握扫读、查读和精读等阅读技巧，提升学生的阅读能力。

3.通过做木偶狗、绘画等作业，提升学生的动手能力。

4.通过课外阅读等作业，引导学生独立阅读，掌握学习方法，养成良好的学习习惯。

二、单元大概念架构

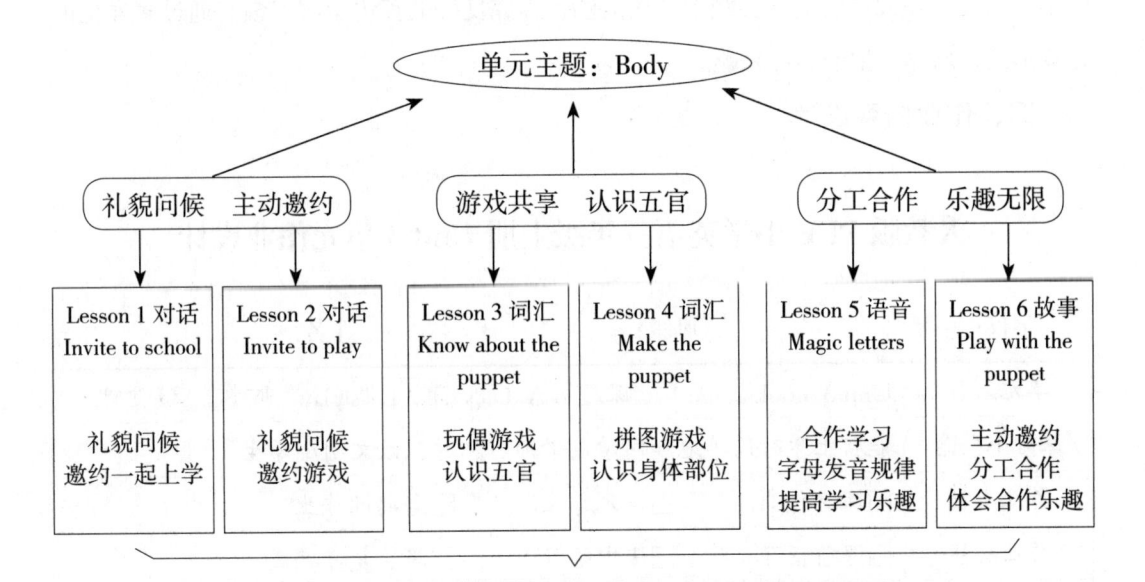

```
                         单元主题：Body
      ┌──────────────────────┼──────────────────────┐
礼貌问候  主动邀约        游戏共享  认识五官        分工合作  乐趣无限
      ↓            ↓            ↓            ↓            ↓            ↓
┌──────────┐ ┌──────────┐ ┌──────────┐ ┌──────────┐ ┌──────────┐ ┌──────────┐
│Lesson 1对话│ │Lesson 2对话│ │Lesson 3词汇│ │Lesson 4词汇│ │Lesson 5语音│ │Lesson 6故事│
│Invite to  │ │Invite to  │ │Know about │ │Make the   │ │Magic      │ │Play with  │
│school     │ │play       │ │the puppet │ │puppet     │ │letters    │ │the puppet │
│           │ │           │ │           │ │           │ │           │ │           │
│礼貌问候    │ │礼貌问候    │ │玩偶游戏    │ │拼图游戏    │ │合作学习    │ │主动邀约    │
│邀约一起上学 │ │邀约游戏    │ │认识五官    │ │认识身体部位│ │字母发音规律│ │分工合作    │
│           │ │           │ │           │ │           │ │提高学习乐趣│ │体会合作乐趣│
└──────────┘ └──────────┘ └──────────┘ └──────────┘ └──────────┘ └──────────┘
                                  ↓
                  ┌─────────────────────────────────┐
                  │         认识自我  尊重他人        │
                  │ 礼貌问候邀约，认识五官与身体部位， │
                  │ 树立保护身体、坚持锻炼的意识，    │
                  │ 培养批判性思维，体会分工合作乐趣。 │
                  └─────────────────────────────────┘
```

三、整体教学流程透视

从单元整体教学出发，根据话题内容对 A、B、C 教学版块进行统整、组合，引导学生对话题进行深入学习，开展主题意义探究。统整和组合后的版块为：

Body
1. Everyday greeting 1（Part A Let's talk/Let's play）
2. Everyday greeting 2（Part A Let's talk/Let's play）
3. My body（A Let's learn & B Let's learn）
4. Ee，Ff，Gg，Hh，Ii（Part A Letters and sounds）
5. Make a puppet（Start to read / Part C Story time）

通过本单元的学习，学生能够运用正确的句式向别人打招呼，熟练掌握本单元重点词汇ear，eye，nose，mouth，face，arm，hand，head，body，leg，foot，并能用句型This is... 介绍自己的五官和身体部位等。学习字母Ee，Ff，Gg，Hh，Ii的字形、书写及其在单词里的发音。本单元的内容贴近学生的实际生活，身体部位是我们密不可分的好朋友，抓住这一点，挖掘本单元一明一暗两条主线：明线是认识身体部位，暗线是让学生爱护身体，感受运动的快乐，了解本单元的大观念。创设良好的语言环境和语用环境，让学生在"听、说、做"的课堂中动起来，使学生在愉快活泼和自信的情绪中保持积极的学习态度，在大量的语言实践中形成语感，养成良好的英语学习习惯。通过多样化的作业形式，培养学生的学习兴趣。

四、作业内容设计

人教版PEP小学英语三年级上册Unit 3单元作业设计

学校：　　　　　　班级：　　　　　　姓名：

单元名称	Unit 3 Look at me！	课题	A Let's talk/ Let's play	时长	20分钟
课时小观念	能在上学时简单地和同学或老师打招呼，做文明小学生。					
作业类型	☑课时作业　　　□单元作业　　　□周期性作业				
作业功能	□课前预习　　　□课中练习　　　☑课后复习巩固				
作业目标	1. 通过"我是小小配音员"板块，能够学习、理解对话，提高学习英语的兴趣。 2. 通过"读一读，选一选"板块，能够实践应用对话，提高语言综合运用能力和模仿能力。 3. 通过"我是小小调查员"板块，能够熟练掌握打招呼的句型并能运用到实际生活中。				

续表

设计意图	作业内容	达标要求
对话朗读和配音锻炼了学生的口语表达能力，不仅让学生能在快乐中学习英语，提高学习兴趣，还能增加同学间的互动。	**基础巩固（学习理解）** 一、我是小小配音员。（5分钟） 听一听，读一读，练一练，并和同伴一起为对话配音。 Let's talk Good morning. Good morning. How are you？ I'm fine, thank you. Let's go to school! OK!	☆ 能基本掌握单词发音，语音语调尚可。 ☆☆ 发音基本标准，语音语调到位，能完成配音。 ☆☆☆ 能熟练掌握单词发音，语音语调优美，能流利完成配音。
能力提升作业为4星难度题。创设同学间真实交流情境，让学生正确选择句子，通过日常聊天情境，帮助学生加强对句子的理解。	**能力提升（应用实践）** 二、读一读，选一选。（5分钟） Sarah 的妈妈来学校观看联欢会，Sarah 在向妈妈介绍朋友 Mike。请选择合适的句子，补全对话。 Sarah：Good afternoon，Mike. Mike：1._____ Sarah：Mum，this is Mike. Mike：2._____ Mum：Nice to meet you，too. How are you？ Mike：3._____ Sarah：Let's watch the show！ Mum & Mike：4._____ A. Fine，thank you. B. Nice to meet you. C. OK！ D. Good afternoon，Sarah.	☆☆ 能准确选择1个句子，补全对话。 ☆☆☆ 能准确选择出2—3个句子，补全对话。 ☆☆☆☆ 能准确选用4个句子，补全对话。
思维拓展作业为5星难度题。调查表要求学生能熟	**思维拓展（迁移创新）** 三、我是小小调查员。（10分钟） 请运用所学句型来询问同学或家人的心情和身体状况，做好记录，根据调查结果完成下面的调查表。	☆☆☆ 能完成调查表，语音语调基本正确。

143

续表

设计意图	作业内容	达标要求
练掌握打招呼的相关句型并能运用到实际生活中。	How are you？ Name / good / great / wonderful / not so good Mum	☆☆☆☆☆ 能完成调查表和对话，语音语调标准，语言表达无误。 ☆☆☆☆☆ 能熟练用英语和人打招呼，语音语调标准，语言表达清晰流畅。
自我评价	☆☆☆☆☆ 完成时间：_____ 完成方式：□独立完成　　□合作完成	
教师评价	A+、A、A-、B+、B	
家长评价	☆☆☆☆☆	
同伴评价	☆☆☆☆☆	

人教版 PEP 小学英语三年级上册 Unit 3 单元作业设计

学校：　　　　　　班级：　　　　　　姓名：

单元名称	Unit 3 Look at me！	课题	B Let's talk/Let's play	时长	20分钟
课时小观念	能了解并运用日常问候语，做有礼貌的小学生。				
作业类型	☑课时作业　　□单元作业　　□周期性作业				
作业功能	□课前预习　　□课中练习　　☑课后复习巩固				
作业目标	1. 通过"读一读，演一演"板块，能听懂、会说 How are you？Very well, thanks，并在真实的情景中加以运用。 2. 通过"读一读，选一选"板块，能够应用实践对话，提高语言综合运用能力和模仿能力。 3. 通过"创一创，编一编"板块，在创设情景中运用所学知识提高语言交际能力。				

续表

设计意图	作业内容	达标要求
通过角色扮演，结合真实的生活情境进行对话交流，学以致用，帮助学生更好地理解学习一门语言的意义。	**基础巩固（学习理解）** 一、读一读，演一演。（5分钟） 我是小小表演家。跟读对话，并和同伴进行角色扮演，可以录制视频。 Let's talk Hi, Mike! How are you?　Very well, thanks. Let's make a puppet!　Great!	☆ 能够集中注意力参与游戏。 ☆☆ 能够正确运用句型How are you？ Very well, thanks. ☆☆☆ 能够在真实情境中运用所学知识。
借助本单元C部分Story time中的情景图，让学生灵活运用在Let's talk中学到的对话。把对话的顺序打乱，要求学生将句子重新排列成正确的语序，锻炼学生对语句的理解能力，考查学生的语篇组织能力。	**能力提升（应用实践）** 二、读一读，选一选。（5分钟） A. Great.　B. Hello! Zoom! How are you? C. Let's make a puppet!　D. Very well, thanks. 1. _____　2. _____ 3. _____　4. _____	☆☆ 能准确选择出1个句子，补全对话。 ☆☆☆ 能准确选择出2—3个句子，补全对话。 ☆☆☆☆ 能够将4个句子按照逻辑顺序重新整理成正确的对话。
创编对话是检验学生是否掌握对话的有效手段，设置不同情境，布置任务型作业，让学生在	**思维拓展（迁移创新）** 三、创一创，编一编。（10分钟） 我是编剧小达人。请你发挥想象力，为B部分Let's talk的对话续写新情节，并和你的朋友或家人一起演一演。	☆☆☆ 能够创编出新对话。 ☆☆☆☆ 能够创编出语言表达无误的新对话。

续表

设计意图	作业内容	达标要求
自然和谐的语境中感悟句型,达到更深层次的理解。		☆☆☆☆☆ 能够创编出语言表达清晰流畅,富有想象力的对话。
自我评价	☆☆☆☆☆ 完成时间:_____ 完成方式:□独立完成　□合作完成	
教师评价	A+、A、A-、B+、B	
家长评价	☆☆☆☆☆	
同伴评价	☆☆☆☆☆	

人教版 PEP 小学英语三年级上册 Unit 3 单元作业设计

学校:　　　　　　班级:　　　　　　姓名:

单元名称	Unit 3 Look at me!	课题	A Let's learn&B Let's learn	时长	20 分钟
课时小观念	认识五官、身体部位的单词和语块。				
作业类型	☑课时作业　　□单元作业　　□周期性作业				
作业功能	□课前预习　　□课中练习　　☑课后复习巩固				
作业目标	1. 通过"单词字谜"游戏,能够掌握五官及身体部位的单词,巩固基础知识。 2. 通过"我是指认小能手",能够掌握生词,提高单词的书写能力,提升应用实践能力。 3. 通过"我是小画家",将读与画相结合,提升综合运用能力。				
设计意图	作业内容				达标要求
"单词字谜"游戏,形式新颖,通过在打乱的字母中找出学习过的单词,能够考查	**基础巩固(学习理解)** 一、"单词字谜"游戏。(5分钟) 下面有好多打乱的字母,你能从中找出五官及身体部位的单词吗?				☆ 能够正确圈出 1—3 个重点单词,并能够准确朗读这些单词。

146

续表

设计意图	作业内容	达标要求
学生对单词的掌握情况。让学生以游戏的方式完成学习水平检测，有利于保持学习兴趣。	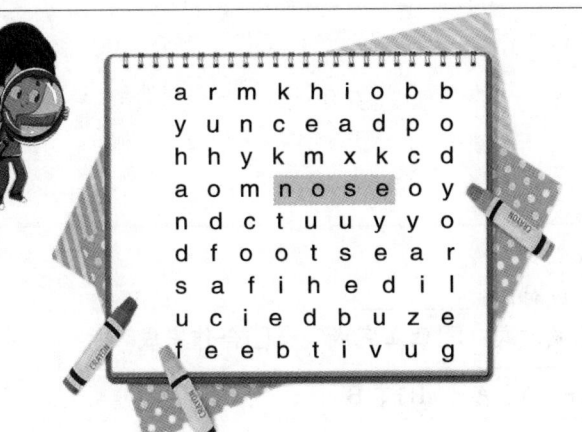 armkhiobb yunceadpo hhykmxkcd aomnoseoy ndctuuyyo dfootsear safihedil uciedbuze feebtivug	☆☆ 能够正确圈出4—6个重点单词，并能够准确朗读这些单词。 ☆☆☆ 能够正确圈出7—8个重点单词，并能够准确朗读这些单词。
以颇受同学们喜爱的冬奥会吉祥物冰墩墩为切入点，培养学生用英语解决实际问题的能力，发展学生的思维品质。让他们对中国吉祥物的外形特点和设计理念有所了解，体会吉祥物设计中渗透的中国文化。	**能力提升（应用实践）** 二、我是指认小能手。（5分钟） 冬奥会吉祥物冰墩墩来啦！你们喜欢他吗，我们一起来认真观察一下他的五官和身体部位，向朋友介绍一下可爱的冰墩墩吧。注意要在四线三格内规范工整地书写哦。  Bing dwen dwen	☆☆ 能够正确书写，但书写有待加强。 ☆☆☆ 能够规范书写单词，并且内容全部正确。 ☆☆☆☆ 能够在四线三格中用正确的格式书写，字体端正美观。
将英语学科与美术学科结合，三年级的学生对画画非常感兴趣，这可以激发他们的英语学习兴趣。而在Unit2 Colours中我们刚学过很	**思维拓展（迁移创新）** 三、我是小画家。（10分钟） 读一读，画一画。 Hello, I'm Wangwang. Look, I have a blue coat(外套). I have a blue cap(帽子), too. My ears are pink. I have four yellow legs. This is my nose. It's red. My face is yellow. My eyes are brown. And I have a green bag. 	☆☆☆ 能够准确涂出1—3处身体部位和衣服的颜色。 ☆☆☆☆ 能够准确涂出4—6处身体部位和衣服的颜色。

续表

设计意图	作业内容	达标要求
多关于颜色的单词,在这里也可以进行一次复习。		☆☆☆☆☆ 能够准确涂出 7—8 处身体部位和衣服的颜色。
自我评价	☆☆☆☆☆ 完成时间:_____ 完成方式:□独立完成　　□合作完成	
教师评价	A+、A、A-、B+、B	
家长评价	☆☆☆☆☆	
同伴评价	☆☆☆☆☆	

人教版 PEP 小学英语三年级上册 Unit 3 单元作业设计

学校:　　　　　　　班级:　　　　　　　姓名:

单元名称	Unit 3 Look at me!	课题	A Letters and sounds	时长	20 分钟
课时小观念	能够认识 Ee/Ff/Gg/Hh/Ii 五个字母的意义、书写方式及读音。					
作业类型	☑课时作业　　　□单元作业　　　□周期性作业				
作业功能	□课前预习　　　□课中练习　　　☑课后复习巩固				
作业目标	1.通过"读一读,写一写",能够认读字母 Ee—Ii,掌握 Ee—Ii 的正确书写。 2.通过"读一读,填一填",强化辨认单词和字母的能力,在情境中加强对字母的印象。 3.通过"读一读,找一找",提升对字母大小写的辨别能力,增强对字母表顺序的记忆。				
设计意图	作业内容				达标要求
通过大声朗读的形式,帮助学生记忆字母及其在单词中的发音。将字母的学习	**基础巩固(学习理解)** 一、读一读,写一写。(5 分钟) 请大声地读一读以下字母、字母在单词中的发音以及单词,并写一写。				☆ 能够大声准确地读出字母、字母在单词中的发音以及单词。

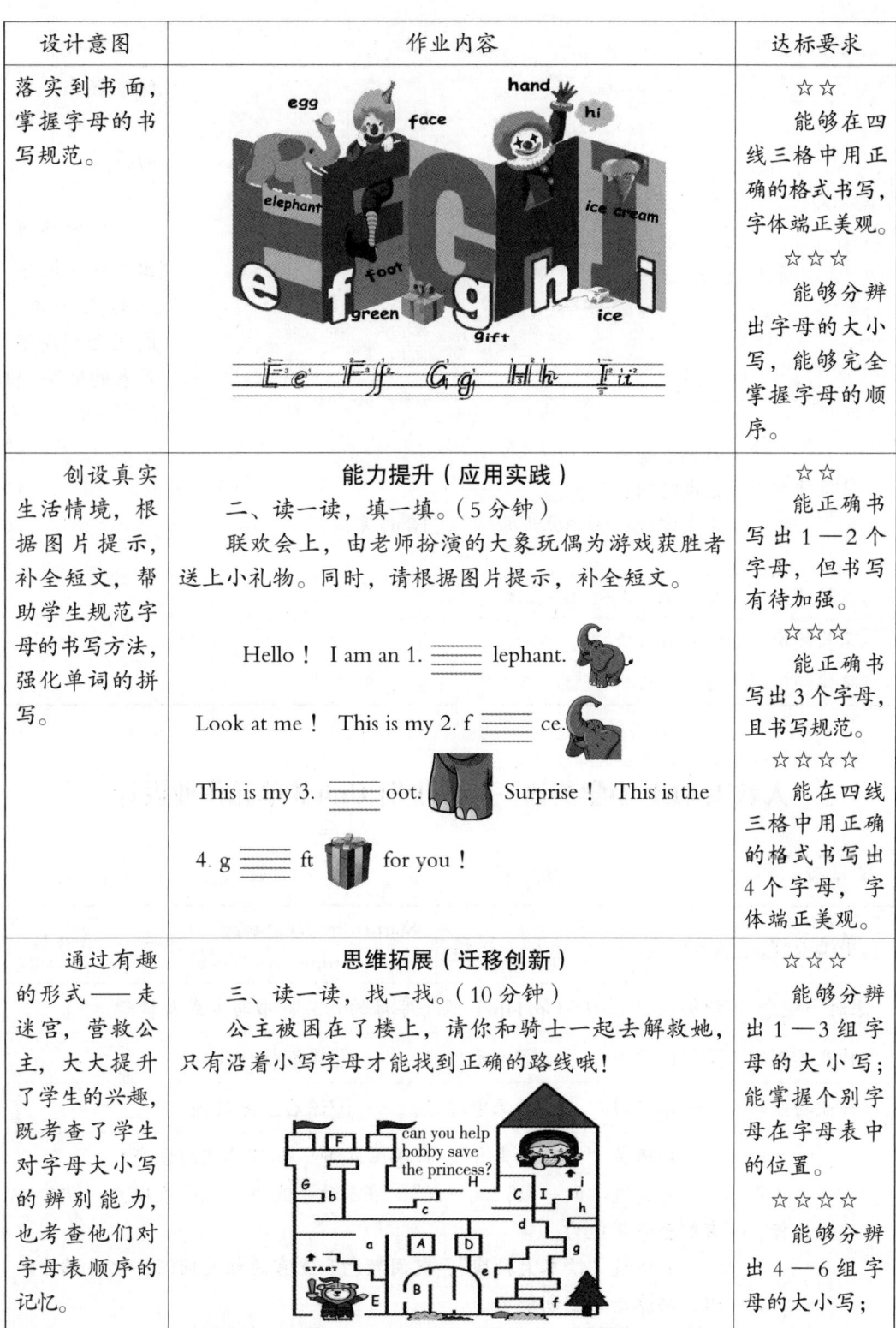

续表

设计意图	作业内容	达标要求
落实到书面，掌握字母的书写规范。		☆☆ 能够在四线三格中用正确的格式书写，字体端正美观。 ☆☆☆ 能够分辨出字母的大小写，能够完全掌握字母的顺序。
创设真实生活情境，根据图片提示，补全短文，帮助学生规范字母的书写方法，强化单词的拼写。	能力提升（应用实践） 二、读一读，填一填。（5分钟） 联欢会上，由老师扮演的大象玩偶为游戏获胜者送上小礼物。同时，请根据图片提示，补全短文。 Hello! I am an 1.＿lephant. Look at me! This is my 2. f＿ce. This is my 3.＿oot. Surprise! This is the 4. g＿ft for you!	☆☆ 能正确书写出1—2个字母，但书写有待加强。 ☆☆☆ 能正确书写出3个字母，且书写规范。 ☆☆☆ 能在四线三格中用正确的格式书写出4个字母，字体端正美观。
通过有趣的形式——走迷宫，营救公主，大大提升了学生的兴趣，既考查了学生对字母大小写的辨别能力，也考查他们对字母表顺序的记忆。	思维拓展（迁移创新） 三、读一读，找一找。（10分钟） 公主被困在了楼上，请你和骑士一起去解救她，只有沿着小写字母才能找到正确的路线哦！	☆☆☆ 能够分辨出1—3组字母的大小写；能掌握个别字母在字母表中的位置。 ☆☆☆☆ 能够分辨出4—6组字母的大小写；

149

续表

设计意图	作业内容	达标要求
		能掌握部分字母在字母表中的位置。 ☆☆☆☆☆ 能够分辨出7—9组字母的大小写；能完全掌握字母表的位置。
自我评价	☆☆☆☆☆ 完成时间：_____ 完成方式：□独立完成　□合作完成	
教师评价	A+、A、A−、B+、B	
家长评价	☆☆☆☆☆	
同伴评价	☆☆☆☆☆	

人教版PEP小学英语三年级上册Unit 3单元作业设计

学校：　　　　　班级：　　　　　姓名：

单元名称	Unit 3 Look at me！	课题	Start to read/C Story time	时长	20分钟
课时小观念	能够认识Ee/Ff/Gg/Hh/Ii五个字母的意义、书写方式及读音					
作业类型	☑课时作业　　□单元作业　　□周期性作业				
作业功能	□课前预习　　□课中练习　　☑课后复习巩固				
作业目标	1. 通过"班级好声音"，能够掌握身体部位单词的发音。 2. 通过"做一做，说一说"，培养动手能力，锻炼表现力，提升语言综合运用能力。 3. 通过"绘本大挑战"，巩固颜色和五官的相关词汇，拓展课外知识，培养迁移创新能力。				

设计意图	作业内容	达标要求
与音乐学科融合，通过演唱歌曲，使英语学习趣味化，并帮助学生在唱歌的过程中习得更多的相关单词，从而获得快乐的体验。	**基础巩固（学习理解）** 一、班级好声音。（5分钟） 请听一听下面这首英文歌，试着跟着节拍边做动作边唱。可以和父母一起录制视频。（请同学们投票选出"英文歌"比赛的前三名，并授予"班级好声音"荣誉称号。） Head shoulders, knees and toes, knees and toes. Head shoulders, knees and toes, knees and toes. Eyes and ears and mouth and nose. Head shoulders, knees and toes, knees and toes.	☆ 能够准确熟练地朗读歌词并理解句意。 ☆☆ 能够大声地唱出这首英文歌曲。 ☆☆☆ 能够有节奏地做动作，大方自信地唱出歌曲。
制作木偶狗，并介绍它的五官和身体部位。培养学生的动手能力，提升其语言表达能力，锻炼学生的表现力。	**能力提升（应用实践）** 二、做一做，说一说。（5分钟） 根据短文提示，制作一只木偶狗，并用所学的英文介绍它。 木偶狗 Hello! This is our（我们的）puppet. It is a dog. Its（它的）name is Simon. Look at it! It is black and white. This is its mouth. It is small. This is the nose. It is black. Its ears are black, too. But it has white feet（脚）.	☆☆ 能够制作出木偶狗，介绍出它的个别五官和身体部位。 ☆☆☆ 能够制作出木偶狗，并大体介绍出它的五官和身体部位。 ☆☆☆☆ 能够制作出木偶狗，并生动、清晰地介绍出它的五官和身体部位。

续表

可以与主教材中关于身体部位的单元融合，还可以让孩子们把自己想象成一个拥有神奇画笔的魔法师，画出自己想要的身体部位。帮助学生巩固核心知识点，加强对知识点的应用，激发学生的想象力，提升其阅读兴趣。	**思维拓展（迁移创新）** 三、绘本大挑战。（10分钟） 请同学们阅读绘本，如果你能流畅清晰、生动地用英文把绘本故事讲给大家听，你就实在太厉害了。 [绘本插图：Molly 与 Joe 的对话，包含 Hello, I'm Molly. / This is my hand. / These are my fingers. / These are my legs. / These are my feet. / One leg. Two legs. / One foot. Two feet. / OK. Here is a dog. Thank you. / Do you like dinosaurs? Yes, I do. / This is Joe. He has blue eyes and a big smile. He is my friend. / I like dinosaurs. Thank you Molly. / You're welcome.]	☆☆☆ 能够根据图片提示，大致理解绘本内容。 ☆☆☆☆ 能够比较流畅地朗读绘本。 ☆☆☆☆☆ 能够绘声绘色地朗读绘本并进行表演。
自我评价	☆☆☆☆☆ 完成时间：_____ 完成方式：□独立完成　□合作完成	
教师评价	A+、A、A-、B+、B	
家长评价	☆☆☆☆☆	
同伴评价	☆☆☆☆☆	

五、作业质量效果评估

根据作业记录表和评价量规表，教师或小组长每次进行记录，每周在班级进行一次总结和总评，每个月做出最终的综合性评价。

根据对学生作业反馈表内容的分析，100%的学生能够完成基础巩固作业，90%左右的学生能够完成能力提升作业，80%左右的学生能够完成思维拓展作业。在综合评级占比表上，得A+、A的学生占比较多，教师在作业布置上能考虑到大部分学生的学习能力和兴趣爱好，作业布置比较科学合理。大部分学生能够理解文本内容，具备应用重点词汇和句型的能力，具备良好的听说读写能力，并能将所学知识活学活用，创编对话，还能介绍自己制作的木偶狗的五官和身体部位。能够将所学内容与实际生活相联系,做到学以致用,具有较强的语用能力。同时,他们的思维力、想象力和创造力也得到了较好的发展。另一部分学生通过分层作业设计,能够积极参与唱歌谣、做手工、画画和趣配音等趣味活动,在玩中学,学中玩,从而更好地掌握词汇和句型,提高认读及书写能力,同时也培养了浓厚的英语学习兴趣。

第六章 融慧立人课程的项目研究

　　项目式学习以研究性学习为主要的学习方式，是郑州市郑东新区龙翼小学融慧立人课程的重要载体。在项目式学习中，教师充分相信学生的认知潜能，鼓励学生自主探究，通过观察、实验、猜想、交流、实践等一系列的学习活动，主动探究，大胆创造。其学习内容的综合性和开放性、学习过程的主动性和自主性、学习形式的灵活性、学习结果的创造性、学生参与的全员性、实践上的多样性等特点不仅有助于学生认识、分析和解决问题能力的持续提升，而且能有效促进学生从知识习得到核心素养形成的转化。

第一节　学校项目式学习实施的方案设计

一、项目式学习实施的背景

　　《中国学生发展核心素养》以培养"人的全面发展"为核心，旨在提升个体应对复杂情境的能力，具备能够适应终身发展和社会发展需要的必备品格和关键能力，促进个体的持续发展。

　　随着教育改革的深入推进，基础教育培养目标的转变，教学内容也发生了很大改变，以讲授、演示、任务驱动等为代表的传统教学模式已经无法实现高层次的培养目标。项目式学习是以自主探究为主导、以项目为载体、以技能为支撑、以过程性评价为辅导的一种教学模式。这种模式注重解决现实生活中的实际问题，通过模拟现实场景，激发起学生的学习兴趣和求知欲望，让学生利用所学的知识和技能自主地提出项目课题，并在项目实施的过程中逐渐培养学生自主学习、共同协作和探究创新的能力。

郑州市郑东新区龙翼小学"尊重生命，关注生长，用人类文明的优质成果养其正，成其人，培养健康阳光、乐学睿思，具有家国担当、国际视野、人文情怀、科学素养、创新精神和实践能力的未来公民"的培养目标正是紧紧围绕着中国学生发展核心素养而提出的。为了实现这样的培养目标，就需要借助项目式学习模式，让学生在真实的问题情境中进行合作学习、自主探究，不断发展高阶思维和合作、实践、创新等必备品格和关键能力。

二、项目式学习实施的目标

通过对项目式学习的深度理解，聚焦实践重点，个性化地将理论与经验对接，深入开展项目式学习，基于校情在项目式学习过程中，把一个案例磨透，把一个学科辨明，把一个系列研细，不断提升学生对问题的解决能力、系统思维能力和创新能力，培养学生的合作能力，主动学习、主动探究的学习品格，帮助他们走向深度学习，以实现学校的培养目标。我校项目式学习实施目标旨在培养出"自信阳光，身心健康；诚毅宽雅，向善向上；乐学睿思，拓新创想；通文达艺，学有所长；胸怀书墨，意气飞扬；躬行践履，敢于担当"的龙翼学子。

三、项目式学习实施的内容

立足校本，基于生情、学情，前瞻学校发展愿景，围绕基于学生核心素养的培养目标，我校全体教师积极参与，经过反复论证，提炼出项目式学习的主题与内容。下面以2022年度"倾听光阴，留住回响——我的成长故事绘"为主题的项目学习为例：

培养目标	项目课题	内容阐释	涉及学科	实施年级
自信阳光 身心健康 （学会锻炼）	绘游戏	在老师和家长的指导下，搜集丰富多样的游戏，学一学，画一画，制作游戏图册，找到适合自己锻炼身体的游戏方式。	语文 美术 体育	一年级
诚毅宽雅 向善向上 （学会合作）	绘合作	积极参加学校组织的社会实践活动，在活动中乐于合作，同时将和小伙伴合作的过程用文字（插画）描绘，并展示出来，形成班级的合作"故事绘"。	语文 美术 道德与法治	五年级
乐学睿思 拓新创想 （学会创造）	绘创造	通过手绘一本当年的日历，学习有关日历的知识，记住二十四节气，并通过手绘展现美丽的家乡风光。	语文 数学 英语 美术 科学	三年级

续表

培养目标	项目课题	内容阐释	涉及学科	实施年级
通文达艺 学有所长 （学会审美）	绘才艺	结合学校艺术节活动，制作一本展示学生才艺的绘本，要求图文并茂。	语文 音乐 美术	六年级
胸怀书墨 意气飞扬 （学会阅读）	绘阅读	学习安东尼·布朗的《威利的奇遇》，用绘本的形式展现学生与书相遇故事。	语文 美术	二年级
躬行践履 敢于担当 （学会实践）	绘实践	用文字、照片或图画的形式记录班级的社会实践活动，留下了珍贵的记忆。	语文 美术 道德与法治	四年级

表1 "倾听光阴，留住回响——我的成长故事绘"
主题系列项目式学习内容框架

四、项目式学习实施的过程

在运用项目式学习模式进行教学设计时，应该遵循以学生为主体、实践为中心、开放为特点、适度为要求的四项原则。项目式学习模式的操作流程由选定项目、制订计划、活动探究、作品制作、成果交流和活动评价六个部分组成，如下图所示。

PBL模式 ⇒ 选定项目 → 制订计划 → 活动探究 → 作品制作 → 成果交流 → 活动评价

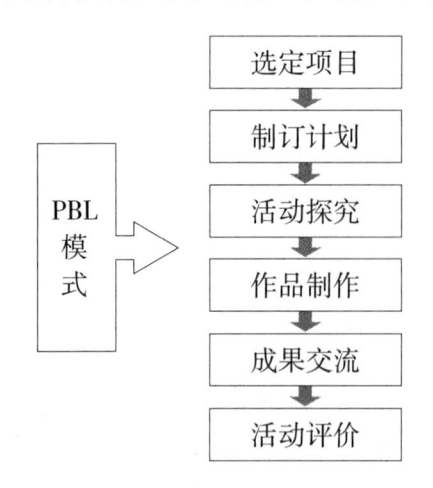

项目式学习模式操作流程图

（一）选定项目

在选定项目阶段，教师应注意项目的选定需遵循目标性、可行性、趣味性和实用性四项原则。项目的选择很重要，必须依据学生的兴趣来选择项目，教师只能扮演把关者的角色。

（二）制订计划

项目进度计划表可以帮助学生明确自己的分工和需要完成的任务，因此在选定项目后需要以小组为单位做一个较为详细的项目进度计划表。在制订计划阶段，需要完成的工作有：

1. 确定学习所需资料和条件；

2. 做出项目进度计划表；

3. 进行组内分工。

设计项目进度计划表的目的是对项目的推进进行总体规划，并做出详细的时间安排。

（三）活动探究

在教师构建的真实情境中，学生以小组为单位进行活动探究。教师在此过程中要加强对学生的指导。具体工作有：

1. 小组成员按照项目进度计划表开展工作；

2. 小组成员做好活动进程记录；

3. 小组成员在探究过程中，随时交流经验；

4. 教师有针对性地指导学生。

活动探究是项目式学习模式的主体环节，学生知识与技能的掌握大都在此环节中完成。

（四）作品制作

作品制作是项目式学习模式的关键环节，学生在前期探究的基础上，开始创造出自己想要的作品，从而解决实际生活中的问题，完成教学目标。具体工作有：

1. 小组成员共同设计作品的整体框架；

2. 小组成员按照分工进行作品制作；

3. 教师辅助指导。作品制作是项目式学习模式区别于传统教学模式的主要特征。在传统教学模式中，学生通过作品制作来训练和巩固所学的知识与技能；而在项目式学习模式中，作品制作的主要目的是解决现实问题。

（五）成果交流

作品制作阶段结束后，将进入成果交流阶段。学生将自己的作品通过合适的媒体进行展示，教师组织学生进行评价和交流，同时检验学生对知识技能的整合、迁移情况。

（六）活动评价

活动评价依据不同方式分为定量评价和定性评价、自我评价和他人评价、形成性评价和总结性评价等，并且活动评价贯穿于整个项目式学习的过程。

五、项目式学习实施的评价

评价环节也是项目式学习模式与传统教学模式的一个重要区别。项目式学习模式不仅强调对作品的评价，也强调对过程的评价，做到多种评价机制相结合。采取多元评价方式，突出学生的主体性，体现评价的激励性，帮助学生认识自我，建立自信，发挥评价的教育功能，促进学生在原有水平上持续向前发展。

（一）倡导过程性评价

通过关注"过程"而促进"结果"的提高，评价的重心在"过程"。学生在具体活动中，通过积极参与、合作交流，采用活动记录的方式评价自己在活动过程中的行为、情绪情感、参与程度、努力程度等方面的表现，教师给予指导性评语。

（二）坚持全面评价

在评价中，强调评价内容的综合化，不仅关注结果，而且关注学生多方面的潜能和特质的发展，尤其是探究与创新能力、自主学习能力、合作学习能力、实践能力，以及学习兴趣、学习态度、学习习惯、学习过程、学习方法、情感体验等。用多维目标进行综合评价。

（三）评价主体多元化

我们倡导评价主体的多元化，让学生以及与学生有关的人包括教师、管理者、家长、社会人士都参与到评价过程中去，使评价成为多元主体共同积极参与的交互活动。多元的评价主体将更有利于提供多角度、多层面的评价信息，更有利于被评价者的进步。

（四）评价方法多样化

强调评价方法的多样化，即把质性评价方法与量化评价方法结合运用，二者互相取长补短，发挥各自的优势，以便更清楚准确地反映学生的发展状况。以动态全面的标准不断激励学生，让所有的学生都渴望进步、树立信心、体验成功。

六、项目式学习实施的保障

（一）组织保障

建立学校项目式学习的组织网络。

1.项目式学习领导中心组：全面负责学校项目式学习总体规划、组织实施、评价与考核，并适时调整课程方案。

2.项目式学习开发与研究中心：对学校项目式学习的实施提供指导性意见，并参与项目式学习的论证、实施与调整。

（二）制度保障

建立科学、规范的学习及评价制度，形成专业化的管理与质量保障机制，保障项目式学习各项工作有序进行。

（三）物质保障

学校为项目式学习实施提供必要的经费支持。支持教师通过各种途径学习提升，为教师订阅专业书籍报刊，方便教师与时俱进，时刻站在教育前沿。积极购置或对接对学生发展有利的教学资源，支持学生全面发展。

第二节　艺术主题项目式学习实施案例举隅

踏节令节拍　韫家国情怀

踏节令节拍，韫家国情怀，做好二十四节气的保护传承，是弘扬中华优秀传统文化的需要。通过对该项目的研究学习，倾听光阴，应节而舞，丰富知识，提升能力。通过查阅资料、调查、分析、归纳等方法，了解天文、地理、时令、物候、节气的知识，知晓二十四节气的由来，认识二十四节气在农耕方面的重要作用；以小组合作的方式，将手绘日历与郑东新区水域靓城的城市环境相结合，创造性地绘制出精美的日历作品，逐渐培养学生自主学习、共同协作和探究创新的能力，使每一位学子都能成为自信阳光、身心健康、乐学睿思、拓新创想，爱祖国、爱家乡的小小少年。

一、选题依据

（一）现实依据：我校位于郑东新区水域靓城的点睛之笔——龙湖东北水岸，秉承"融天下大慧，立未来栋才"的课程建设总目标，构建了"融慧立人"课程体系，依据学校课程框架中人文交往素养课程群里的《二十四节气统整课程》，以语文课中《二十四节气》的学习视野为线索，通过引导学生观察、分析日历的种类和特征，结合学生所学的宇宙科学知识中太阳的周年视运动，带领学生一起探究、发现、创作，进行多学科知识的融合运用，领略祖国源远流长、博大精深的星象文化，了解家乡水域靓城的美丽风光，以此增强文化自信，涵养家国情怀，培育创新精神。

（二）理论依据：以"课程统整理论"为中心思想，以赫尔巴特的"教学形式阶段论"为依托，构建多学科（美术、数学、科学、语文等）内容整合的研究性学习。赫尔巴特认为，教学活动主要经过"明了、联合（联想）、系统、方法"四个阶段，在本项研究性学习中，"明了"旨在将大方向的研究主题分解为与各学科知识相关的小的研究主题，例如，在科学课程中，和学生一起探索二十四节气所反映的太阳周年视运动，认知一年中时令、气候、物候等方面变化规律所形成的知识体系；"联合（联想）"旨在建立各学科之间深入的观念联系；"系统"意在引领学生深入思考，深度整合学科之间的联系;"方法"意在通过实际的练习——"手绘日历"将课程的整合深度化、实践化。

二、研究目标

(一)通过研究性学习,参与制作天体运动模型,了解我国博大精深的星象文化;知晓"二十四节气"的由来,了解与二十四节气相关的诗词歌赋,认识二十四节气在农耕方面的重要作用;从美术、数学、科学等角度学习日历的知识及制作方法。

(二)通过小组合作,共同解决研究性学习过程中遇到的真实情境问题。如:何为太阳的周年视运动?如何更加深入整合相关学科知识?如何将郑东新区水域靓城的城市环境与手绘日历更完美地结合?

(三)通过研究性学习,理解古代劳动人民对星象、节气及文学等领域经验的积累和智慧的结晶,感受祖国灿烂的传统文化;在郑东新区水域靓城的城市环境与日历相结合的创造中,涵养爱祖国爱家乡的真挚感情。

三、研究内容和方法

(一)研究内容

1. 搜集整理有关日历和郑州现代化发展的资料。

2. 探究日历在人们生活中的重要作用。

3. 综合运用多学科知识,并与郑东新区水域靓城的城市环境相结合,手绘出精美的日历作品。

(二)研究方法

文献分析法:通过对相关文献的搜集、整理、分析和研究,以期明确研究方向,理清研究思路,力求有所突破与发展。

调查访谈法:在研究性学习的过程中通过访谈交流,做问卷调查,得到宝贵的第一手材料,使研究更具针对性。

行动研究法:从课题研究的实际需要出发,采用"发现问题——设计方案——行动实施——反思改进"的步骤,及时修正研究的思路,在实践中探索有效解决问题的途径。

四、研究过程

(一)课时计划

知识范畴:A.语文　　B.数学　　C.科学　　D.美术　　E.英语

参与人员:a 个体　　b 群体　　c 关联人员

任务	相关参与人员	教学活动	课时分配	学科范畴
提出问题	abc	班级问题分享	1	ABCD
现状调查	abc	调查分析、数据汇报	2	ABCD
讨论	abc	讨论主题	1	ABCDE
实施方案	abc	小组讨论,撰写报告	1	AD
二十四节气纳入日历	abc	提出方法	3	AC
		设计方案		
		实施方案		
		汇报		
日历素材	abc	作品设计	2	ABCDE
		手册制作		
设计模型	abc	社会调查	3	ABCD
		设计图纸		
		汇报		
日历模板背景选择	abc	作品调查	4	ABCD
		背景设计		
		材料与预算		
		作品发布会		
项目汇报	abc	汇报	1	ACDE

(二)团队分工

我们针对项目学习目标及评价任务,分组如下:

组别	成员	任务
第一组	张晓婵、赵晨语	调查、访谈
第二组	古筱芳、宋佳凝	资料收集,数据整理
第三组	吕君莉、录静晓	设计方案
第四组	吕君莉、张晓婵、古筱芳、赵晨语、李墨颖、朱浚哲、录静晓、录轶斐、宋佳凝	撰写研究报告

（三）实施流程

1. 问卷调查，现状分析

（1）问卷调查

制作并发布关于日历、二十四节气的调查问卷，随机调查采访学校周围社区居民，深入了解居民对这些传统文化的认识和态度，由此发现我们应该积极保护和传承与二十四节气相关的非物质文化遗产。

附：关于日历、二十四节气的调查问卷

关于日历、二十四节气的调查问卷

您好，本问卷是关于日历、二十四节气文化的现状及传承的调查。本次问卷所有选项无对错之分，仅用于研究分析。感谢大家的参与。

1. 您的年龄范围是？_____
   A. 18岁以下　　B. 18—25岁　　C. 26—35岁　　D. 36—45岁　　E. 46岁及以上

2. 您的性别是？_____
   A. 男　　B. 女

3. 您是否了解日历是用来做什么的？_____
   A. 是的，我知道　　B. 不是很清楚　　C. 完全不知道

4. 您是否使用纸质或电子日历来记录重要日期和事件？_____
   A. 经常使用　　B. 偶尔使用　　C. 从不使用

5. 您通常使用什么方式获取日历信息？（多选）_____
   A. 手机应用　　B. 电脑软件　　C. 纸质日历　　D. 社交媒体　　E. 其他

6. 您平时使用日历的主要目的是什么？（多选）_____
   A. 记录重要日期和事件　　B. 规划日常生活和工作
   C. 了解节日和节气　　D. 其他

7. 您希望小区内提供的日历服务应该包含哪些内容？（多选）_____
   A. 小区内的重要通知和活动　　B. 中国传统节日和二十四节气的介绍
   C. 节假日和工作日的区分　　D. 其他

8. 您是否了解中国的二十四节气？_____
   A. 是　　B. 否
   （如果您选择"否"，请跳转至第15题）

9. 您对二十四节气的了解程度如何？_____
   A. 非常了解　　B. 比较了解　　C. 知道一些　　D. 完全不了解

10. 您知道二十四节气形成的原因吗？_____
    A. 知道　　B. 不知道

11. 您认为二十四节气的价值主要体现在哪些方面？（多选）_____
A. 对农业生产方面的指导作用
B. 影响人们的生活方式和饮食习惯
C. 是古人智慧的结晶及中华优秀传统文化的象征
D. 相关文化和实践活动丰富了人们的生活内容，有助于人们观察自然、感受自然
E. 通过节气的来历、背后的故事传承民族精神
F. 与节气相关的节假日增加了
G. 其他

12. 您对二十四节气文化的态度是？_____
A. 有现代科学就足够了，不需要二十四节气了
B. 二十四节气是古人智慧的结晶，应当传承
C. 无所谓，顺其自然

13. 您认为二十四节气传承面临的问题是？（多选）_____
A. 人们的传承意识淡薄，二十四节气不被大众重视
B. 节气相关知识枯燥无趣，人们对其了解兴趣减少
C. 现今的快节奏生活让人们无暇顾及与节气相关的活动和习俗等
D. 目前节气对生产生活作用不大，会被逐渐摒弃
E. 其他

14. 下面哪种宣传形式更能引起您对二十四节气的兴趣？（多选）_____
A. 有关节气的由来、时间、习俗的科普文章
B. 通过节气美食的宣传来带动对节气知识的宣传
C. 社区或学校等组织开展与节气相关的习俗活动
D. 将郑东新区特色建筑与手绘日历相融合，以手绘日历为载体，来弘扬二十四节气传统文化

15. 您是否对郑东新区的水域靓城项目有所了解？_____
A. 是　　B. 否

16. 您所了解的郑东新区举办的传统节日活动有哪些？这些活动与二十四节气有什么关系？
_____

17. 您觉得将郑东新区特色建筑与手绘日历相融合，以手绘日历为载体，来弘扬二十四节气文化，这种形式对您有吸引力吗？_____
A. 非常有吸引力　　B. 比较有吸引力　　C. 一般　　D. 不太吸引　　E. 完全不吸引

18. 您是否愿意尝试使用手绘风格的日历？_____
A. 是　　B. 否

19. 您认为这样的手绘日历应该在哪些场合或渠道进行推广？（多选）_____
A. 学校　　B. 办公室　　C. 商场　　D. 社交媒体　　E. 其他

再次感谢您对本次调查的支持。

调查日期：

记 录 人：

小区名称	问卷发放数量	有效问卷数量	问卷回收率	问卷分析
龙翔嘉苑5号院	100	80	80%	问卷分析内容
龙翔嘉苑9号院	100	75	75%	问卷分析内容
鲁能公馆	100	85	85%	问卷分析内容

问卷发放情况分析表

（2）问卷分析

问卷发放数量：根据问卷发放情况，每个小区发放了100份问卷。

有效问卷数量：每个小区回收的有效问卷数量分别为80份、75份和85份。

问卷回收率：每个小区的问卷回收率分别为80%、75%和85%。

问卷分析：根据问卷内容，对每个小区的问卷进行详细的分析和解读，包括但不限于对问卷问题的回答情况、回答分布情况、回答倾向性等。

主要发现：龙翔嘉苑居民对日历功能普遍了解，使用纸质和电子日历的比例相当；大部分居民对二十四节气有一定了解，但对其深入了解的程度不同；居民对郑东新区水域靓城项目了解较少，但对此类文化项目持开放接纳的态度；手绘日历受到居民的欢迎，认为具有艺术性和收藏价值。鲁能公馆居民对日历和二十四节气有深入了解，认为二十四节气具有文化和实用价值，大部分居民对郑东新区水域靓城项目有所了解，并认为把它与二十四节气文化相结合是一个创新尝试；手绘风格的日历受到居民的欢迎，认为具有艺术性和收藏价值。

（3）综合分析

通过对三个小区的问卷数据进行分析，可以反馈出以下内容：

第一，居民对日历和二十四节气都有一定的认知和需求，尤其是在鲁能公馆，居民对二十四节气的了解更加深入。

第二，郑东新区的水域靓城项目与二十四节气文化相结合是一个创新性的尝试，得到了大多数居民的认可和支持。

第三，手绘风格的日历受到居民的欢迎和认可，认为具有艺术性和收藏价值。建议在未来的推广中加强手绘日历的宣传。

（4）建议措施

在社区活动中，我们可以融入更多优秀的传统文化元素。关于中国独特的二十四节气文化的传播，我们可以通过制作和分发手绘日历等方式，让居民更深入地了解这些传统节气，增强他们对这一文化遗产的认同感。同时，结合郑东新区的特色建筑和水域靓城项目，我们可以设计出一系列具有地方特色的作品，如手绘日历，将其作为文化产品进行推广。这样的产品不仅能让人们更好地了解和欣赏郑东新区的独特魅力，还能促进地方文化的发展。

基于此，我们提议通过小组合作探究的方式，整合与手绘日历相关的学科知识和技能，结合郑东新区水域靓城项目的资料，进行手绘日历作品的创作。在这个过程中，我们将整理过程性资料，记录创作心得，并归纳自己在实践中的成果，最终形成了题目为《踏节令节拍 韫家国情怀》的研究报告，让更多人知晓节气知识，感受祖国传统文化的魅力，培养对家乡的热爱之情。这样的活动不仅有助于传承和弘扬中华优秀传统文化，还有益于增强社区居民的凝聚力和归属感。

2. 资料收集，制订方案

（1）资料收集，梳理分享

①各小组收集有关二十四节气和日历的资料，借助天体运动模型，了解二十四节气的起源、与星象的关系，诵读与二十四节气相关的诗词歌赋，认识二十四节气在农耕方面的重要作用，开展小组交流活动。

②在了解日历的起源、发展、内容、式样及功用的基础上，选择具有代表性的三种不同种类的日历，包含整本年历、单张年历、台历等，分组查阅资料，分析、比较不同日历的相同与不同之处，将各小组的分析内容进行汇总。

③通过分享交流，总结出日历的结构和作用，思考并讨论如何有创意地设计绘制出日历作品。

设计意图：由于现实生活中的日历多种多样，为了能充分认识它们，在制作日历之前调查、分析、交流日历的式样是很有必要的。通过观察、分析、比较不同种类的日历，求同存异，了解日历的一般结构。设计"调查日历的起源""调查日历的发展"等学习活动，目的是丰富学生对日历的认识，提高学生收集、整理、分析信息的能力，培养学生之间交流借鉴、资源共享的合作意识。

（2）交流总结，制订方案

环节一：在老师的引导下，深入学习与二十四节气相关的诗词歌赋，了解我国源远流长、博大精深的星象文化。在课余时间开展讲座，小组代表谈二十四节气在我国古代文学中的重要地位、二十四节气在农耕方面的重要作用等。

环节二：在老师的引领下，了解郑东新区所处地区与二十四节气相关的传统节日活动的内容与形式，领略家乡的历史文化魅力。

环节三：总结并制订出手绘日历的实施方案。

3.方案实施，形成成果

（1）布置小组活动任务：基于相关的数学、科学知识，提取出制作日历最基本的要素。通过学生独立思考与小组讨论有机结合，梳理出年、月、日、星期、二十四节气、时令、物候变化等表现形式。

（2）反馈交流各组方案实施过程中的重难点。重点交流：如何设计才能清晰地表示出月份（12个数据）、星期几（7个数据）和一个月的日期（最多31个数据），如何设计水域靓城的插画，如何将物候变化与二十四个节气相对应，最终归纳出实施办法。

（3）准备设计材料及勾线笔、彩笔、8K素描纸、铅笔等工具，根据所学知识及相关资料，在老师的帮助下将天文、历法、美术的相关知识和郑东新区水域靓城天人合一的环境特点结合起来，设计出日历的初稿。

（4）小组合作完成日历的制作。

小组成员通过展示、交流、评价等环节，共同完成手绘日历作品。

（5）交流研究性学习的心得和体会。

设计意图：在活动中，小组展开充分讨论，并通过合作交流完成任务，以此达到培养学生的合作意识和合作精神、提高学生决策能力的目的。由于这个任务比较复杂，在每个小组发表本组讨论的结果后，再做一个整体的总结，帮助学生明确关键问题，保障活动的顺利展开。同时，各小组也可以根据小组间交流的情况，发现设计方案中的不足之处，进行修改和完善。

五、研究结论

（一）手绘日历拓展了日历文化的内涵，融合了多学科的教育元素，有利于提高多学科综合素养。通过对与手绘日历相关的学科（语文、数学、美术、科学等）知识与郑东新区水域靓城相关资料的整合，结合小组合作探究，整理过程性资料，归纳出亲历实践研究取得的成果，最终形成研究报告。在这个过程中，学生既掌握了学科相关知识和技能，又培养了分析问题、解决问题、创新思维等能力。

（二）手绘日历帮助学生拓展了文化视野，涵养了家国情怀，挖掘了表现力和创造力。通过近两个月的实践，学生了解了日历的起源和发展，明确了要充分利用日历来做有意义的事情。在这个过程中，学生既拓宽了文化视野，增强了文化自信，又涵养了家国情怀。

（三）手绘日历的开展有利于帮助学生形成良好的情绪体验，培养他们的合作意识、探究精神。开展此次研究性学习不仅能带领学生掌握大量的知识经验和操作技能，也满足了学生认知的需要。在日历绘制的过程中，学生更加理解了时间的宝贵，从而更加珍惜时间。同时，也培养了学生不怕困难、积极乐观的学习和生活态度，促进其身心健康发展。

六、研究反思

在此次的研究性学习活动中我们通过对与手绘日历相关的学科（语文、数学、美术、科学等）知识及郑东新区水域靓城资料的整合，通过小组合作探究，整理过程性资料，归纳出通过实践取得的成果，最终形成《踏节令节拍 韫家国情怀》的研究报告。但在实践过程中仍有以下问题需要解决：

（一）在小组合作过程中，要有明确的分工。手绘日历这一任务对于四年级的学生有一定的挑战性，因此必须结合学生实际情况进行明确分工。在研究方案实施的过程中教师要灵动地抓住关键难题，组织讨论，有效地帮助学生明确思路，带领学生根据学过的知识，通过严密的推理找到解决难题的办法。

（二）研究水平亟待提高。研究内容不够深入，思路不够清晰明了，需要不断地认真学习理论知识，将理论与实践结合起来，提高研究水平。

（三）研究意识不够，对材料的收集与积累不够充实，为后面的总结、分析等工作带来了困难，这是以后我们需要注意的问题。

（四）手绘日历是呈现本次研究性学习成果的物质载体，学生在学习、设计、制作手绘日历的过程中，不畏困难，努力寻求解决问题的方法，学会合作、交流则是学生在精神层次的又一重大收获。因此，教师在制作活动完成后，应精心组织研究成果的展示与交流，引导学生会反思、会成长。

七、学生感悟

在《踏节令节拍 韫家国情怀》研究性学习活动中，我们走进社区，走入社会，了解中华优秀传统文化，了解郑东新区的特色建筑和水域靓城的城市环境。经过一系列的调研、制作活动，调动了我们学习的积极性，培养了团队合作协调的能力，希望我们的作品可以被更多的人喜爱。

八、教师评价意见

本研究性学习小组的成员主要是来自四年级的同学。在本次研究性学习的过程中，他们运用文献分析法、调查法、访谈法、行动研究法等方法，从课题研究的实际出发，采用"发现问题——设计方案——行动实施——反思改进"的步骤，及时修正研究的思路，在实践中探索解决问题的有效途径。

在本次研究性学习过程中，小组之间的分工是同学们在衡量自身优势的情况下，做出的最合适的选择。如小组成员赵晨语、张香香，不仅能进行细致完整的资料收集，还能在老师的协助引导下设计调查问卷，完整记录访谈的重点内容；小组成员冀之帆、朱浚哲认真做好资料整理、小组成员间的通信联络等工作；小组成员李墨颖思维活跃、擅长绘画，在日历的创意设计上做出了很大贡献。

同学们在教师的引导下深入学习了二十四节气和日历的相关知识，了解了与二十四节气相关的诗词歌赋及祖国源远流长的星象文化，师生共同感受祖国灿烂的传统文化……总之，这是一次令人印象深刻的研究性学习之旅，无论是教师还是学生，都收获颇丰。

第三节　劳动主题项目式学习实施案例举隅

盎然青绿入校园　融慧立人展画卷
——"绿色点亮生活，健康护佑生命"主题项目活动的实践与探索

一、问题的提出

（一）基于人与自然和谐共生的生态发展理念。"绿水青山就是金山银山"是 2005 年 8 月时任浙江省委书记的习近平同志在浙江湖州安吉考察时提出的科学论断。2017 年 10 月 18 日，习近平同志在党的十九大报告中指出，坚持人与自然和谐共生，必须树立和践行绿水青山就是金山银山的理念，坚持节约资源和保护环境的基本国策。从古人倡导的"天人合一""道法自然"，到如今习近平总书记提倡的"绿水青山就是金山银山"的治国理念，都集中体现了中国人血脉里对绿水青山的亲近与向往。

（二）基于学校所处地域特点。郑州市郑东新区龙翼小学创建于 2016 年，是一所公办小学。学校坐落于千顷龙湖的东北水岸，原址是一片耕地和鱼塘，学校一部分生源来自周边拆迁安置小区。随着北龙湖区域的开发建设，学生的居所从村庄变为社区，从平房变为高楼，活动的区域也从原来的绿色田野变成了钢筋水泥筑成的新城区。

（三）基于学生健康成长需要。在教育教学实践中，我们发现学生在生活上远离了绿色田园，在行动上缺乏劳作实践，在视野上不够开阔敞亮，在情感上淡漠了乡情、乡愁，在观念上重视分数成绩，在文化上缺少传承和发扬优秀传统文化的主动性，甚至以上种种，已经严重影响到学生的身心健康、和谐发展。

因此，我校以《河南省乡村学校"绿色点亮生活，健康护佑生命"主题实践活动实施方案》为指南，积极进行课程建设，做强科学教育，开展种植活动，打造最美校园……引领学生拥抱绿色、亲近自然、知行合一、健康成长，在劳动、创造中传承中华优秀传统文化，涵养家国情怀。

二、实践的目标

坚持价值引领、遵循规律、知行合一的原则，研究确立学校主题实践活动的目标。

（一）扎根文化沃土，增进文化自信。重点关注学生传统文化认知素养的提升，扎

根文化沃土，汲取丰厚养分，增强文化自信。

（二）着眼河山田园，丰沛家国情怀。重点关注学生视野的开阔、情感的归属，通过构建课程完备、资源丰富、模式多样、机制健全的教育体系，带领学生走向祖国的大好河山，走进家乡的山水田园，在青山绿水的浸润中，记住乡愁，留住乡情，丰沛家国情怀。

（三）致力实践创造，促进健康成长。重点关注学生实践体验的丰富、审美观念的塑造、创造意识的形成、劳动技能的提升，促进学生的身心健康，为学生成为全面发展的创新型人才奠定基础。

三、实践的内容

（一）道以明向，文以化人，提炼绿色健康校园文化

在龙之翼，恢宏大气，俊采星驰；承湖之泽，钟灵毓秀，水木清华。

学校本着"教育即生长"的办学思想，围绕"立人为本，为幸福人生奠基"的办学理念，确立"韫家国情怀，拓世界视野"的育人方向，秉承"厚德腾龙，敦行振翼"的校训，树立"诚毅砺志，静笃致远"的校风，涵养"诚朴儒雅，弘道树人"的教风和"惟志惟勤，日新又新"的学风；倾力构建丰富生命成长钙质的课程体系，打造激扬生命成长活力的生本课堂。尊重生命，关注生长，用人类文明的优质成果养其正，成其人，培养拥山之德，怀水之志，阳光睿思、博雅多艺、诚毅敢当的未来公民。让学校真正成为师生精神栖居的家园，勤勉致知的学园，德馨人和的乐园，诗意美丽的花园。

在龙之翼逐梦想，乘风千里击水万仞；于湖之畔听书声，滋兰九畹树蕙百亩。点亮智慧的澄明心灯，开启健康的芬芳之旅。

（二）目标导引，扎根过程，构建融慧立人课程体系

课程是否适合学生，反映着教育的充分程度和办学的精确程度。科学的课程规划与实施，是我们的应然使命与追求。

我们通过聚焦学习、情境慎思、文化融入、目标导引、扎根过程，进行基于校情的"多学科融入，全方位探究"的课程建设。

我们依据中国学生发展核心素养，围绕学校办学理念，确立"融天下大慧，立未来栋才"的课程建设总目标，从"树德、博闻、启智、健体、尚美、修能"六个层面进行落实。整合国家、地方和校本课程，构建与课程目标相对应的现代公民素养、人文交往素养、科技思维素养、艺术审美素养、实践探索素养、身心健康素养等六大课程群。以"奠定基础、多元发展、融合创新"为导向，形成"三层六维"融慧立人课程图谱。

按照"顺性适需，循序推进，务求实效，凸显特色"的实施思路，我校精心开发近

40门校本课程,扎实推进国家课程校本化实施,校本课程特色化实施,在课程实施中实现立德树人,五育并举。

实践,是课程永远的语言。且行且思,步步坚实,我校的课程特色在实践中逐渐凸显,如:

浸润乡土文化:"童年读书课"系列课程通过"语、诗、文、理、书、影"阅读地图的绘制,适应学段需求的全学科阶梯阅读指导,引领学生"读破百部书,背诵十万字,写下千万言",并在读写活动的导引下,去放眼世界,亲近自然,关注社会,感悟人生,为心灵打开一扇窗,迎接八面来风,采集四方星辉,酝酿出成长的甜蜜与幸福。我校被评为"郑州市书香校园",学校图书馆被评选为"河南省中小学示范性图书馆(首批)。"

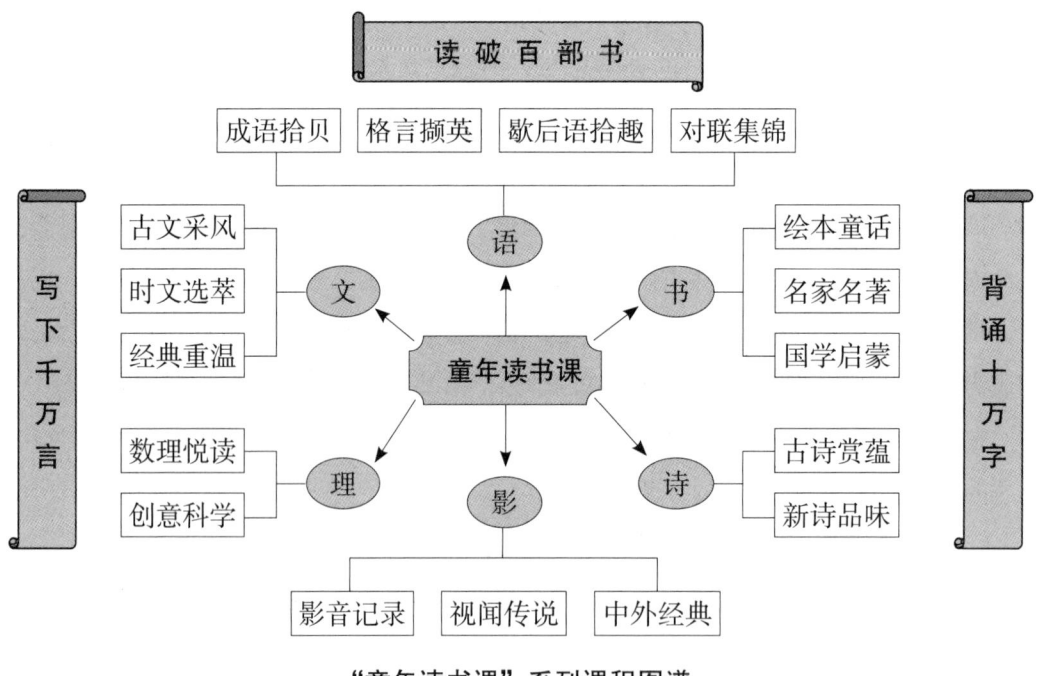

"童年读书课"系列课程图谱

秉承食育传统:"二十四节气"课程引领学生在农历的天空下,应节而舞,格物明道,知黍麦知识,烹四季美食,懂劳动艰辛,养勤俭习惯。该课程部分成果获郑州市劳动实践研究性学习优秀成果奖。

做强科学教育:"匠心·创客"系列课程通过"匠心·木工""匠心·火星种子种植""匠心·科学实验""匠心·园馆探秘""匠心·机器人""匠心·少儿编程""匠心·3D打印"等科学创客类课程,引领学生昂首星空,俯览大地,大胆猜想,小心求证,随大国工匠探索科技奥秘,播种创新种子,激发培养学生爱科学、学科学、用科学的浓厚兴趣。我校学生在各级各类科技创新比赛中，先后获奖数十人次，学校被评为"河南省中小学人工智能教育实验学校""郑东新区创客教育示范学校"。

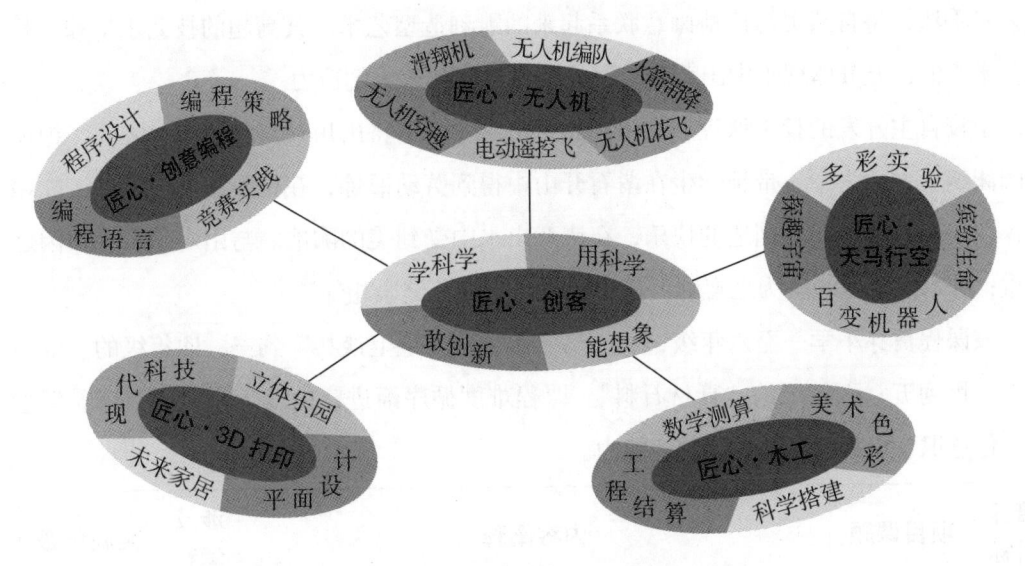

"匠心·创客"课程图谱

传承中华优秀传统文化："国风·龙狮龙舟"课程携中华优秀传统"龙文化"，进课堂，进社团，带领学生快乐运动，自信生活，和谐身心，强健体魄。龙狮腾跃绿茵，把文化自信融入血脉；龙舟竞渡碧波，把龙的精神铭刻心底，铸就"厚德腾龙，敦行振翼"的学校气质。我校成为河南首家"校园龙狮龙舟示范基地"学校。

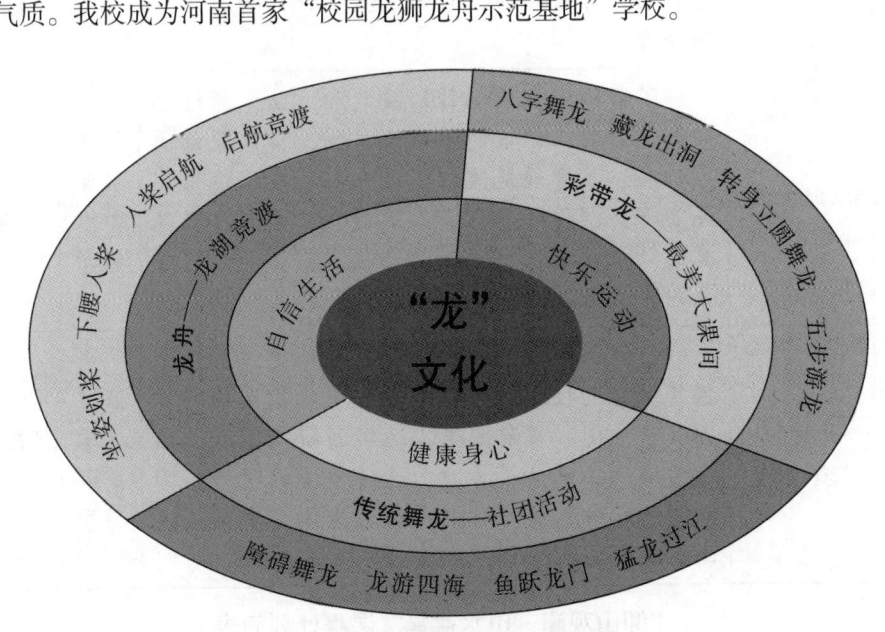

"国风·龙狮龙舟"课程图谱

（三）登山临水，手握青葱，践行绿色沁心种植行动

山水盆景是通过在盆中布局构图，利用石、树、水、草、苔等元素，运用以小见大的艺术手法，将自然美与诗情画意联系起来的雕刻造型艺术。其高超的技艺水平和不朽的艺术价值，充分体现了中国劳动人民的卓越才能和艺术创造力。

学校自主开发的校本课程"仰山观澜·山水盆景"将山川丘壑引入咫尺之间，把灵水阔澜纳于方寸之中。带领学生在凿石开山中得到劳动锻炼，在精雕细琢中涵养工匠精神，在布局造景中获取创造的快乐，在诗意山水中受到美的陶冶。与山对望，生命因之厚重；和水倾谈，心胸为之寥廓。携绿同行，与绿色健康相伴。

该课程贯穿小学一至六年级，从一、二年级的"纸上谈兵"到三、四年级的"以假乱真"再到五、六年级的"真材石料"。课程难度循序渐进，由浅入深，逐步培养学生的文化意识、审美眼光及实践创新能力。

培养目标	项目课题	内容阐释	涉及学科	实施年级
了解山水盆景文化	纸上谈兵	以《千里江山图》为范本，了解山水画的基本构图，了解制作山水盆景需要的基本材料和常用工具。在教师指导下，运用水彩笔和油画棒进行简单的山水作品制作，体验山水盆景传统工艺制作过程。能初步运用文字及图画表达自己的方案构想，对山水盆景作品进行简单的评价。	语文 美术	一、二年级
探寻山水盆景之美	以假乱真	了解山水盆景制作的技能和方法。通过小组分工合作，识读简单的示意图，尝试设计简单作品。参考规范流程，结合小茶碗，运用彩泥塑形，制作迷你仿真山水盆景，达到以假乱真的效果。通过这一劳动过程，培养和锻炼学生的沟通能力、团队协作能力。	语文 数学 美术 科学	三、四年级
创作山水盆景之美	真材的"石"料	了解山水盆景的特点及发展历史，初步掌握其制作的技能和方法。通过学习基本的实体图、示意图、装配图等，运用创新性思维设计有意境的山水盆景方案，选择合适的材料和劳动工具制作出简单作品。让学生体会中国传统山水文化之美。	语文 数学 美术 科学	五、六年级

"仰山观澜·山水盆景"课程计划简表

1. 生长于学校课堂

我们积极开展山水盆景创意制作教学活动，把山水文化的审美意识和青山绿水的环境意识渗透至山水盆景的实践研究中，探索山水盆景创作与小学各学科教学相融合的模式，带领学生感受手握青葱、登山临水之乐。

在课堂实践中，我们灵活运用"课前准备，制订计划；亲近自然，收集材料；自主劳动，设计制作；成果展示，快乐分享"的四步教学流程，巧妙地将语文、数学、美术、科学等学科知识进行整合。在课堂上，带领孩子们领会语文学科中古典诗词的山水意境，运用数学学科知识进行精确测量，运用美术学科知识进行构图、设计，运用科学知识种植盆栽绿植。在陶罐、瓷盘、茶台之上，孩子们巧妙地创造出一座座栩栩如生的山水盆景作品。徜徉于这些盆景作品之间，可以观山石错落，怪石嶙峋；奇花异草，生机盎然。赏宝塔凉亭，傍水依山；牧童黄牛，野趣横生。听飞瀑流泉，水石相激；山间小溪，流水潺潺。每一件山水盆景作品，都是孩子们心中微缩的大自然景观。一件件山水盆景，让古远的历史复活，让温润的乡土萌芽。在这里，高山与流水、禾木相约，把时光的动与静，嵌入神秘的隧道，吸引着一个个儿童沉浸于创造的快乐之中，沉浸于山水之中，沉浸于乡土乡情、田园牧歌之中。

2. 活跃于学校活动

在"仰山观澜·山水盆景"实践活动项目推进过程中，学校以拓展活动为载体，深度挖掘学科资源中与之相对应的核心素养，使活动与学科、活动与核心素养紧密结合，深化教育实效。

活跃于校园主题节日活动。每个学年，学校依托学科教学活动的深入开展创设体育节、科技节、读书节、艺术节等校园主题节日活动。基于此，"仰山观澜·山水盆景"实践活动项目创设相应的"诗词里的山水""小小园艺师""山水盆景创意赛""小小拍卖家""山水盆景推介会"等特色活动，深度融合于校园主题节日活动，拓展项目实施的路径及影响。

活跃于校外研学实践活动。我们把"仰山观澜·山水盆景"实践活动项目融入每个学期的校外研学实践活动中，带领学生走进郑州·中国绿化博览馆、郑州绿博园、只有河南等园馆。全校学生共同参与，携一块山石，掬一捧乡土，采一抹绿意，造一方小景，让绿色点亮生活，健康护佑生命，实践留住乡情，创造延展快乐。

活跃于各类展示交流活动。"仰山观澜·山水盆景"实践活动项目走出校园，多次代表学校参加河南省或郑州市的教育艺术节、郑州市"五一"劳动嘉年华等活动。截至目前,"仰山观澜·山水盆景"实践活动项目共创设学校活动 30 余次,参与省级、市级、区级活动十余次。在活动过程中,学生将其所学运用于实践中,不仅巩固了基本知识和技能,提升了合作与沟通能力,体验了山水造景、以劳创美的快乐,还丰富了学生对中国田园山水文化的理解与认知,进一步增强文化自信,涵养家国情怀。

3. 延伸于家校共育

家庭教育和学校教育各有其特点,两者相互联系,相互作用,相互影响,相互促进。"仰山观澜·山水盆景"实践活动项目在筹备初期就将家校共育作为项目建设的重要内容。

在项目建设初期,学校广泛听取家长对山水盆景的认识与理解,充分了解现代家庭对山水盆景的不同需求,充分参考家长对项目开展的建议和意见。

在项目建设中期,家校合作一起探索中国山水文化发展的历史与渊源,师生、家长合作查阅文献 300 余篇,家校合作共建山水盆景制作资料包,为学生进一步的学习打下了扎实的基础。

在项目建设的成熟期,学生将创作的山水盆景带回家,与父母一起探讨山水盆景制作中石块的切割比例、植物的选择与取舍、植物与山石色彩搭配等问题。在沟通过程中,家长和孩子一起分享创作的快乐,亲子关系更加和谐。该项目进一步得到了家长的广泛支持。

家校的深度合作,使"仰山观澜·山水盆景"实践活动项目得以有效延续,项目成果得以有效辐射。一座座别具创意的山水盆景作品,被孩子们作为礼物送给长辈、亲友,摆在案头、庭院,带来盎然绿意及浓浓文化气息。

实现以劳创美,"仰山观澜"石艺工坊先后荣获"河南省第七届中小学生艺术展演艺术实践工作坊二等奖""郑州市校本课程研究成果一等奖""郑州市劳动教育特色品质课程""郑州市劳动教育优秀名师工坊"等荣誉。

(四)绿色为魂,景观为妆,实施最美校园打造工程

我们倡导人人动手参与,打造最美校园。让花木葳蕤丰茂,书香处处萦绕。校园有会说话的墙壁,会流动的色彩,会弥漫的诗性,成为一部与学校课程、育人目标、文化传统深度联结的立体教科书,时时行不言之教,处处润师生心灵。

目前,以敞亮开阔、温馨质朴、贴近儿童为特点的功能室文化建设已阶段性完成,并投入使用。以萌芽之春、生长之夏、收获之秋、沉淀之冬为主题的厅廊文化正在分步实施,一楼主题厅廊惊艳亮相,蔚为大观。以树蕙、有容、沉香为主题的庭院文化初现风采,以撷芳、滋兰、籽耘、微木、丁香为主题的园区绿化景观次第生成,树石花草,相映成趣。三庭轩敞雅致,五园花木葱茏,三庭五园,佳境渐成。

树蕙庭院藏着教育理想,有容庭院面向世界,沉香庭院最有趣,这里不仅有花有草,还有流水潺潺,更有意趣的是,唐风宋韵,以诗词歌赋的形式,注入嘉木的"年轮"。踏着"千古名篇"拾级而上,不经意抬头,你会邂逅"阳光花房",一派诗情田园的模样。

走进教学楼一楼大厅,抬头一望,左侧两面墙,是方块字铸成的世界地图和中国地图,学校的办学理念"三风一训"和培养目标六大关键词,以一种别样的方式分别嵌入两幅地图中,尽显创意之妙。

步入大厅一侧的创客空间,仿佛走进了披着科技蓝色的时光隧道,近代的科技发展史、著名的科技人物和场景,在电影胶片的造型上一一呈现。编程教室、科学实验室、机器人教室里,1010代码线、物理空间曲线、圆线点几何图形,凸显一种前沿科技感的视觉美学。

走进南楼艺美长廊,范宽的《溪山行旅图》大气磅礴,王羲之的《兰亭序》行云流水,齐白石的《虾》自然天成,这些都被巧妙地展现在长廊画卷之中,令人恍如行进在一个艺术博物馆。

走进各班教室,班级文化特色鲜明。各班的植物角、图书角、中队角无不经过精心设计和打造。本着"统一中有变化、规范中显个性"的原则,各班均设计完善了以教室环境为主要内容的班级物质文化,以班级组织与规章制度为主要内容的班级制度文化,以特色班名、班徽、班训、班级宣言为主要内容的班级精神文化。班级文化的创建,浸润着师生的心灵,增强了团队凝聚力。

每学年,我们都要举行最美教室评选活动、最美校园摄影大赛。师生把对学校、班级的热爱融入浓浓的文化氛围,融入精美的摄影作品,心藏瑰宝,灿烂如歌,吟唱幸福教育生活。

用一些教育同仁的话说,这个校园美得别致、灵韵,不可方物,甚至妙不可言。这些美好的创意背后,蕴含着学校师生对环境育人、以文化人、以美育美内涵的深刻理解。

四、实践的评价

我们注重运用多元评价方式,采取定性和定量相结合、自评和互评相结合、学校整体和师生个人发展相结合等灵活多样的评价方法,对实践活动进行科学的评价。

（一）倡导过程性评价

评价突出以学生为本，强调学生全过程参与实践活动，通过实践活动成长档案，教学生学会记录真实的劳动过程。过程性评价以学生自评为主，学生通过视频或实践报告等形式，将实践过程的每一个环节、每一份感受，以写实的方式详细记录下来，客观地记录实践全过程，真实描述参与实践的具体表现。这既是一份实践活动的即时手记，也是实践后的总结与反思，更是一份劳动综合素养培养计划。

（二）坚持全面性评价

以学生为主体，以促进和提升学生劳动素养为目的，在记录实践活动过程中开展过程性评价，在成果展示中开展结果性评价，在过程与分享中开展质性评价，以形成学生实践活动的过程性综合评价结果。

（三）评价主体多元化

在评价主体上，以自评、师评、小组互评等方式开展多元化评价。其中自我评价占30%，教师评价占40%，小组评价占30%。

（四）评价方法的多样化

强调评价方法的多样化，即把质性评价方法与量化评价方法结合运用，把终结性评价变成发展性评价，以动态全面的标准不断激励学生，让更多的学生都渴望进步、树立信心、体验成功。

五、成效及亮点

郑州市郑东新区龙翼小学"绿色点亮生活，健康护佑生命"主题活动的实践探索，时时处处让教育回归人本，引领学生在自由与美感的创造中感受幸福，收获成长。从外而内、从身体到心灵、从物质到精神，对学生进行全面的锻炼与洗礼，真正通过五育融合来实现学生的健康发展、幸福成长。

自活动开展以来，取得了如下理论性及实践性成果：

形成了《郑州市郑东新区龙翼小学课程规划及实施方案》，学校获评"全国品质课程实验学校""郑州市课程建设优秀奖"。吕君莉校长主持的河南省教科院一般课题《小学学科教学融合劳动教育策略研究》顺利结题，并获河南省教育科学研究成果一等奖。该课题构建了一种多角度、全方位、立体化的学科教学融合劳动教育的策略体系。在实践探索的过程中，学校集全体教师力量认真研读文件，深度挖掘学科教学与实践活动的融合点，提出实践目标，进行活动设计，确立实践措施和评价方式，逐步探索并形成了我校的主题活动实践体系。

大美中国，山水情怀；老家河南，最美田园。绿色田园中蕴含着亘古绵延的民族精神。拥山之德，怀水之志；厚德敦行，腾龙振翼。主题实践活动的开展，让我们和厚重大地站在一起，让筑梦之程有了底气；和美好的一切站在一起，追求生命的诗意栖居……在后续工作中，我校将在专家的指导下，不断完善主题实践活动体系，继续将主题实践活动推向深入。

第七章　融慧立人课程的学科融合

小学学科教学融合劳动教育策略研究

为进一步提升劳动教育成效，丰富和拓展劳动育人的功能，围绕劳动教育的总目标，依托小学各学科教学资源，发掘各学科教学中的"劳育"元素，立足研究目标，在各学科教学中渗透劳动教育，增加劳动教育的机会，丰富劳动实践活动，拓宽劳动教育路径。经过精心提炼融合目标、细心发掘融合内容、悉心探索融合策略、用心完善评价机制的研究过程，构建了一种多角度、全方位、立体化的学科教学融合劳动教育的策略体系，即目标融入——寻找学科教学融合劳动教育目标的契合点，内容融入——挖掘学科教学融合劳动教育教材的立足点，课堂融入——找准时机创造课堂融合劳动教育的切入点，活动融入——在丰富的学科拓展活动中融合劳动教育，项目融入——在项目化学科实践活动中融合劳动教育，课程融入——依托课程开发实现劳动教育跨学科融合。形成了"创设情境，引发劳动话题——展示素材，激发劳动情感——分类解读、培育劳动素养——联系生活，促进劳动实践"学科课堂教学融合劳动教育的四步曲教学策略。该教学策略推动了小学学科教学与劳动教育的融合共生，围绕以劳树德、以劳增智、以劳强体、以劳育美，推进五育并举，促进学生全面发展，提升教师的学科专业素养及劳动教育素养。

一、问题的提出

（一）问题提出的背景

劳动教育是"五育并举"教育方针的重要组成部分。党的十八大以来，以习近平同志为核心的党中央在充分继承马克思主义劳动观和中华民族优秀传统文化的基础上，提出了劳动教育改革与发展的一系列新思想、新论断、新要求、新举措。2015年，习近平总书记提出以劳动梦托起中国梦，教育部联合共青团中央、全国少工委印发了《关于加强中小学劳动教育的意见》；2020年，中共中央、国务院颁布了《关于全面加强新时代大中小学劳动教育的意见》，教育部印发了《大中小学劳动教育指导纲要（试行）》，进一步强调劳动教育是中国特色社会主义教育制度的重要内容，明确了劳动教育的性质、目标和内容。

劳动教育是培养德智体美劳全面发展的社会主义建设者和接班人的重要一环，然而在现实生活中受到应试教育和各种不良社会观念的影响，劳动教育在学校中被弱化，在家庭中被软化，在社会中被淡化，劳动教育应有的育人功能受到了极大挑战。坚持五育并举，强化实践育人，补齐教育短板是教育工作者肩负的重大责任。

从学校层面讲，以课题组成员所在学校为代表的众多学校在推进劳动教育时，虽然高度重视，不仅在各个年级开设劳动与技术课，还在校园里积极开辟劳动场所，在科技创客、石艺手工等校本课程中积极推动劳动教育。然而在劳动教育推进的过程中，如果将劳动教育仅仅局限于劳动与技术学科教学和一些校本活动中，就存在很大的局限性，缺少整体融合的思维和系统有效的策略。

基于此，整合各学科教学资源，在各学科教学中渗透劳动教育，探索小学学科教学融合劳动教育的策略与方法，增加劳动教育的机会，拓宽劳动教育路径，提升劳动教育效果，成为摆在我们面前亟待解决，值得探究的问题。

因此，在专家的指导下，我校课题组选择了《小学学科教学融合劳动教育策略研究》作为研究课题。

（二）核心概念的界定

1. 学科教学

本课题研究中的"学科"指的是小学的教学科目。学科教学是指学校学科课程活动的实施，在此过程中促使学生掌握各学科的基本技能、技巧，发展学生的智力、能力。

2. 劳动教育

《教育大辞典》中将劳动教育定义为："劳动、生产、技术和素养等相关的教育，帮助学生养成正确的劳动思想，培养积极的劳动态度和习惯。"本课题研究中的劳动教育是指在小学阶段进行的劳动教育。

3. 学科教学融合劳动教育

《国语辞典》中对融合的解释是"融化汇合，合成一体"。本课题研究中的"融合"

主要是指两门及两门以上学科之间相互作用、相互补充进行合作研究。

因此，本课题研究中的学科教学融合劳动教育是指将劳动教育的目标和内容，通过一定的教育教学手段有机渗透到各学科教学中，使其成为学科教学的组成部分，在促进劳动教育目标实现的同时，推进五育并举，促进学生的全面发展。

（三）国内外研究现状

1. 国外对于劳动教育的研究

国外对劳动教育的研究起步较早，在理论与实践层面都形成了较为丰富的研究体系。理论基础上以亚里士多德、杜威等人为代表的学者围绕劳动的价值进行了系统的论述。实践层面上，国外提倡在学科教学中融合劳动教育，提出在各年级、各学科教学中融入"在做中学"，即引导学生在做中提升解决问题的素养。其中，Pichet Pinitl 认为，可以将劳动教育与科学等学科相结合，形成新的劳动教育模式。

2. 国内对于劳动教育的研究

国内关于劳动教育的研究起步于 20 世纪末 21 世纪初。近年来，随着国家日益重视劳动教育，越来越多的学者和教育者加强了对劳动教育的理论和实践的研究。梳理国内研究文献发现，众多的研究者普遍认为"劳动教育形式化，劳动教育缺乏整合实施的途径"等问题在当前劳动教育实施中切实存在。学者们一致认为将劳动教育并入综合实践活动，整合其他四育，融合劳动教育于学科教学活动中，是较为有效的策略。

在学科教学中融合劳动教育方面，学者们普遍认为劳动教育与学科教学是密不可分的。华东师范大学教授宁本涛提出"劳动教育与德育、智育、美育、体育的有机整合和融合共生，融合创新让劳动教育更具生命力"。余军、吴倩（2021 年）在成都市石笋街小学实施的"1+N"全学科融合劳动教育的实践中，从寻找融合点、构建融合线、绘制融合面等方面入手，构建"1+N"全学科融合劳动教育体系。谢玲（2021 年）在其硕士论文中提出通过"研读教材""以课育劳""实践促劳"等方式在小学语文学科教学中融合劳动教育。

（四）研究的价值和意义

1. 研究的理论价值

劳动教育是"五育并举"教育方针的重要组成部分。现有的研究丰富了课题组成员对劳动教育的认知，拓宽了劳动教育实践的路径，但在实践领域，能够指导课题组成员将劳动教育真正落地的研究成果却相对缺乏。

在探索学科教学中融合劳动教育方面，很多学者将目光局限在单一学科层面，缺少在各类学科教学中融合劳动教育的全面研究；另外，劳动教育在与各学科教学融合的过程中，其目标、内容、评价等方面还不完善。

基于此，课题组在借鉴参考众多学者研究的基础上，提出了《小学学科教学融合劳动教育策略研究》这一课题。以期通过研究和探索，拓宽小学劳动教育落地和实施的路径。

2. 研究的实践意义

劳动教育注重手脑并用，对促进学生的全面发展具有重要意义，不仅可以帮助学生树立正确的劳动观念，培养良好的劳动习惯，掌握必要的劳动技能，而且在培养创新精神和实践能力方面发挥着不可替代的作用。

新时期的劳动教育强调多学科渗透式劳动教育是中小学劳动教育的新形态。这促使课题组围绕树立正确的劳动观念、具有必备的劳动能力、培育积极的劳动精神、养成良好的劳动习惯和品质的劳动教育目标，尝试探索劳动教育和各学科教学相互渗透、有机融合的有效策略。在劳动教育与学科教学的融合共生中，有效整合运用时间、空间及各学科教学资源，实现劳动教育的育人价值。同时，推进五育并举，促进学生全面发展；亦能促进教师在劳动教育和学科融合实践中不断提升专业素养，推动学校劳动教育的可持续健康发展。

3. 研究的创新点

（1）在研究内容上，本课题研究打破学科壁垒，整合学科资源，发掘各学科教学中的"劳育"元素，探索小学学科教学融合劳动教育的有效策略，力争打通一条目标明确、内容具体、措施可行、评价科学的小学学科教学融合劳动教育的实施路径。

（2）在研究方法上，课题组采用文献研究、调查研究、案例研究、行动研究等多种方式方法进行研究，使得本课题的研究具有较强的科学性。

（3）在研究资源的整合上，探索劳动教育与各学科教学的有效整合，运用时间、空间及各学科教学资源，提高学习效率，实现劳动教育的目标。同时，推进五育并举，促进学生全面发展，对解决教学实践中的实际问题具有重要的意义。

二、研究的设计

（一）研究的目标

1. 围绕劳动教育的总体目标，发掘小学各学科教学中的"劳育"元素，整合各学科教学资源，探索小学学科教学融合劳动教育的目标、内容、方法及评价方式，并提出切实可行的建议和对策。

2.通过小学学科教学融合劳动教育的策略研究、探索和实施，促使学生树立正确的劳动观念，具有必备的劳动能力，形成积极的劳动精神，养成良好的劳动习惯。同时，促进以劳树德，以劳增智，以劳强体，以劳育美，推进五育并举，促进学生全面发展。

3.通过对小学学科教学融合劳动教育策略的研究，促使教师形成正确的劳动教育观念，强化教师对学科教学中劳动资源的挖掘和整合能力，促进教师学科专业素养及劳动教育素养的提升，进阶性提高教师的教学研究水平。

（二）研究的内容

1.在研究的过程中，以学生全面发展为本，以研究者所在学校为主要研究基地，进行融合目标的提炼，融合内容的发掘，融合机制的优化，融合资源的开发，评价方式的改进等，形成学校学科教学融合劳动教育的规划方案。

2.尝试探索在小学各学科教学中融合劳动教育的有效策略。如：在道德法治学科教学中融合劳动教育，树德育劳，促使学生树立正确的劳动观念，形成积极的劳动精神；在语言人文类学科教学中融合劳动教育，博闻育劳，促使学生了解民族文化的劳动传承，积淀丰厚的劳动素养；在科技思维类学科教学中融合劳动教育，增智育劳，引导学生手脑并用，提高学生的创造能力；在体育健康类学科教学中融合劳动教育，强体育劳，培养学生的劳动兴趣，养成健康的劳动习惯；在艺术审美类学科教学中融合劳动教育，尚美育劳，提升学生的劳动品质，培养学生的审美情趣；在综合实践活动中融合劳动教育，修能育劳，开阔学生的劳动视野，提升学生的劳动技能等有效策略。

当然，劳动教育与小学各学科教学的融合并不是彼此割裂的，而是根据融合的目标及实际情形，进行多学科融合的动态调整。

3.在小学学科教学融合劳动教育的过程中，尝试强化过程评价、探索增值评价、健全综合评价、改进结果评价，形成小学学科教学融合劳动教育的评价策略。

（三）研究的思路和方法

1.研究思路

本课题的研究采用分散和集中相结合的方法，先分散学习课题研究的相关资料，然后集中讨论制订课题研究的内容、方法和步骤。有目的、有计划地严格按照"调查筛选——课题论证——制订方案——实践研究——交流总结——申请结题"的程序进行。

图 1　课题研究的思路

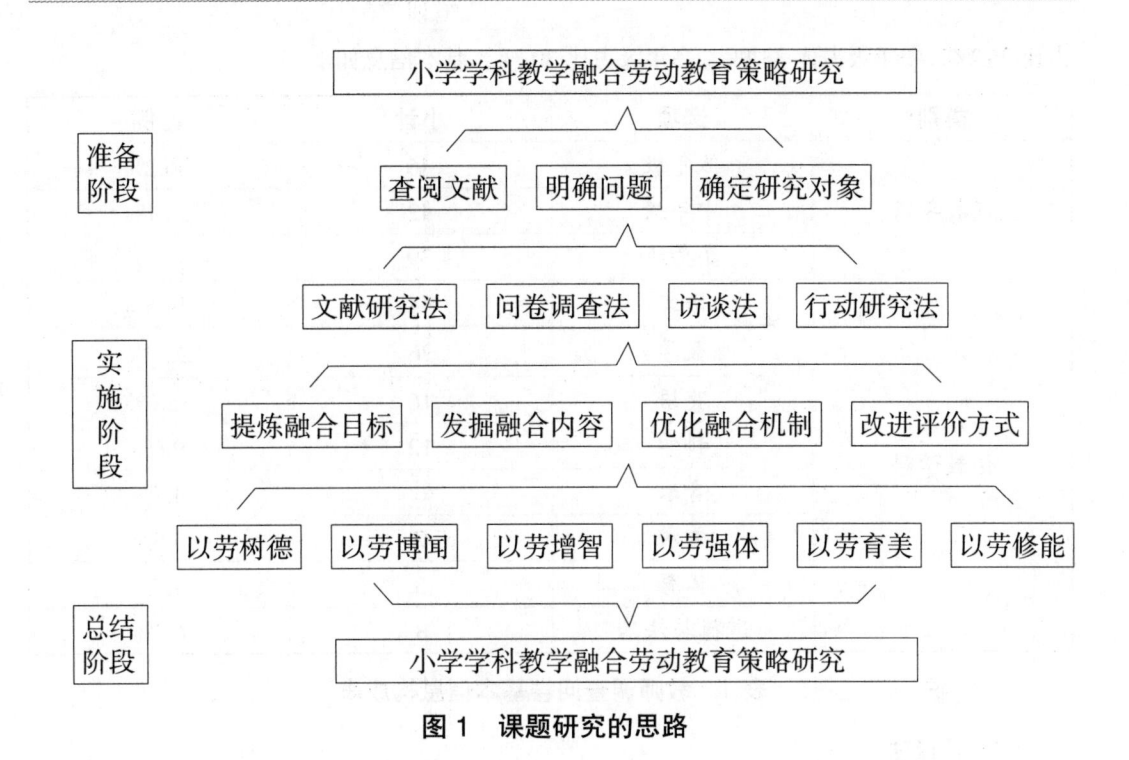

2. 研究方法

（1）文献研究法

课题组通过研读书籍、网络检索相关数据库资料等途径，搜集查阅相关文献资料。课题组成员深入学习纲领性文件《关于全面加强新时代大中小学劳动教育的意见》《大中小学劳动教育指导纲要（试行）》，从宏观上了解小学劳动教育的总体思想和总体目标；学习领会中国教科院课程教学研究所所长郝志军发表的《学科课程渗透劳动教育：理据与路径》，从中观上对小学学科教学渗透劳动教育的内容要点和实施路径进行系统了解；对搜集到的其他资料进行整理分析，研读与学科渗透劳动教育的策略、途径等相关的文献资料，以语文、数学、科学、美术、道德与法治等学科为样本，从微观上结合课题组成员在各学科开展劳动教育工作的实施情况，确定研究思路。

（2）问卷调查法

课题组的调查研究采用的是自编问卷，如小学学科教学融合劳动教育调查问卷（学生卷）、小学学科教学融合劳动教育调查问卷（教师卷），分别从学生和教师的角度初步了解区域内小学劳动教育实施的现状。以课题组成员所在学校为样本，学生问卷共发放 485 份，有效问卷 445 份，有效回收率约为 91.75%。以课题组所在区域内 3 所学校的在编教师为样本，教师问卷共发放 138 份，有效问卷 127 份，有效回收率约为 92.03%，其中低年级老师占比 36.2%，中年级占比 33.1%，高年级占比 30.7%，基本信息如下表。

类别	选项	小计	比例
任教年级	低年级	46	36.2%
	中年级	42	33.1%
	高年级	39	30.7%
任教学科	语文	44	34.6%
	数学	28	22.0%
	英语	16	12.6%
	科学	12	9.6%
	音乐	6	4.7%
	美术	7	5.5%
	体育	6	4.7%
	道德与法治	8	6.3%

表 1　教师调查问卷基本信息构成表

（3）访谈法

根据问卷调研分析，为进一步对问卷问题进行补充，深入了解实施中的问题所在，课题组成员对各学科教师进行访谈交流，对学科教学融合劳动教育实施过程中的实际问题进行归纳整理。通过对各学科教师进行访谈交流，深入了解当前小学劳动教育实施现状和路径，以及一线教育工作者在实施劳动教育过程中存在的疑惑与困境，以此作为研究的事实依据。

（4）案例分析法

课题组成员立足学科教学融合劳动教育的实施要点，通过课堂教学、学科活动、项目实践等场景设计典型案例，深入学科案例现场，分析研究并提炼具有共性的特征，构建融合课例模型。

（5）行动研究法

课题组成员在开展融合教学中注重实践和理论相结合，针对融合劳动教育实施过程中出现的问题，在行动中探索、改进，研究小学学科教学融合劳动教育的有效策略。

三、研究的过程

本课题研究为期一年，分三个阶段进行。

（一）第一阶段：课题准备阶段

1. 初期查阅相关文献资料共 137 篇，搜集、分析课题研究相关理论信息，确定课题的研究方向和研究策略。

2. 课题组成员基于自身学科背景，以学科教学融合劳动教育的策略为研究的子课题，确定课题研究方案和研究计划，并制订课题管理方案。

3. 课题组成员分工协作，撰写立项申报书。

（二）第二阶段：课题实施阶段

1. 以课题组成员所在校和区域内的3所学校为调查样本，开展问卷调查和访谈。学生问卷共发放485份，有效问卷445份，有效回收率约为91.75%。其中教师问卷共发放138份，有效问卷127份，有效回收率约为92.03%。问卷回收率符合调查研究要求，问卷得出的相关数据对于小学劳动教育实施现状的调查是比较客观的，为研究提供了可靠的资料。通过调查问卷和访谈等形式了解小学劳动教育的现状、师生的基本观点、制约因素等，获取了真实的调研资料。

观点	意见				
	同意	基本同意	一般	基本不同意	不同意
学校开展劳动教育很有必要	38%	13%	26%	8%	15%
学校能够按时开设劳动教育	24%	12%	35%	20%	9%
会积极主动参与班集体劳动	42%	35%	12%	6%	5%
会主动在家做家务	26%	13%	33%	16%	12%
会自己整理自己的物品	68%	13%	12%	5%	2%

表2　调查关于劳动教育的基本观点（学生问卷）

观点	意见				
	同意	基本同意	一般	基本不同意	不同意
了解劳动教育的基本理念、目标、内容	10%	18%	44%	28%	0
开展劳动教育对学生全面发展很重要	66%	22%	3%	7%	2%
愿意在本学科课程中开展劳动教育	2%	8%	4%	82%	4%
能胜任本学科课程融合劳动教育的教学	12%	26%	51%	8%	3%
支持未来推进学科教学融合劳动教育的实践	10%	41%	35%	8%	6%

表3　调查关于学科教学融合劳动教育的基本观点（教师问卷）

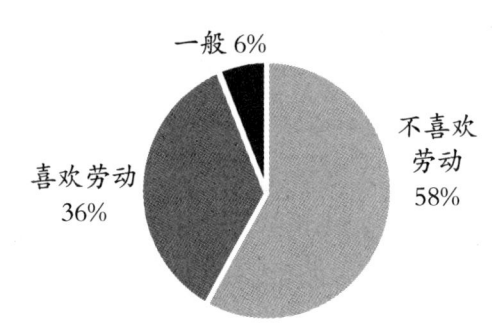

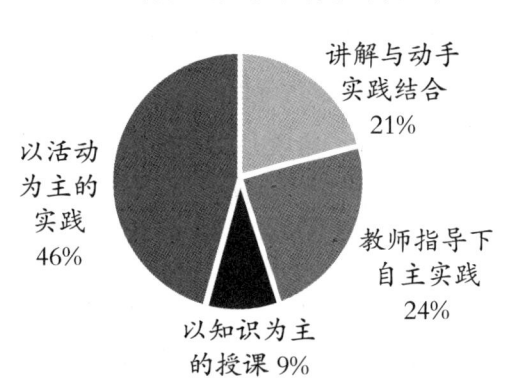

学生对劳动的态度
- 一般 6%
- 喜欢劳动 36%
- 不喜欢劳动 58%

学生最喜欢的劳动教育教学方式
- 讲解与动手实践结合 21%
- 以活动为主的实践 46%
- 教师指导下自主实践 24%
- 以知识为主的授课 9%

图2 调查的部分数据（学生问卷）

制约学科教学融合劳动教育实施的主要因素
- 其他 11%
- 缺少课程资源 17%
- 教师积极性不高 19%
- 学校不太重视 12%
- 课时调配问题 10%
- 其他工作量大，无精力开展 16%
- 缺乏专业指导 15%

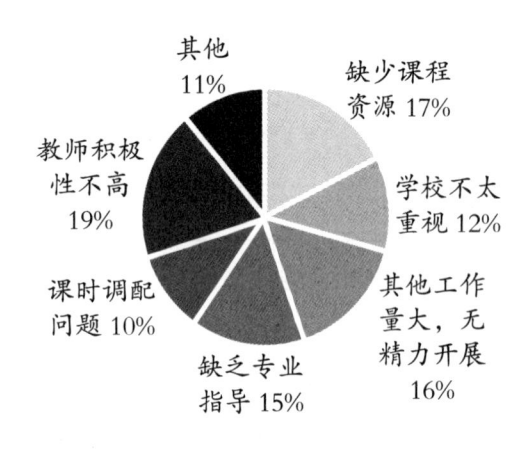

在学科教学中开展劳动教育对本学科课程的影响
- 互相干扰 23%
- 促进本学科课程教学 28%
- 互相影响不大 32%
- 阻碍本学科课程教学 17%

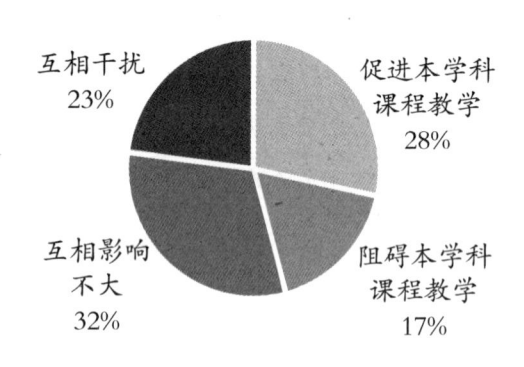

图3 调查的部分数据（教师问卷）

关于"学校开展劳动教育很有必要"观点的问卷调查结果显示：51%的小学生认为劳动教育课程有必要开设，23%的小学生认为没有必要开设劳动教育课，26%的小学生对开展劳动教育的态度模糊。"学生对劳动的态度"观点的问卷调查结果显示：58%的学生表示"自己不喜欢劳动"，36%的学生表示"喜欢劳动"，6%的学生表示"一般"。"学生最喜欢的劳动教育教学方式"观点的问卷调查结果显示：46%的学生最喜欢的劳动教育方式是以活动为主的实践，24%的学生喜欢在教师指导下自主实践，21%的学生喜欢讲解与动手实践相结合，还有较少的学生喜欢以知识为主的授课。

通过对"制约学科教学融合劳动教育常态实施的主要因素"观点的问卷调查结果分析：教师积极性不高和缺少课程资源占比分别为 19% 和 17%，其他工作量大，导致没有精力开展和缺乏专业性指导占比分别为 16% 和 15%，各类因素占比相近。关于"学科教学中开展劳动教育对本学科课程的影响"观点的问卷调查结果显示：仅有 28% 的教师认为学科教学中开展劳动教育对本学科课程有促进作用，55% 的教师认为对本学科影响不大或无影响，还有 17% 的教师认为对本学科课程产生了阻碍作用。由此可见学科教学与劳动教育的交互作用机制仍需加强研究和探讨。

2.根据调查问卷呈现教师实施融合教学缺乏课程资源的问题，课题组带领各学科教师从学科教材中发掘各学科教学中的劳动教育元素，找到学科教学与劳动教育的结合点，指导教师设计融合课程，开展案例教学。开展校内听评课活动，各学科融合课例以"教师融合劳育教学评价量表"为评价依据，课题中心组分别对教学设计、教学实施和教学效果予以评分，选出有代表性的优秀案例，总结可供推广的一般经验。

3.通过对"你最喜欢的劳动教育方式"观点的问卷调查结果分析：小学生对以活动为主的实践教学倾向性明显。于是，课题组在行动中不断拓宽学科教学融合劳动教育的场景，从课堂教学走向学科活动与实践，带领各学科在活动与实践中融入劳动教育。如，课题组依托学校举办的体育节、科技节、艺术节等校园活动，有机渗透劳动教育。

4.课题组将 PBL 项目式学习理论和课题研究内容相结合，开展学科教学融合劳动教育的项目式学习。课题组基于学校完整的校本课程体系，构建"1+1+1"劳动教育校本课程体系，进行多学科融合劳动教育的项目化实践。

5.课题组围绕小学学科教学融合劳动教育的目标、内容、方法、评价方式，就推动小学劳动教育与各学科教学的融合共生，初步提出对策和建议。

6.课题组成员及学科优秀教师在校级或区、市级范围内进行小学学科教学融合劳动教育实施优秀课例展示，总结、研究学科教学融合劳动教育的一般经验，撰写课题论文。

（三）第三阶段：课题结项阶段

1.收集课题组成员撰写的与本课题有关的论文及其他过程性材料。
2.总结提炼小学学科教学融合劳动教育的策略和方法。
3.在专家指导下总结研究成果，撰写研究论文，形成研究报告。

四、研究的主要成果

（一）小学学科教学融合劳动教育目标的确定

1. 通过对小学学科教学融合劳动教育的策略研究，力争打通一条目标明确、内容具体、措施可行、评价科学的小学学科教学融合劳动教育的实施路径。

2. 通过对小学学科教学融合劳动教育的策略研究，培养具有正确的劳动观念、必备的劳动能力、积极的劳动精神、良好的劳动习惯的小学生。同时，促进以劳树德、以劳增智、以劳强体、以劳育美的融合，真正实现"五育"并举，促进学生全面发展。

3. 通过对小学学科教学融合劳动教育的策略研究，培养具有正确的劳动教育观念，较高的融合教育教学水平，深厚的学科专业素养及劳动教育素养，必备的教育教学研究能力的教师队伍。

（二）小学学科教学融合劳动教育内容的选择

劳动教育元素是学校在开展劳动教育过程中的基本抓手，是在小学各学科教学中融入劳动教育目标的首要依据。因此，为了更加全面系统地梳理各学科资源中的劳动教育元素，形成劳动教育清单，学校专门成立劳动教育中心组，集合各教研组、备课组教师力量，依据各学科不同特点，系统地梳理小学阶段各学科、各年级的教材，凝练出在各学科教学中开展融合式劳动教育的六大重点：劳动具备的知识、劳动成果的分享、劳动智慧的交流、劳动与美的创造、劳动的自主性、劳动的伦理性。这有助于在学科教学中强化各学科融合的关联性，突出劳动系列课程的显性化。

基于此，课题组从劳动教育与学科知识的融合、劳动教育与人文素养的融合、劳动教育与综合实践的融合、劳动教育与情感态度价值观的融合、劳动教育与道德法治的融合、劳动教育与科学探究的融合六大方面，进行劳动教育与学科教学融合的探索与实践。课题组在语文、道德与法治学科中挖掘人文素养下的劳动品质，在体育学科教学中渗透坚韧不拔的劳动精神教育，在科学与数学学科教学中将理性思维迁移应用到实践中来，在美术学科教学中带领学生感知劳动创造的艺术美，在综合实践活动中通过劳动寻找创作题材……在各学科教学中，实现劳动的多样性融合。

学校集合全体学科教师的力量共同探索，积极进行思维的碰撞，通过认真研读教材，深度挖掘各学科教学与劳动教育的融合点，将劳动教育有机地融入各学科教学目标中，确立适宜的教学措施和有效的评价方式，形成凸显融合性劳动教育的"融慧立人"课程图谱和全学科教学融合劳动教育研究体系（见图4、图5）。

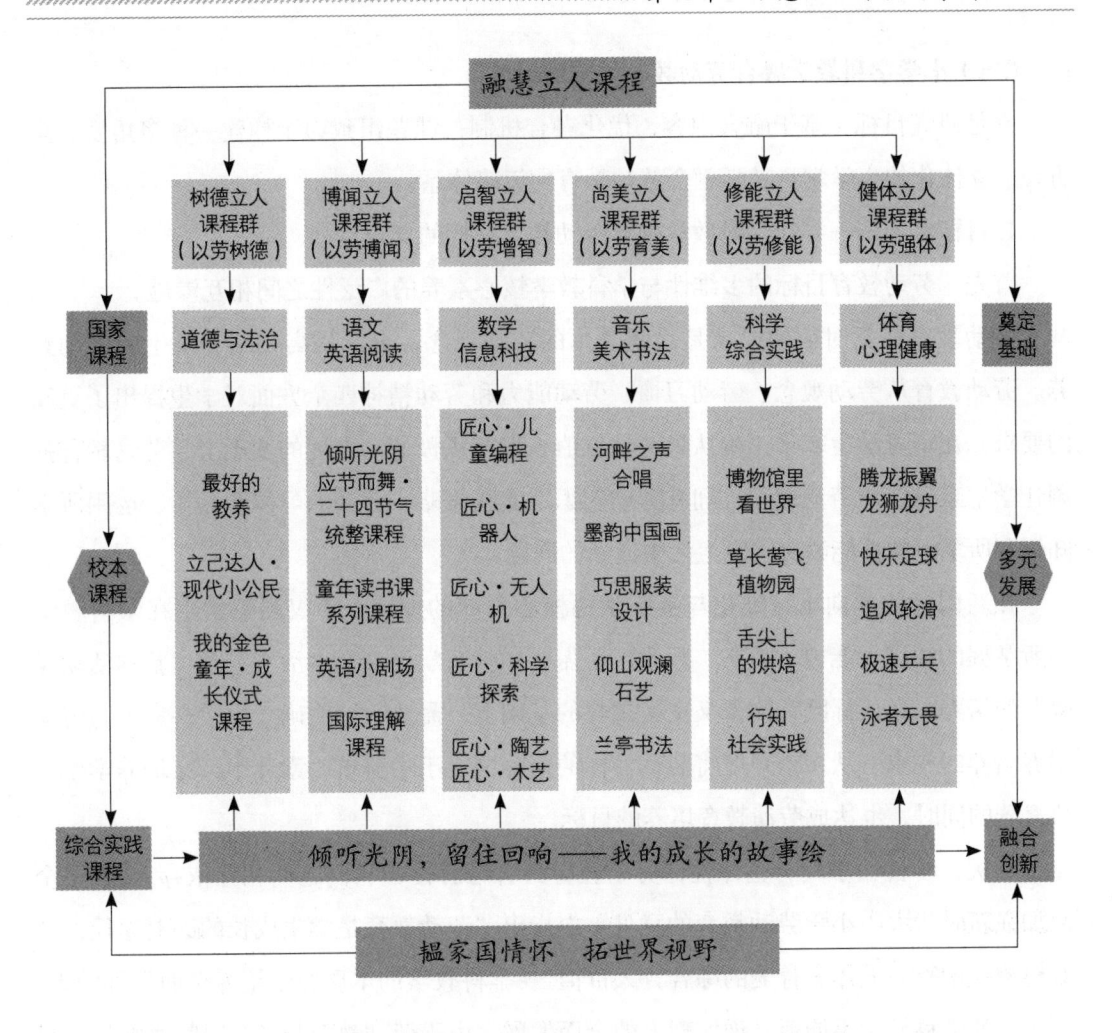

图 4 凸显融合性劳动教育的"融慧立人"课程图谱

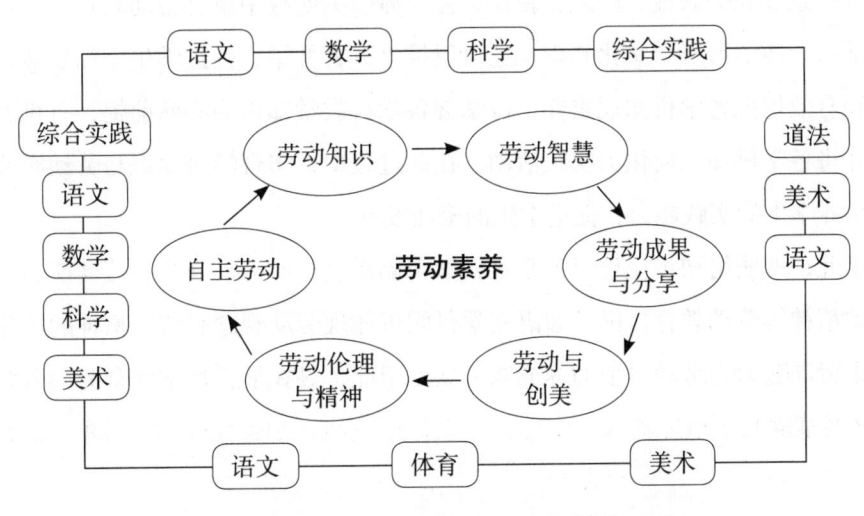

图 5 小学全学科教学融合劳动教育研究体系

（三）小学学科教学融合劳动教育的实施策略

立足研究目标，基于融合内容，优化融合机制，课题组致力于构建一种多角度、全方位、立体化的小学学科教学融合劳动教育的策略体系。

1. 目标融入——寻找学科教学融合劳动教育目标的契合点

首先，劳动教育目标的多维性与学科教学核心素养的广泛性之间相互渗透。

劳动教育在新时期的要求是增强学生的劳动观念，全面提高和培养学生的劳动素养。劳动教育从劳动观念、劳动习惯、劳动能力和劳动精神四个方面对学生提出了更高的要求。在培养学生基于正确认识劳动价值、拥有积极劳动态度的基础上，劳动教育强调让学生亲身经历劳动过程，拥有劳动知识、实践策略、劳动的习惯和品质，运用所学知识和所掌握的技能解决实际生活中遇到的问题。

在新课标的导向下，细化与落实学科核心素养的发展，不仅涵盖学生在学科教学中所掌握的知识、能力、品格、观念，还需要加强对学生"基本活动"及"基本活动经验"的培养。在目标既有侧重又交叉重叠的基础上，需要特别明确学生学科素养与劳动素养培养的要求。从多维角度将劳动目标的培养镶嵌于学科核心素养中，在培养学生学科素养的同时，也达成劳动教育培养的目标。

其次，学科教学具有整体性，劳动教育具有融合性，它们之间相互依存。《关于全面加强新时代大中小学劳动教育的意见》中指出"劳动教育是学生成长的必要途径，具有树德、增智、强体、育美的综合育人价值"。学科教学的本质在于培养全面发展的人，而单一的学科教学不能孤立地实现人的全面发展。由于劳动教育与各学科教学在培养目标上具有一致性和关联性，因此，在德、智、体、美四育中融合劳动教育，不仅可以使学生科学系统地学习科学文化知识，还可以推进五育并举，促进学生全面发展。通过深入钻研和有效挖掘各学科知识素养，以掌握各学科教学知识为必然前提，有机融合劳动教育，并将各学科知识内化为实践活动，在此过程中，实现学科知识与劳动实践的高效融合，培养学生的实践能力，促进学生的全面发展。

基于此，课题组初步梳理出各学科教学中侧重呈现的劳动观念、劳动能力、劳动习惯、劳动精神等劳动教育目标。如语文学科侧重体现劳动观念和劳动精神的培养，科学学科侧重劳动能力与劳动习惯的养成等。立足于此，寻找学科教学融合劳动教育目标的契合点（见表4）。

学科	劳动教育的学科教学目标
语文	劳动精神、劳动习惯与品质、劳动中的交流与沟通能力
数学	劳动中的思维能力、实践能力与创新意识
科学	了解科学、技术、社会与环境的关系，具有创新意识、环境保护意识与社会责任感
道德与法治	劳动观念、劳动精神、劳动习惯与品质，初步的生涯规划意识、正确的劳动职业观
综合实践	劳动中的思维能力与劳动实践能力
体育	具备从事劳动所必需的基本运动能力和体质
美术	能够欣赏劳动与劳动者之美，能够在劳动实践中进行创意表达

表4 小学各学科教学融合劳动教育目标的契合点

从劳动教育的视角出发，在充分尊重学科教学规律的基础上寻找各学科教学目标与劳动教育目标的契合点，该契合点能够为劳动教育的有效融入提供明确的方向，帮助各学科教师在进行教学设计时有的放矢，目标明确地进行学科教学与劳动教育的融合。

2. 内容融入——挖掘学科教学融合劳动教育教材的立足点

新课程标准立足学生核心素养，明确提出了跨学科的学习方式，为在学科教学中融合劳动教育指明了方向，而小学各学科教材中蕴含的丰富的劳动教育元素，为设计跨学科教学提供了前提。借助劳动教育中心组、各教研组、备课组教师力量，课题组对各学科教学资源中的劳育元素进行了系统梳理。课题组发现随着年级的升高，各学科教材中不仅有散点的劳动教育元素，还有整体性的劳动教育单元设计，为集中进行劳动主题教育提供了可能。

如统编版小学语文教材中蕴含丰富的劳动教育资源，通过对教材中劳动教育资源的梳理，我们将其分为六大主题类：掌握劳动基本知识和技能、养成良好劳动习惯、认识劳动的意义、尊重热爱劳动人民、珍惜劳动成果、培育良好的劳动品质，具体分析如下表：

劳动教育主题	篇目	劳育元素
认识劳动的意义	《小白兔和小灰兔》（一上） 《动物儿歌》（一下） 《吃水不忘挖井人》（一下） 《邓小平爷爷植树》（二下） 《呼风唤雨的世纪》（四上） 《乡下人家》（四下） 《千年梦圆在今朝》（四下） 《纳米技术就在我们身边》（四下） 习作：_____让生活更美好（六上）	通过阅读认识劳动的价值和意义
热爱劳动人民	《田家四季歌》（二上） 《手术台就是阵地》（三上） 《刷子李》（五下） 《书湖阴先生壁》（六上） 《穷人》（六上） 《三黑和土地》（六上） 《他像一棵挺脱的树》（六上）	通过语言文字学习活动，认识劳动人民身上优秀的劳动品质、积极的劳动精神，尊重热爱劳动人民
珍惜劳动成果	《悯农（其二）》（一上） 《千人糕》（二下） 习作：我们眼中的缤纷世界（三上） 《纸的发明》（三下） 《赵州桥》（三下） 《江上渔者》（六下）	通过语言文字的学习及自己的身体力行，知晓劳动过程的艰辛，珍惜劳动成果
培养劳动习惯	《剪窗花》（一上） 口语交际《我的暑假生活》（三上） 习作：写日记（三上） 《清平乐·村居》（四下） 《四时田园杂兴（其三十一）》（五下） 《乡村四月》（五下） 《祖父的园子》（五下）	通过语言文字的学习活动及综合实践活动形成正确的劳动观念，养成良好的劳动习惯
学习劳动常识	《揠苗助长》（二下） 《我要的是葫芦》（二上） 习作：我的拿手好戏（六上）	通过语言文字学习活动，知晓基本的劳动知识和劳动技能及劳动规律

续表

劳动教育主题	篇目	劳育元素
培养良好的劳动品质	《乌鸦喝水》（一上） 《我爱阅读·大禹治水》（二上） 《朱德的扁担》（二上） 《寒号鸟》（二上） 《池子与河流》（三下） 《守株待兔》（三下） 《囊萤夜读》（四下） 《铁杵成针》（四下） 《芦花鞋》（四下） 《落花生》（五上） 《为人民服务》（六下）	知晓劳动过程中劳动智慧的重要性。在劳动过程中培养帮助他人、培养坚持不懈的劳动品质
	口语交际《做手工》（二上）	通过劳动创造美
	习作：多彩的活动（六上）	通过丰富的劳动体验，激发积极的劳动情感

表5　统编版小学语文教材中的劳动教育主题及劳育元素清单

通过梳理我们发现，小学语文统编版教材中劳动教育资源相关题材涉及的范围比较广，描绘的劳动形式多元化。同时，在劳动教育元素纵向划分上，随着年级的升高呈现由浅入深的规律，在劳动方式上呈现由简到繁的特点。这样系统地梳理与归纳有助于教师整体实施语文学科教学融合劳动教育。

除了语文学科外，数学学科的生活化背景与劳动教育的内容也不谋而合，根据劳动教育的总体目标和小学学段目标，课题组将人教版小学数学12册的教材内容依据劳动教育学段目标进行分类梳理，发现低年级和中高年级的教材内容中均含有劳动教育元素，这体现了数学来源于生活又应用于生活的学科特征，也为数学学科在教学中融合劳动教育奠定了基础（见表6、表7）。

学段目标	指导要点	一上	一下	二上	二下	链接总体目标
低年级以个人生活起居为主要内容，开展劳动教育，注重培养劳动意识和安全意识，使学生懂得人人都要劳动，感知劳动乐趣，爱惜劳动成果	整理个人物品，参与家庭劳动，提高生活自理能力		P32 整理书包	P55 饭前摆放碗筷	P7 动手分食物；P107 帮妈妈拎水果	树立正确的劳动观念
	参与班级集体劳动，主动维护教室内外环境卫生等，培养集体荣誉感	P39 班级大扫除	P84 擦班级桌椅和玻璃		P70 学生装饰主席台	养成良好的劳动习惯和品质
	进行简单的手工制作，照顾身边的动植物，关爱生命，热爱自然	P14 给小鸡喂食；P49 收获农作物	P12 植树造林	P33 手工制作花朵贴画；P59 给树浇水	P99 包装礼盒	具有必备的劳动能力
	认识生产性劳动，了解不同职业的劳动内容	P49 农民伯伯收获农作物；P77 邮递员送信	P71 摘香蕉；P79 组装吊扇；P80 书店营业员收银；P83 制作毽子；P8 工人搬苹果	P26 营业员国庆促销；P34 养殖场孵小鸡；P37 测绘员测量大楼高度；P64 杂技顶碗	P19 面点师制作包子；P56 农民伯伯挖水渠；P69 工人制作灯笼	培育积极的劳动精神

表6 人教版数学低年级教材蕴含的劳动教育元素

学段目标	指导要点	三上	三下	四上	四下	五上	五下	六上	六下	链接总体目标
中高年级以校园劳动和家庭劳动为主要内容	会收纳整理，制作简单家常菜，学会1—2项生活技能，	P12 帮做家务活	P32 整理书包	P104 帮妈妈烧水沏茶；		P71 给花浇水	P45 丈量物体；P81 清洁卫生；		P6 用洗衣机洗衣服；	具有必备的劳动能力；

第七章 融慧立人课程的学科融合

续表

学段目标	指导要点	三上	三下	四上	四下	五上	五下	六上	六下	链接总体目标
容开展劳动教育，体会劳动光荣，尊重普通劳动者，初步养成热爱劳动、热爱生活的态度	培养家庭责任感			P105帮妈妈烙饼			P96帮妈妈织手套		P11剪花朵；P54配置稀释液	树立正确的劳动观念
	打扫校园卫生、参与绿化美化等，参加公益劳动，提高公共服务意识	P51班级大扫除	P19摆放校园花盆；P55整理班级图书	P80收集废品；P106植树		P80收集废品	P25制作爱心箱；P26粉刷教室；P36搭建心愿墙		P106绿色出行方案	树立正确的劳动观念
	初步体验种植、养殖、手工制作等简单的生产劳动，学会与他人合作劳动，珍惜劳动成果	P25制作凳子		P83组建环保小组			P24换布罩；P80用方形布料制作方巾			养成良好的劳动习惯和品质
	了解更多职业的劳动内容，体会劳动创造生活	P16果农摘水果；P18护士打针	P44养蚕；P72工人测量客厅面积；	P75工人养猪；P79寄快递	P47质检员检测产品；P78商店促销	P22医生开药方；P36铺路；P40林场	P22制作玻璃柜台；P62铺地砖	P12垃圾处理厂回收垃圾；P13农民	P36收割稻谷；P51组装手机；P83栽花	培育积极的劳动精神

197

续表

学段目标	指导要点	三上	三下	四上	四下	五上	五下	六上	六下	链接总体目标
		P74电焊工人；P99工人铺地砖	P114制作豆腐		买东西；P94卖蛋糕	工人喷药；P110工人锯木头		种蔬菜；P45林业工人种树；P56制作混凝土；P89植树造林		

表7 人教版数学中高年级教材蕴含的劳动教育元素

在数学等自然科学范畴的学科中，也不乏各种隐性的劳动教育资源。基于数学与生活的紧密联系性，就需要教师依托生活，创造生活化的情境，将劳动教育融入数学学科教学中。下面是一节四年级数学课堂教学实录片段。

《沏茶问题》

一、谈话导入

师：同学们，你们在家里会帮父母做家务吗？你们会做什么呢？能用"一边（干什么）……一边（干什么）"的句式表达出来吗？

生1：我会一边用洗衣机洗衣服，一边拖地……

师：我发现刚刚你们说的事情都是"同时"进行的。怎么在最短的时间内完成劳动任务呢？秘诀就是合理安排时间。

二、探究新知

师：孔子曾经说过，有朋自远方来，不亦乐乎？老师的朋友来做客，老师要不要以礼相待呀？接下来跟着老师一起来接待老师的好朋友吧。我的待客之道第一步就是沏茶（端茶倒水）。哪位同学知道沏茶有哪些工作要做？

生：洗水壶、接水、烧水、洗茶杯、拿茶叶、沏茶……

师：同学们请看，这是老师需要做的工作和每项工作所需要的时间。如果是你们会怎么安排这些事情？有没有尽快让我的朋友喝到茶的方法？应该先做哪项工作呢？

生1：一定得先洗水壶，沏茶需要烧水。

师：你能列出完成这些工作的顺序吗？列完后，计算出完成这些工作需要多长时间。

生2：可以按照顺序一件一件来完成：①洗水壶；②接水；③烧水；④洗茶杯；⑤拿茶叶；⑥沏茶。需要1+1+8+2+1+1=14分钟。

生3：我觉得烧水的同时可以洗茶杯和拿茶叶，这样可以节省时间。

师："同时"进行的想法真聪明，这样确实可以节省时间。为什么③④⑤可以同时做呢？

生4：因为烧水的时候人可以同时去完成洗茶杯、拿茶叶这两件事。

师：还有能同时做的事情吗？

生5：没有了，其他事情必须完成前一项事情才能做。

师：我们可以将能同时做的事情放在一起。

①洗水壶 → ②接水 → { ③烧水 / ④洗茶杯 / ⑤拿茶叶 } → ⑥沏茶

这种方法应该怎样列式呢？

生6：1+1+8+1=11（分钟）

师：为什么③④⑤三件事情只算8分钟呢？

生：因为洗茶杯和拿茶叶的3分钟是在烧水的8分钟内完成的。

师：两种方法做成了同样的事情，一个用去14分钟，一个只用去11分钟。哪种方法能尽快让客人喝上茶？

生7：是第二种方法，同时做能节省时间，这样安排更合理。

师：同学们，在进行劳动之前，我们要先把劳动中的各项工作排列清楚的同时，还要考虑什么呢？

生8：要再想一想，哪些事情可以同时做。

师：对，这是最重要的，因为同时做才能合理地安排时间，提高我们的劳动效率。说说你有什么收获？

生9：劳动一点儿也不简单，需要多思考才能做得快，做得好！

师：是的，我们要学会用数学的思考方法帮助解决劳动中的问题。爱迪生说过"人生太短暂了，要多想办法，用极少的时间办更多的事情"。

本节课通过生活中的沏茶问题，引发学生对"合理""省时"能优化劳动程序的思考，这是劳动智慧及劳动思维的体现。本节课的教学凸显了数学与劳动的紧密联系，使学生提高了劳动效率观念，初步形成了从数学的角度解决劳动问题的能力。

3. 课堂融入——找准时机创造课堂融合劳动教育的切入点

对于学科教材中所蕴含的隐性劳动教育资源，则需要选择合适的切入点，在课堂教学中选择恰当的时机将劳动教育融入其中（如表8）。

学科及教学内容	切入点	学科实践活动
语文《我上学了》	培养热爱劳动的情感，学会从班级小事做起。	教室大整理
数学《制作活动日历》	积累劳动经验提升劳动技能，进行手工创作，将劳动与学科与生活相联系。	小小日历·巧手匠心
科学《舒适的"家"》	培养学生热爱动手实践的劳动意识，学会为小动物设计温暖的家。	为小狗设计温暖的家
美术《葫芦与中华吉祥文化》	传承劳动智慧，提升劳动品质，感受劳动的价值意义，用劳动创造葫芦的美。	葫芦艺术品制作

表8 小学学科中劳动教育的切入点举例（部分）

基于此，课题组探索出了"创设情境，引发劳动话题——展示素材，激发劳动情感——分类解读，培育劳动素养——联系生活，促进劳动实践"学科课堂教学融合劳动教育四步曲教学策略，使学生在真实的情境中结合学科知识开展学科实践活动，在实践活动中将劳动教育的目标与内容自然渗透其中。

（1）创设情境，引发劳动话题

创设真实的情境，在情境中引发劳动话题是自然渗透劳动教育的前提。教师在进行二年级下册《千人糕》授课时，由课题"千人糕"导入新课，引领学生交流千人糕的特殊含义，激发学生学习的兴趣。在授课过程中，教师紧紧围绕孩子和爸爸的对话展开教学。"爸爸，什么是千人糕？"引领学生读出孩子的好奇。"这就是平常吃过的米糕嘛！您给我买过。"指导学生读出孩子的不以为意，习以为常之感。"你看，一块平平常常的米糕，经过很多很多人的劳动，才能摆在我们面前。"指导学生读出爸爸的语重心长及对千人糕制作来之不易的赞叹之情。"爸爸，这糕的确应该叫'千人糕'啊！"指导学生读出孩子"心服口服""恍然大悟"的情感变化。同时，引导学生深入了解并"说好制作米糕的劳动过程"（单元语文要素），让学生进一步体会"谁知盘中餐，粒粒皆辛苦"的道理，自觉树立珍惜劳动果实、尊重热爱劳动人民的意识。课后，教师要接着引导学生通过多种方式了解其他物品的生产过程，进一步促进语文学科和劳动教育的实践性融合。

（2）展示素材，激发劳动情感

在《纸的发明》这篇课文中，师生通过课前搜集资料，完整地再现了纸的发明及改进的过程。教师在进行教学时，将劳动教育自然渗透其中。通过呈现纸的发明过程的视频，让学生通过直观的感受，认识到劳动的艰辛，懂得劳动人民的劳动智慧与劳动创造的伟大。在教学中，教师可以趁机设计仿说的练习，让孩子模仿文中的表达方式，说说身边其他物品的制作或者改进的过程，让学生进一步认识到劳动的辛苦与劳动带来的创造价值，引导学生珍惜劳动成果。

（3）分类解读，培育劳动素养

各学科教材中蕴含着丰富的劳动教育资源，通过对蕴含不同主题劳动教育元素资源的梳理、分类、解读等，以主题式劳动教育为主线进行教材资源的相关整合。

因此，教师在进行学科教学与劳动教育相融合的过程中打破教材原有的顺序安排或者单元设置，以劳动教育这一主线整体统筹教学活动，在把握学科课堂"学科味"的同时，兼顾劳动教育的融合教学。

以小学语文统编版教材五年级下册中《刷子李》《他像一棵挺脱的树》及六年级上册中《青山不老》为例，三篇课文在表达上各具风格。但是这三篇文章在内容上是有共同点的，都是通过刻画劳动形象来体现劳动者勤劳、智慧、默默无闻、无私奉献等高尚的劳动品格，在无形中彰显着劳动的现实意义与精神涵养。基于此，老师打破了教材原有的年级限制和单元限制，将三篇文本整合在一起，开展语文教学和劳动教育融合的项目式教学活动。在实践过程中，老师依托语文教材，借助文学作品的力量让学生直观地审视劳动形象，由尊重个体劳动成果到珍视群体劳动成果，由尊重劳动个体到尊重劳动群体，在进阶中体悟劳动精神。

（4）联系生活，促进劳动实践

在大象版小学科学四年级下册《课题组的豆苗》一课中，学生根据已有知识和生活经验对植物生长所需的条件进行猜想与假设，通过小组合作，尝试设计对比实验来探究温度、水分、空气等条件对种子萌发的影响。课堂上，小组成员可以自由选取"材料超市"里的实验材料（锥形瓶、植物种子、泥土、水等），商讨实验计划，组装实验装置；课下，小组通过总结、分析实验现象，得出实验结论。然而，在实际教学过程中教师发现，学生在设计实验过程中，材料的选择并不是难点，因为锥形瓶在科学实验室里很容易获得，植物种子学生家里也很常见。但是，如何联系生活实际，将"影响植物种子萌发的条件"这一问题进行合理的猜想，并大胆设计实验，对学生来说是一个挑战。

在深入了解学情后，科学老师发现，学生在进行小组充分讨论后，可以根据已有的科学知识设计出严谨的对比试验，但如何耕种是学生不敢尝试探索的难点。要想让学生大胆实验，就需要学生具备亲身耕种经验。为了带领学生亲历播种，经校领导批准，允许在学校的空地上开垦出一小块田地，并特意请了一位有着丰富种植经验的学生家长来现场教学。从松土开始，引导学生播撒下自己的种子，定期浇水施肥，直至种子的幼苗健康长大。由此，学生通过控制单一变量，可以有针对性地利用对比试验，探究影响种子萌发的条件。

通过分析实验现象，对比得出实验结论，学生不仅体验了完整的科学探究过程，还愉快地参与了劳动耕作过程。学生亲历耕作，通过播种将劳动与科学知识紧密联系，让学生在设计和实施对比实验的同时，掌握专业的劳动播种技能。另外，通过精心培育出种子的幼苗，让学生体会到了劳动与科学探究是相辅相成的。

4. 活动融入——在丰富的学科拓展活动中融合劳动教育

学科活动作为学校教育的重要内容，是必不可少的组成部分。在实践中，以学科拓展活动为载体，深度挖掘学科资源中与之相适宜的劳动教育要素，使活动与学科、活动与劳动教育紧密结合，深化劳动教育实效。为此，学校依托学科教学创设相应的体育节、科技节、读书节、艺术节等校园节日活动及学科特色活动，将校园学科活动与劳动教育进行有机联系和有序整合，发挥活动在以劳博闻、以劳树德、以劳增智、以劳健体、以劳育美等方面的教育作用，培养学生亲近劳动的积极情感、良好的态度与价值观（如表9）。

活动		学科及课程	融合点	范例
学科特色活动	我会整理	语文"小书包"	知道整理书包物品的重要意义及方法步骤，在此基础上学习整理自己的小书包。	教学设计《整理小书包》
	口诀转转转	数学"口诀转盘"	对乘法口诀进行整理，发现其中有趣的排列规律，通过制作"口诀转盘"将发现的规律呈现出来。	教学设计《我的口诀转盘》
	星河倘佯一路有光	科学"太空趣事"	了解祖国航天事业发展的艰辛历程及取得的伟大成就，懂得航天发展与科技劳动的联系，学习制作航天模型。	教学设计《我的航天模型》教学设计《月相的变化》
	我的购物计划	综合实践	知道数量关系"单价×数量=总价"与"实付金额−应付金额=找零"，洞悉便宜与否可比单价亦可比总价，在此基础上合理规划自己的购物计划。	教学设计《我的购物计划》
	魔法大变"新"	美术"翻新的纸盒"	学会拆解并翻新小纸盒，给翻新的小纸盒上添画花纹图形，在此基础上用添、折、画、折、粘贴和稍微复杂一些的方法对纸盒进行改造，实现旧物利用。	教学设计《翻新的纸盒》
	家务活我拿手	道德与法治"我和我的家"	树立服务意识，增强集体责任感，建立家务劳动观念，提升家务劳动能力，在此基础上积极参与家务劳动。	教学设计《干点家务活》
	校园读书节	语文"古人谈读书""忆读书""我的长生果"	知道读书是一个人一生最重要的事情，以此了解书籍的起源，知道书的制造过程，学习包书皮；知道书签的作用及类别，学习制作书签；爱惜图书，以书易书，交换阅读。	教学设计《我为新书"穿衣服"》教学设计《我的精美书签》
	校园科技节	科学"实验操作"	懂得发明离不开科学家们无数次的试验和研究，明白劳动创造价值。	教学设计《仿生蠕虫爬行机器人》教学设计《点亮小灯泡》

续表

活动	学科及课程	融合点	范例
校园艺术节	美术"小小园艺师"	通过动脑动手，体会劳动创造美，并在艺术节上展示作品。	教学设计《小小园艺师》
校园体育节	体育	知道操场上的各种运动项目，并能结合体育社团活动感受体育精神，学会制订评选细则。	教学设计《选选优秀运动员》

表9 学科拓展活动中融合劳动教育举例

以"劳动教育"这一主线整体统筹学科拓展活动，在把握"学科味"的同时，兼顾劳动教育的融合，在主题式学科拓展活动中引导学生从书本走向劳动实践，把劳动的自主性和创造性内化为自身的精神属性，促进学生劳动能力的提高和学科素养的提升。

5. 项目融入——在项目式学科实践活动中融合劳动教育

项目式学科实践活动具有实践性、探究性、综合性和创新性等特性，能够有效将劳动教育融入学科教学。在项目式学科实践活动中，劳动教育与学科实践进行充分融合，从封闭的边界式思维转换为开放的融合式思维，使劳动教育从孤立走向与学科课程、学科领域以及社会文化的融合。项目式学科实践活动重在让学生在真实情境中探究和创造，在作品与成果的诞生中享受成长与收获。

我校在四年级开展的"踏节令节拍 韫家国情怀"项目式学科实践活动中，融合了语文、数学、科学、美术、劳动等学科，引领学生倾听光阴、应节而舞，丰富劳动知识，提升学科素养。比如，通过查阅资料、调查、分析、归纳等方法，教师带领学生了解天文、地理、时令、物候、节气的知识，了解二十四节气的由来，认识二十四节气在农耕、生产劳动等方面的重要作用，丰富劳动实践知识。以小组合作的方式，引导学生将手绘日历与郑东新区水域靓城的城市环境相结合，通过创造性的劳动绘制出精美的日历作品，引领学生感受劳动的价值与意义，进一步体验劳动创造美的内涵。在学生的自主学习、共同协作、探究创新及创美劳动中，进一步内化劳动知识，提升劳动素养。

在"仰山观澜·山水盆景"制作项目活动中，老师对美术、语文、数学、科学等学科知识进行融合，带领学生领会诗词中国的山水意境。运用科学、数学知识进行精确测量；运用美术知识进行构图、设计，巧妙地在陶罐、瓷盘、茶台之上，创造出一座座栩栩如生的山水盆景作品。徜徉于这些盆景作品之间，可以观山石错落，怪石嶙峋；奇花异草，生机盎然。赏宝塔凉亭，傍水依山；牧童黄牛，野趣横生。听飞瀑流泉，水石相激；山间小溪，流水潺潺。每一件山水盆景作品，都是孩子们心中微缩的大自然景观。通过活动准备，制订计划；亲近自然，收集材料；自主劳动，制作设计；成果展示，快乐分享等过程的体验。学生不仅掌握了基本劳动知识和技能，提升了劳动合作与劳动沟通能力，还体验到劳动的快乐。通过劳动成果的展示，丰富了学生对劳动价值及劳动创造美的认可，从而进一步在学科素养提升的过程中涵养学生的劳动品质（见表10）。

培养目标	项目课题	内容阐释	涉及学科	实施年级
习得基本的劳动知识，掌握在纸上创造山水盆景基本的劳动技能。（学会劳动）	纸上谈兵	以《千里江山图》为范本，了解山水画的基本构图和制作山水盆景需要的基本材料和常用的劳动工具，锻炼学生的劳动思维与劳动实践能力。在老师的指导下，按照要求和步骤运用水彩笔和油画棒在纸上制作形式较为简单的山水绘画作品，初步体验山水盆景图画式传统工艺的实施过程。通过手工劳动，简单运用语言文字及图画表达自己对山水盆景制作方案的构想，并用自己的语言对山水盆景作品进行简单的感受评价。	语文 美术 劳动	一、二年级
在了解和掌握基本的劳动知识与技能的基础上，提升自身的劳动思维，提高劳动中的合作与交流能力。（提升劳动品质）	以假乱真	了解山水盆景这一微景观制作的流程和技巧。通过小组合作分工，识读简单的制作盆景流程示意图，尝试设计出简单且具有个性化特色的作品，参考规范流程并运用彩泥塑形，结合提供的小茶碗容器进行迷你仿真山水盆景制作，达到以假乱真的效果，锻炼学生在劳动过程中的沟通能力。	语文 美术 劳动	三、四年级
运用习得的劳动知识和劳动技能，在高品质劳动思维的引导下实现劳动创造美。（劳动创美）	真材"石"料	了解山水盆景特点及发展历史，初步掌握制作的技能和方法。采用多种不同特点的真实石材，在读懂基本的实体图、示意图、装配图的基础上，进行合理的个性化设计。运用和融入劳动思维，设计出有意境、有趣味、有特色的山水盆景方案，并在实践的过程中，通过选择合适的材料和劳动工具制作出简单的作品，激发学生创造美的热情。	语文 数学 美术 科学 劳动	五、六年级

表10　仰山观澜　蕴家国情怀——山水盆景制作（设计内容）

6. 课程融入——依托课程开发实现劳动教育跨学科融合

我校确立了"融天下大慧，立未来栋才"的课程总目标，围绕"树德立人，培育善良、高贵的品格；博闻立人，培育广博、卓拔的识见；启智立人，培育自由、独立的头脑；健体立人，培育健康、强健的体魄；尚美立人，培育美丽、丰富的心灵；修能立人，培育实践、探索的精神"的课程分目标构建了指向现代公民素养、人文交往素养、科技思维素养、艺术审美素养、实践探索素养、身心健康素养的六大课程群。

与此同时，在校本课程体系建设方面，学校基于劳动教育的实践，基于学校完整的校本课程体系，将劳动教育贯穿校本课程体系始终，构建了适合校情、学情的"1+1+1"劳动教育校本课程体系。"1+1+1"劳动教育校本课程体系中的三个"1"分别代表：一个整体化劳动教育校本课程内容体系，一个"学校+家庭+社会"三位一体劳动教育培养路径，一个服务于劳动教育的过程性综合评价体系。

在劳动教育校本课程体系内，课题组结合时代特征和学生实际情况，从校内劳动（学习爱好者、天使管理员、DIY创作、匠心·创客、美化教室、美化校园等）、家庭劳动（规整系列、美食制作、生活技能、理财系列、使用工具等）、社会实践劳动（小小志愿者、岗位模拟、植物养护、美丽家园等）三大方面，分16个系列进行小学生"我爱劳动"校本课程的深入研发和实践，以课程实施培养学生的劳动知识、劳动技能、劳动习惯、劳动创新精神等劳动素养，"我爱劳动"校本课程总目录（见表11）。

类型	内容 \ 周数	第1周	第2周	第3周	第4周	第5周	第6周	第7周	第8周	第9周	第10周
学校劳动	学习爱好者	削铅笔	规整文具盒	理一理书包	摆一摆课桌	整一整货物柜	正确操作教具	按要求归还图书	图书归类	绘制知识小报	编撰学习生涯纪念册
	天使管理员	门窗小使者	电器节能小使者	植物角管理员	期刊发行小天使	小组学习管理员	饮水机保卫者	校园广播小主播	午餐组织者	班会小主持	多媒体保卫者
	DIY创作	DIY铅笔刨花	美化书本	DIY手提袋	DIY节日贺卡	牛奶盒的再加工	薯片罐的再利用	春节剪纸	DIY丝袜花	浅学造纸术拓印版面	美化再生纸

续表

类型	内容	周数	第1周	第2周	第3周	第4周	第5周	第6周	第7周	第8周	第9周	第10周
	匠心·创客		飞翔的纸飞机	易拉罐的奇妙用途	制作乐器	吸水石造型	园艺插花	编程水仙花的绘画	3D拓印盘龙	3D绘制笔筒	制作热熔胶地球仪	制作热熔胶校徽
	美化教室		黑板美容术	桌椅排排齐	地面大扫除	讲台归类	装扮文化墙	设计植物角	打造图书角	美化班级文化墙	设计黑板报	美化教室创意角
	美化校园		校园大扫除	垃圾行动者	走廊清洁者	餐厅"管理者"	卫生间维护者	整理抽屉	清洁楼道	装饰楼梯	管理走廊墙面	美化吊顶
家庭劳动	规整系列		学习叠被子	规整床铺	规整书桌	擦拭茶几	规整餐桌	规整鞋柜	规整卧室	规整客厅	规整厨房	规整阳台
家庭劳动	制作美食		剥鸡蛋	磨豆浆	盛饭	煮粥	煮方便面	清洗蔬菜	学习切菜	炒青菜	番茄炒鸡蛋	煎鸡蛋
家庭劳动	生活技能		洗脸刷牙	洗脚洗袜	穿衣服系鞋带	修剪指甲	冲洗餐具	刷鞋子	洗内衣	服饰搭配	倒垃圾	培育绿植
家庭劳动	理财系列		了解日用品价格	购买生活用品	购买学习用品	记录单周花费	记录单周收支	优惠与促销	购买书籍	制订合理开支计划	定制压岁钱使用计划	模拟店铺交易
家庭劳动	使用工具		正确使用饮水机	正确使用微波炉	安全使用冰箱	安全使用水果刀	学习使用榨汁机	安全使用煤气	正确使用热水器	合理操作抽油烟机	学会操作吸尘器	节能使用空调、电风扇
社会实践劳动	小小志愿者		环保小天使	小小义卖员	食品安全宣传员	社区志愿者	敬老爱老小天使	一日小交警	文明宣传员	福利院献爱心	为残疾者献真情	自然环境"守绿者"

207

续表

类型\内容\周数	第1周	第2周	第3周	第4周	第5周	第6周	第7周	第8周	第9周	第10周
岗位模拟	交通警察	环卫工人	校园保安	超市收银员	餐厅厨师	学校教师	医院医生	部队军人	建筑工程师	建筑施工者
植物养护	种蒜苗	种大葱	扦插绿萝	种植多肉	培育绿豆芽	播种太阳花	书写观察日记	养护文竹	学会施肥	植物角展览
美丽家园	九不规范	新九不规范	环保宣传	"啄木鸟"计划	垃圾分类	修补旧书	礼貌待客	邻里和谐	清理社区小广告	促建文明社区

表11 "我爱劳动"校本课程总目录

(四)形成科学高效的小学学科教学融合劳动教育评价系统

建立各学科教学融合劳动教育的评价体系不是简单地为了区分劳动教育成效的优劣,而是为了促进学校劳动教育健康可持续发展,使教师、学生在劳动教育中彼此滋养,共同成长。课题组的劳动教育评价方案从促进教师提升和学生个人发展的角度出发,采用质性评价和量化评价相结合的方法,探索不同学科融合劳动教育的评价方案,制订学科教学融合劳动教育评价系列量表,对学校劳动教育进行科学的、全方位的评价。

1.对学生的评价

(1)重视过程性评价

学生在融合教学过程中的表现体现了劳动教育的价值。因此,课题组在记录劳动过程中积极开展过程性评价。如建立"我是劳动小达人"劳动成长档案,记录学生每一次的劳动过程、劳动成果和劳动感受。每一份个人档案都是学生在劳动实践中强体、启智、润心的成长故事。这既是一份劳动即时手记,也是一份劳动增值评价记录。过程性评价以学生记录为主,通过制订成长评价表,让学生说感受、谈收获、提建议(见表12)。

姓名		班级		学号		劳动内容		
关联学科（写明内容）								
劳动过程（记录完整环节）								
劳动成果		制作了……完成了……						
劳动感受								
劳动照片								
劳动效果评价		自我评价				家长评价		教师评价
		优	良	合格	需努力	优 良 合格 需努力		优 良 合格 需努力

表 12　"我是劳动小达人"劳动成长档案

（2）坚持全面性评价

课题组以学生为主体，以促进和提升学生劳动素养为目的，在记录劳动过程中开展过程性评价，在成果展示中开展结果性评价，在过程与分享中开展质性评价，以形成学生劳动教育的全面性综合评价结果。具体评价包括以视频、劳动报告等方式写实记录的过程性评价，以量化方式对劳动过程与成果进行的结果性评价，记录劳动表现和特长的质性评价，最终通过全过程记录和综合分析形成过程性综合评价（如表13）。

教学方式	评价指标	评价标准	水平	自评	师评
知识为主的主题式教学	树立劳动观念，弘扬劳动精神	能从学科知识学习中领悟并表达出劳动的意义和价值。	★★★		
		能从知识的学习中初步感受劳动的意义。	★★		
		对劳动价值不认可。	★		
知识讲解与动手实践相结合	强调身心参与，注重手脑并用	能结合学科知识正确进行与劳动相关的操作，并掌握相关的劳动知识。	★★★		
		能结合学科知识进行与劳动相关的操作，了解一定的劳动知识。	★★		
		不能结合学科知识进行与劳动相关的操作。	★		

续表

教学方式	评价指标	评价标准	水平	自评	师评
以活动为主的劳动实践课	掌握必备的劳动技能	能独立完成劳动实践的活动任务。	★★★		
		在教师指导下，能基本完成劳动实践的活动任务。	★★		
		完成活动任务有困难，无法进行劳动实践。	★		
劳动教育相关的学科活动	养成劳动习惯和品质	能自觉自愿积极参与劳动相关的学科活动，养成严谨认真和吃苦耐劳的劳动品质。	★★★		
		能参与劳动相关的学科活动，并取得一定成果。	★★		
		对劳动教育相关的学科活动表现消极。	★		
学期综合评价	10颗及以上★为A等，7—9颗★为B等，7颗★以下为C等。				

表13 小学数学学科融合劳动教育评价方案

（3）评价主体多元化

课题组在评价主体上，以自评、师评、小组互评等方式开展多元化评价。其中自我评价占30%，教师评价占40%，小组评价占30%（见表14）。

课文	劳动元素	作业设计内容	评价标准	自我评价	小组互评	教师评价
纸的发明	了解古代造纸工艺，培养学生的创造性思维。	利用同一张纸进行不同的创作，制作纸质工艺品。	亲自参与设计完成一件手工作品，并能介绍清楚制作步骤。	☆☆☆	☆☆☆	☆☆☆
赵州桥	了解赵州桥的设计特点，感受古代劳动人民的智慧，激发学生的创造能力。	请选择一项中华历史文化遗产，为其设计一张名片，向外国友人介绍我国宝贵的文化财富。				

续表

课文	劳动元素	作业设计内容	评价标准	自我评价	小组互评	教师评价
《蜜蜂》习作	学习法布尔的实验方法和探索精神，尝试手工制作和实验操作。	1. 试着动手做一个小实验，借助实验记录单梳理实验步骤和信息。	自己动手做小实验。	☆☆☆	☆☆☆	☆☆☆
		2. 撰写实验报告，记录自己在实验中的真实感受。	能够撰写实验报告。	☆☆☆	☆☆☆	☆☆☆

表14 语文三年级下册第三单元融合性作业评价量表

（4）评价方法的多样化

课题强调评价方法的多样化，即把质性评价方法与量化评价方法结合运用，把终结性评价变成发展性评价，以动态全面的标准不断激励学生，让所有的学生都树立信心、渴望进步、体验成功（见表15）。

劳育主题	劳育元素	评价标准	自我评价	小组互评	教师评价
认识劳动的意义	感受劳动带来的美好，懂得劳动的意义。	1. 通过语言文字学习活动，明白劳动的意义。 2. 能够大胆表达自己对劳动价值的认识。 3. 知晓劳动的艰辛与不易，自觉树立珍惜劳动成果的意识。	☆☆☆	☆☆☆	☆☆☆
热爱劳动人民	通过阅读认识劳动人民的优秀劳动精神、劳动品质，热爱劳动人民。	1. 通过语言文字学习活动，认识劳动人民身上具备的劳动品质和积极向上的劳动精神。 2. 能够大胆表达对劳动者的赞美。 3. 通过项目式学习活动，正确认识身边各行各业劳动者的职业特点、劳动特点等。	☆☆	☆☆	☆☆
珍惜劳动成果	通过亲身观察、体验等方式体会劳动的辛苦，珍惜劳动成果，	1. 通过语言文字学习活动，明白劳动的艰辛与不易，劳动成果来之不易。	☆☆	☆☆	☆☆

续表

劳育主题	劳育元素	评价标准	自我评价	小组互评	教师评价
	感恩劳动。	2. 能够在生活中自觉养成节约的好习惯。			
培养劳动习惯	喜欢劳动,养成良好的劳动习惯,形成一定的劳动能力。	1. 通过语言文字学习活动,知晓劳动习惯的价值和意义。 2. 能够自觉养成热爱劳动、会劳动的好习惯。	☆ ☆ ☆	☆ ☆ ☆	☆ ☆ ☆
学习劳动常识	学习及分享劳动知识、劳动技术。	1. 通过语言文字学习活动,增长劳动知识,增强劳动技能。 2. 乐于与同伴分享劳动知识和劳动技能,在劳动过程中提升沟通和协作能力。	☆ ☆ ☆	☆ ☆ ☆	☆ ☆ ☆
培养良好的劳动品质	1. 劳动需要智慧,开动脑筋以战胜困难。 2. 塑造劳动奉献精神。 3. 劳动需要创造,亲自动手创新创造。	1. 通过语言文字学习活动,明白劳动过程需要劳动智慧,劳动有方是提升劳动效率的路径。 2. 善于并乐于帮助他人,树立积极的劳动精神。 3. 知晓劳动创造美,大胆用劳动创造生活中的美,用劳动点缀生活,形成正确的劳动观念。	☆ ☆ ☆	☆ ☆ ☆	☆ ☆ ☆

表 15　小学劳动教育与语文学科教学有效融合的评价方案

2. 对教师的评价

教师作为劳动教育的实施者,其自身的素养直接关系到劳动教育的成效。为调动教师在学科教学中融合劳动教育的积极性,学校将教师在学科教学融合劳动教育的贡献与学校的评优评先相结合,并在绩效考核方面给予一定的体现。每个学期期末都要评出学科教学融合劳动教育先进个人及优秀团队,并进行奖励。具体实施方式如下:

(1) 每学期课程结束时,由劳动教育中心组对教师进行评价,并把评价意见反馈给教师,评价结果可作为教师评优评先的依据。

(2) 对教师的评价由劳动教育中心组和学生共同进行评价。

(3) 对教师的评价是根据学科教学融合劳动教育实施过程的情况进行评价(见表16)。

教师融合劳育教学评价量表（100分）							
学科		时间		评课人	等级（分值）			
课题								
一级指标	二级指标	三级评价指标	优	良	中	差	
教学设计（15）	教学目标（5）	符合学科课程标准和劳动教育的学段目标，指向明确，具备可操作性。	4—5	3—4	2—3	0—2	
	教学内容（10）	1. 贴近学生实际生活，能够调动学生的学习兴趣。 2. 能够厘清学科基础思想与方法，并融合劳动教育，渗透劳动思想与价值。	9—10	8—9	6—7	0—5	
教学实施（65）	教学过程（20）	在教学过程中引导学生合作交流，组织多种探究性活动，培养学生的劳动思维和劳动能力。	18—20	16—18	12—16	0—12	
	学生活动（25）	1. 参与态度：学生学习热情高，自主学习意识较强。 2. 参与广度：每个学生充分参与活动，课堂中得到不同水平的发展与提升。 3. 参与深度：学生学习内容层层递进，由表及里，能对活动进行反思和总结。	23—25	21—22	16—21	0—16	
	教师素养（20）	1. 有较强的教学组织和创新能力，对融合劳动教育有较为深入的理解与实施能力。 2. 言语生动，富有感染力，用词生动、准确。	1—20	16—18	12—16	0—12	
教学效果（20）	素养达成（20）	1. 大部分学生能够积极参与课堂互动，增长了学科知识，提升了劳动能力。 2. 大部分学生养成了良好的	18—20	16—18	12—16	0—12	

续表

教师融合劳育教学评价量表（100分）					
	学习习惯，形成了自己的学习方法。 3.学生的劳动价值观得到了良好的塑造。				
简评	教学特点以及建议：			合计	
^	^			等级	

注：优秀等级为各项得分合计 90 分及以上，良好等级为 80 分及以上，合格为 60 分及以上，其余分值为待合格。根据实际情况不同，评价时应以相对比较为原则，灵活调整等级标准。

表 16 教师融合劳育教学评价量表

综上所述，本课题立足于学校劳动教育实际，围绕研究目标和内容，在专家的指导下进行了深入的思考、广泛的调查和有效的研究，初步实现了既定的研究目标，探索出小学学科教学融合劳动教育的策略和方法，取得了以下理论性及实践性成果：

1.完成了"小学学科教学融合劳动教育策略研究"研究报告。

2.构建了一种多角度、全方位、立体化的学科教学融合劳动教育的策略体系。即目标融入——寻找学科教学融合劳动教育目标契合点，内容融入——挖掘学科教学融合劳动教育教材立足点，课堂融入——找准时机创造课堂融合劳动教育切入点，活动融入——在丰富的学科拓展活动中融合劳动教育，项目融入——在项目化学科实践活动中融合劳动教育，课程融入——依托课程开发实现劳动教育跨学科融合。形成了"创设情境，引发劳动话题——展示素材，激发劳动情感——分类解读，培育劳动素养——联系生活，促进劳动实践"学科课堂教学融合劳动教育四步曲教学策略。

3.在研究探索过程中，课题组所在学校集全体学科老师力量共同研究备课，积极碰撞思维，认真研读教材，深度挖掘学科教学与劳动教育的融合点，并提出了教学目标，进行教学设计，确立教学措施和评价方式，最终形成了全学科教学融合劳动教育研究体系。

五、研究效果及分析

（一）研究效果

课题组所在学校在推进学科教学融合劳动教育的过程中，推动了学校教育教学工作的全面发展，教育教学质量不断提高，教学科研硕果累累。课题组成员及所在学校教师在推进学科教学融合劳动教育的过程中，进一步提升了学科专业素养，提高了劳动教育能力。学生在学校深入推进学科教学融合劳动教育的过程中茁壮成长，全面发展。

（二）研究的推广价值

1. 校内应用前景

提升了学校劳动教育成效，促进"五育"并举真正实现。本课题从顶层设计出发，引领各学科教师参与学科教学融合劳动教育的探究，深挖学科与劳动教育的融合点，提出教学目标，进行教学设计，探索教学策略及评价方式。在推进学科教学融合劳动教育的实践过程中，始终坚持以劳树德、以劳增智、以劳强体、以劳育美的总方针，学校的劳动教育质量稳步提升，"五育"并举成效日渐显著。

提高了教师的劳动教育素养。各学科教师采用行动研究法，探索学科教学与劳动教育有效融合的实施路径，在教学活动中不断实践、反思和交流，不断改善教学行为，打开了教师立足于本学科有机渗透劳动教育的教学思路。同时在研究与实践中，课题组成员及各学科教师逐渐形成了科学的劳动教育观念，劳动教育素养得到一定的提升。

提升了学生的劳动素养。自课题研究开展以来，各学科教师巧妙地将劳动教育观念自然渗透进各学科的教学活动中，对学科资源中蕴含的必备的劳动知识和劳动技能进行了系统的梳理。在目标融入、内容融入、课堂融入、活动融入、项目融入、课程融入的过程中，为学生创设真实的劳动情境；在潜移默化中，劳动的价值和意义、劳动人民昂扬向上的劳动精神、吃苦耐劳的劳动品格、劳动创造美等劳动观念影响着学生，帮助其树立正确的劳动观念，具有必备的劳动知识和劳动技能。同时，各学科开展了丰富多彩的课堂教学、项目化实践、校本课程等活动。在各项劳动活动的实践中，学生提升了劳动过程中的交流、沟通与团结协作的能力，具备了劳动过程中吃苦耐劳、坚韧不拔的劳动品质，同时还学会了在劳动过程中运用劳动智慧解决问题，提升劳动思维，珍惜劳动成果，热爱和尊重劳动人民。

2. 校外推广可能性

本课题立足于学校实际，充分利用教学一线的实践性特征，致力于解决学校在劳动教育实践中的具体问题，具有一定的现实意义，其产生的重要影响正是我国劳动教育实施的具体要求，对同类学校劳动教育的开展具有重要的启示和参考意义。同时，符合当前社会与新课程改革对劳动教育提出的更高要求，具有时代意义。以劳树德、以劳增智、以劳强体、以劳育美，推进五育并举，促进学生全面发展，顺应了国家提倡的劳育目标，故课题具有较强的推广价值。

六、研究的不足与展望

（一）研究的不足

学科教学融合劳动教育的实践探索需要政府、学校、社会和家庭等多方发力，共同搭建良好的互动平台，以满足新时代学生劳动教育的实践需求。由于融合式劳动教育资源未能进行有效整合，学科教学融合劳动教育的课程体系有待完善，融合策略还需要进一步深入细化研究。

（二）展望

本课题将紧扣新时代学生发展需求，立足国家劳动教育的总体目标，继续丰富研究样本，更全面真实地呈现小学学科教学融合劳动教育的现状。继续深挖小学各学科教学中的"劳育"元素，全面整合各方资源，细化学科教学融合劳动教育的目标及内容，优化学科教学融合劳动教育的策略及评价，进一步增进完善实施策略的普适性，为提升小学劳动教育成效提供重要的参考，形成更高层面的理论成果和推广价值，推动小学劳动教育与各学科教学融合共生，推动五育并举，推动学生的全面发展。

第八章　融慧立人课程的教学智慧

——电子媒介对小学作文教学中创造性思维培养的影响

　　培养学生的创造性思维能力是国际教育改革大潮所共同追求的目标，当今世界各国综合国力的竞争，主要是科技竞争、人才竞争，归根结底是创造力的竞争。小学是人的创新素质形成的关键时期，在各学科教学中培养学生的创新能力，是创新人才成长的需要。在小学语文教学中，作文教学是最能体现学生创造能力和个性特点的实践活动，是培养学生创造性思维的重要载体。基于新时代、新课标的要求，以及创新能力在教育教学中的突出地位，在作文教学中培养学生的创造性思维，让学生在作文过程中碰撞出思想的火花，释放智慧的灿烂，享受成功的喜悦，已成为当代作文教学改革的必然趋势。

　　随着当今社会电子科技的迅猛发展，互联网、电影、电视、广播、手机等各种信息传播方式纷涌而至，整个社会进入了"电子媒介"时代，电子媒介，网络、电视等传播媒介深刻地影响着中小学生的社交、学习和娱乐。将电子媒介引入语文教学，在小学作文教学中充分利用其直观、信息量大、不受时空限制、易于调动学生体验、强化形象感受的优势，对于培养学生的创造性思维有着很大的作用。在作文教学中，可以利用电子资源开启大语文视野，充分阅读积累，奠定创造之基；借助电子媒介引导观察，拓展体验活动，培养学生的感悟能力；将电子媒介引入作文课堂教学，多角度培养学生创造性思维能力。善用电子媒介，不仅有助于在作文教学中激发学生的兴趣，使其思维得到拓展，还可以实现学生作文反馈交流的及时性和多向性，引导学生从不同角度、不同视点、不同层面去思考同一问题，让学生获得多种不同的感受和经验，使学生潜在的创新能量得到最大限度的释放。但是，我们还应看到，电教媒体、网络信息技术被应用于作文课堂教学，也造成了一定的负面影响。作为一线教师，我们要以审慎的态度对待电子媒介在作文教学中的运用，厘清电子媒介引入教学的利弊得失，采取科学有效的教学策略，用其所长，避其所短，推动语文作文教学工作不断地改革与发展。

本文在对国内外作文教学及相关教学理论进行简要概述的基础上，通过调查访谈法了解小学作文教学中存在的问题及问题存在的真实原因，使研究更具针对性。结合众多先行者的研究探索成果，及作者自己多年的作文教学实践，通过行动研究试图摸索一种既传承作文教学的宝贵经验，又符合时代的特点，充分发挥现代化教育手段的优势，更切合小学生身心发展规律的作文教学策略。力图通过这种策略探索有效的小学作文教学新途径，在作文教学中培养小学生的创造性思维能力，并通过对学生创造性思维能力的培养不断提升其作文水平。

培养和造就一代高素质的创新型人才，是21世纪我国教育的神圣任务。《国家中长期教育改革和发展规划纲要（2010—2020年）》把"育人为本"作为教育工作的根本要求，明确指出要关心每个学生，促进每个学生主动地、生动活泼地发展，尊重教育规律和学生身心发展规律，为每个学生提供适合的教育。努力培养造就数以亿计的高素质劳动者、数以千万计的专门人才和一大批拔尖创新人才。2021年5月28日，习近平总书记在两院院士大会、中国科协第十次全国代表大会上指出，培养创新型人才是国家、民族长远发展的大计。小学是人的创新素质形成的关键时期，在各科教学中培养学生的创新能力，是创新人才成长的需要。

在小学语文教学中，作文教学是最能体现学生创造能力和个性特点的实践活动。但是，长期以来，受应试教育的影响，受教师教学观念、教学能力和教学方法的局限，小学作文教学很难激起美妙灵动的波澜。学生从小学一、二年级就开始写话练习，从三年级开始作文训练，有些学生直到小学毕业也很难写出令人满意的作文，多数学生的作文形式呆板、内容空洞、语言无味、技巧雷同，存在着矫揉造作、思维僵化、千篇一律、千人一面的通病。在学生的作文中，很少看到逸兴遄飞的灵气，创造性思维的迸发。"学生的创造灵性逐渐被扼杀了，只会千篇一律地人云亦云，说些假大空的门面话，真正说自己话的时候却失语失忆。"[1]

---

[1] 谢卫平. 试析现行语文教育[J]. 当代教育论坛（学科教育研究）. 2007（3）：93-94.

面对作文，学生苦不堪言，教师也有很多难言之苦，怎样才能激发学生创作的热情，调动起学生写作文的积极性呢？是什么束缚了作文中学生创造性思维的生发？如何科学地系统化地训练和培养小学生的作文创新能力，提升他们的作文水平？很多老师束手无策，只能凭经验进行作文教学，再加上一些老师自身的写作水平不高，作文教学常常陷入一种"少慢差费"的状态。

个性是人的生命，创造是人的天性。从某种意义上说，人的自身发展过程就是人的个性得以完善和创造性得以发展的过程。就学科特性而言，作文教学极富创造性，是培养学生创造性思维的重要载体。写作文的过程就是学生生发、展示创造性思维的过程，创新是文章的灵魂，唯有在作文中大胆创新，才会呈现丰富多彩、生动鲜活、迥然不同的风格。唯有通过作文教学培养学生的创造性思维，提升他们的创新能力，学生才能在写作的过程中展现出少年儿童特有的生龙活虎，活泼灵动，别致视角，妙想奇思，并因而获得成功的体验和享受。

新课标的总目标中增加了"发展联想和想象，激发创造潜能""提高语言表现力和创造力，提高形象思维能力"等内容，可见，新课标已将培养学生的想象力、创造力、阅读力和实践能力，作为语文教育的重要目标。新课标指出，在语文课程中，学生的思维能力、审美创造、文化自信都以语言运用为基础，并在学生个体语言经验发展过程中得以实现。为新形势下的语文学习展现了一幅明丽的图画。

因此，基于新时代、新标准的要求，创新能力在教育教学中的突出地位，在作文教学中培养学生的创造性思维，让学生在写作的过程中碰撞出思想的火花，释放智慧的灿烂，享受成功的喜悦，已成为当代作文教学改革的必然趋势。

随着电子媒介时代的到来，电子网络信息技术迅猛发展，信息技术逐渐渗透传统教育，作文教学不可避免地受到波及和影响，为当代作文教学改革开辟了新的途径，注入了新的活力。

在电子媒介的影响下，传统的作文教学方式发生着巨大的变化。电教媒体、网络信息技术被引入作文课堂教学中，学生的网络写作方式和传统的纸作文本写作方式分庭抗礼，平分秋色，对作文教学中学生创造性思维的培养起到了一定的促进作用。但其在作文教学中也造成了一些负面性的影响，需要引起我们的警惕。作为一线教师，我们要以审慎的态度对待电子媒介在作文教学中的运用，厘清电子媒介引入教学的利弊得失，采取科学有效的教学策略，用其所长，避其所短，推动语文作文教学工作的不断发展。

1 问题的提出与研究意义

1.1 研究背景

党的十八大以来,习近平总书记站在我国和世界发展的历史新方位,坚持把创新作为引领发展的第一动力,把科技创新摆在国家发展全局的核心位置,对科技创新发展进行了顶层设计和系统谋划,提出一系列新理念、新思想、新战略,部署推进一系列重大科技发展和改革举措。只有创新型科技人才,才能创造、掌握和应用核心技术,谱写"中国创造"的新篇章。"中国创造"在呼唤创新型人才。我们只有培养和造就一大批能够创造、掌握和应用核心技术的创新人才,才能顺利实现"中国制造"向"中国创造"的转变,建设创新型国家的美好蓝图才能变成现实。我国是一个人口大国,但不是一个人才强国,高级尖端人才匮乏,人才竞争力严重不足,创新能力薄弱,自主创新成果少。我们要提高自主创新能力,建设创新型国家任重道远。培养造就大批高素质的创新型人才,是我们当前面临的一项十分紧迫的战略任务。为此,我们要牢固树立人才资源是第一资源的观念,认真实施科教兴国与人才强国战略,大力培养创新型人才。

培养一流的人才,必须要有一流的教育;培养创新型人才,必须要有创新型教育。这是前提和基础。创新型人才的成长是一个综合培养的过程,不可能一蹴而就,首先要从教育这个源头抓起。要以系统的观点统筹幼儿园、小学、中学、大学、就业等各个环节,形成培养创新型科技人才的有效机制。

兼有工具性、人文性特点的语文学科,承担着培养学生创造性思维、创新能力的历史使命。在对语文教学的重要组成部分作文教学过程的研究中,最具代表性研究是"思维—表达"训练体系研究。研究者认为,作文的整个过程由认识事物与表达事物两部分组成,认识事物的关键在于思维,而表达事物的关键在于语言,作文就是把自己所认识的事物用语言表达出来。因此,作文中有两点最为关键,一是思维,二是语言。苏联心理学家维果茨基曾经说过:"思维不是在言语中表现出来的,而是在言语中实现出来的。"[2] 新课标把思维能力作为语文核心素养的重要组成部分,要求语文教学要重视学生思维能力的发展、激发。新课标既注重学生语言能力的发展,又注重学生思维能力的培养,把想象力和创造潜能的激发提到了重要的位置。作为语文教学重要组成部分的作文

---

[2] (苏)维果茨基.思维和语言[M].杭州:浙江教育出版社,1997:136.

教学，必须转变教学观念，改革教学方式，不仅要关注学生作文的"语言、技巧"层面，更要关注学生作文的"思维质量"层面，尤其要重视在作文教学中对学生创造性思维的培养。但是反观我们传统的小学作文教学，由于对技巧指导过于看重，对思维训练认识不足，因而小学生的作文单调乏味，千篇一律，缺乏灵气，缺乏创新。因此改革传统的作文教学模式，注重在小学作文教学中培养学生的创造性思维能力，已然迫在眉睫。

随着当今世界电子科技的迅猛发展，铺天盖地的各类信息资源纷涌而至，互联网、电影、电视、广播、手机等各种信息传播方式令人眼花缭乱，整个社会进入了信息爆炸时代，以网络、音像等"电子媒介"构成的视觉文化似乎在一夜之间攻陷了传统的印刷、书写文化的堡垒，大有将其取而代之的趋势。通过电子媒介，人们能够学到更多传统媒介不能给予的知识与信息。尤其是处在身心成长发展期的中小学生，有着异乎寻常的好奇心和求知欲，网络、电视等传播媒介已经深刻地影响了他们的社交、学习和娱乐。2023年3月2日，中国互联网络信息中心（CNNIC）发布第51次《中国互联网络发展状况统计报告》。《报告》显示，截至2022年12月，我国网民规模达10.67亿，互联网普及率达75.6%。在网络基础资源方面，我国域名总数达3440万个，IPv6地址数量达67369块/32，我国IPv6活跃用户数达7.28亿。在信息通信业方面，我国5G基站总数达231万个，占移动基站总数的21.3%。在物联网发展方面，我国移动网络的终端连接总数已达35.28亿户，移动物联网连接数达到18.45亿户。网络写作以其主题随意、言论自由、语言开放等特点为学生所喜爱。新课标指出，在语文教学中要"整合多种媒介的学习内容，提供多层面、多角度的阅读、表达和交流的机会，促进师生在语文学习中的多元互动"。这段描述，点明了写作教学的策略和要求，尤其是新形势下作文教学的新趋向。

作为一线语文教师，我们有责任也有义务让作文教学与时俱进，本书力图通过对教育学、心理学及语文课程新理念和电子媒介本身特点的研究，从宏观上探讨电子媒介对作文教学的影响，以及将其引入作文教学，培养学生创造性思维能力的可行性的相关策略。

1.2 相关概念的界定

1.2.1 电子媒介

电子媒介就是区别于传统的以纸质为主的一种新型的媒介类型，其主要的特征表现就是利用现代科技的成果，以计算机、其他电子设备等为手段，传达人与人之间的交流。

广义的电子媒介指印刷技术后的一切现代媒介；狭义的电子媒介指以电子数码技术为手段的传播媒介，包括广播、电视、电影、录音、录像、光碟、网络等。当下电子媒介的产生具有划时代的意义，因此人们把这一时代称之为电子媒介时代，电子媒介时代也被称为电信王国时代、数字化时代或全球化时代。

1.2.2 思维

思维是一种非常复杂的具有许多重要属性的心理现象。对于思维，人们至今尚未形成统一的看法。比如，英国著名的创造学家迪博诺认为思维是为了某一目的对经验进行有意识的探究，我国有的心理学家则认为思维是大脑机能对客观环境的反映，是在社会实践中或感觉经验的基础上产生的理智认识。当前心理学界一般认为思维是大脑对客观事物的概括的间接的反映。

马正平先生指出："我们最真切、鲜明、强烈的感受到的是写作无非是寻求、表达、缔造、建立一种'秩序'。因为紊乱和概括性是一种无序状态。无序使我们不安和失落。新的观点、见解产生后，建立起了解释的秩序，而文章制作也是建立了秩序。"[3]基于此，对于写作的本质的定义亦可当作是对于思维的定义。

因此，可以这样认为，思维是人类反映客观世界、创构理想世界、应对现实环境变化的有序化意识行为。

1.2.3 创造性思维

在很多心理学文献中，都提到创造性思维，但为世人所熟悉的创造性思维，对其概念的界定却莫衷一是。"美国心理学家吉尔福特认为创造性思维的核心是'发散思维'，一些心理学家把创造性思维定义为'是一种不依常规，寻求变异，沿着不同的方向去思考问题，从多方面寻求答案的思维方式'。苏联的一些心理学家则认为'创造性思维是一种使人能提出问题，在不确定的有多种选择的条件下找到新的解决问题的方法，能直接从已有的知识中有所发现的思维形式'。我国教育界则普遍认为'创造性思维是一种打破常规，标新立异，超越传统思维习惯束缚，力求通过问题的表象，从较深层次去认识问题本质的高层次思维形式'。"[4]

创造性思维最基本的特征是，思维存在着积极的求异性、非逻辑性、兼容互补性，思维内容的价值性，思维过程的跃迁性。

综上所述，创造性思维可理解为思维主体在强烈创新意识的驱动下，通过发散、聚合思维等多种思维方式，对大脑中的知识和信息进行新的加工组合，从而形成新思想、

---

[3]马正平.从反映走向与创构、应对的结合——对人类思维概念与分类的当代思考[J].哈尔滨学院学报（社会科学），2002（1）.

[4]周月朗.青少年创造性思维教育——原理与策略[M].成都：电子科技大学出版社，2006：5-6.

新观点、新理论的思维活动。

在基础教育阶段，就中小学生整体而言，其思维活动应属再现性思维。他们在学习的过程中，思维再现着前人的思维过程及结果，严格地讲他们的思维不具备新颖性、没有创造性，不创造社会价值。那么，中小学生是不是就没有创造性思维了呢？显然不是。我们可以从以下两个方面来认识这个问题：一方面我们是就学生整体而言的，但这并不否定个别学生在学习期间就有所发现、发明和创造；另一方面这里更多是在相对意义上就学生思维品质的反映而言的。例如，在教学生学知识时，假如一个学生是教师讲什么，他就被动地听什么、记什么，或者在解决问题时只会运用一般的、通常的方法来分析思考，我们认为这个学生的思维就是再现性的。假如一个学生在教师的启发下能够自觉地、独立地去思考、去探求、去发现，他所采用的思维方法和所得的答案或结论虽未能超越前人和成人，但相对于一般学生的思路和结果来说具有一定的新颖性和独特性，我们可以认为这个学生的思维是创造性的。

1.3 国内外研究现状分析

1.3.1 有关作文教学中创造性思维培养的研究

近年来，不少国家在作文教学中十分强调作文中的个性化表达和创新精神，倡导写作过程中对学生创造性思维的培养。

美国教育特别强调观点的形成与表达，学生不仅要有自己独特的带有批判意识的思想，而且这种思想和观点还要有理有据地影响他人。这种教育思想渗透到作文训练中，主要体现在劝说类文章的写作上，小学三年级开始进行劝说类文章的写作训练，一直持续到高中阶段。美国教育界对中小学生作文进行了多角度多方面的研究。他们还认为，只要学生把写作文当成一种"自我放纵"，不受一些人为设定的条条框框的限制，写作文对孩子而言不是困难的事情。将中美中小学生作文进行比较，我们就会发现：我国中小学生作文重视文章的正确立意，而美国中小学生作文重视学生表达个人的个性化观点，如美国小学生作文《你认为今天避免战争的最好办法是什么》，就是一个开放性的无定论的话题，该话题让学生自由表达观点，怎么想就怎么写，强调学生独有的观点，突出学生独特的个性。我国中小学生作文重视教师评价，美国中小学生作文重视学生自我评价。我国中小学生作文重写实，美国中小学生作文重想象，让学生在想象的世界里自由驰骋。在写作文的过程中，为了充分地培养学生的创造性思维能力，鼓励学生主动探究，教师充分考虑到学生的意愿、兴趣和需要，所提供的常常是比较宽泛而又是学生普遍关心、科技、文化含量较高的话题，学生需查阅大量资料进行筛选、比较、推断并进行综合分析，最后融入自己的理解对论题表达个性化的观点，得出结论。通过诸如此类研究性小论文的写作，让学生主动认识社会、走进社会、参与社会，培养了学生良好的思维品质，激发了学生的创造性思维，强化了学生的科学探究意识。

英国作文教学把掌握自我表达的方法、突出学生的个性和培养思维的独创性作为教学目标。无论是表达自己思想，还是进行文艺批评、文艺欣赏都贯彻这一目标要求，英国作文教学注重激发学生兴趣，主要的做法有读书、讨论、看图画、看戏剧、听音乐等。他们重视学生的实际体验，认为只有通过实践体验才能激发学生习作的兴趣，激发学生创造的热情，让学生倾力投入到写作的享受中，写自己最想写的内容，抒发自我的真情实感。英国在作文教学中，还鼓励学生多读书，阅读大量优秀作品，为写好作文奠定基础。同时，英国作文教学重视实际作文过程，通过丰富多样的作文练习，让学生从习惯写作文，到领会写作文的奥妙，掌握作文的文脉、思路和技巧，而拼写法、文法、标点用法等被放在了其次的位置。

法国的语文课程标准把优良的写作技能看作"是享受有人情味的和有创造性的生活时必备的能力"。澳大利亚中学语文教学大纲也提出："我们必须让学生做到有信心地使用写作经验。"[5]

从以上所述可以看出，注重学生个性表达，强调作文创造性的特点，是世界各国作文教学改革之趋势。在作文教学中注重培养学生的个性和独创性，注重培养学生对作文的兴趣，注重培养学生创新求异的思维能力，鼓励学生抒发真情实感，鼓励学生自由地表达，在作文讲评中坚持以交流、互动、鼓励为主，这些方面都是值得我们在作文教学中学习和借鉴的。

从我国的文学写作传统来看，历代的名篇佳章无不蕴含着作者鲜明的个性和创意。先哲们将"个性"视为教育本旨、写作核心、创造灵魂。历代文章大家都强调写作要有"独是之语""感众之书"。[6]近代著名思想家、"维新变法"领导人梁启超在其《中学以上作文教学法》中，更明确强调："凡足以表个性之言动，虽小必叙；凡不足以表个性之言动，虽大必弃。"[7]

"五四"新文化运动之后，"科学、民主"的思想，重自我、写个性的主张更是深入

---

[5] 肖丽川．初中真情实感作文教学探究［D］．华中师范大学，2010．

[6] 潘新和．中国写作教育思想论纲［M］．北京：人民教育出版社，1998：79．

[7] 梁启超．作文入门［M］．北京：教育科学出版社，2007：19．

人心。1921年冰心在《谈散文》中，呼吁散文作者"努力发挥个性，表现自己"。1923年叶圣陶曾在《读者的话》中从"读者"的角度对散文作者提过这样的要求：我要求你们的工作完全表现你们自己，不仅是一种意见、一个主张，要是你们自己的，便是细到像游丝的一缕情怀，低到像落叶的一声叹息，也要让我认得出是你们的而不是旁人的。李怡、颜同林、周卫东认为："创造力萎缩，就意味着一个作家文学生命的即将结束，成为过去式。前辈作家留下的名篇，对后来者而言主要是影响的焦虑，而突破这一影响的焦虑，唯一的途径是张扬创造，大胆创造……"[8]对自我的创造性、个性的独特性的强调给人们留下了难以磨灭的印象。

由以上概述来看，"个性"这根红线，一直贯穿在我国由古而今的写作中。而我们现在重提写作要体现"个性"和"创造性"，是对历史的赓续，传统的衔接，风气的发扬。

近年来，乘着作文教学改革的东风，许多语文教学工作者进行了许多有益的探索，并积累了一些成功经验。如北京景山学校的"放胆文"实验、湖南杨初春的"快速作文教学"、上海钱梦龙的"读写结合训练体系"、语言思维训练作文教学体系、重庆谭蘅君的文化作文等训练模式等，都取得了较好的实验效果。随着社会各界改革作文教学的呼声越来越高，各地的一线语文教育工作者，掀起了又一轮中小学作文教学改革热潮，情境作文、快乐作文、新概念作文、创新作文、绿色作文等各种作文教学方法应运而生，这些教学方法在写作训练中都特别注意发展学生的个性和创造性。

1.3.2 电子信息技术推动作文教学改革

1946年，世界上的第一台电子计算机横空出世，1969年，被称为互联网雏形的"阿帕网"应运诞生，信息革命两个重要的里程碑树立起来。伴随着网络通信技术和电子计算机信息处理技术的飞速发展，而今"电子媒介时代""信息爆炸""网络社会"已成当今时代的关键语。但是，相对于工业、商业、科学等领域，在电子媒介技术介入教育教学领域之初，面对其强大的渗透力，教育界有着明显的争议：一方面，有人认为电子媒介会让教育发生巨大的革命性的变化，教育改革会有赖于它取得莫大成功；另一方面，电脑、网络对学生的教育可能引起的负面影响令人产生深深忧虑，从而对电子媒介信息技术持有一种审慎、警惕的态度。尽管这样，在希望与审慎之间，当今世界各国都在逐

---

[8] 李怡，颜同林，周维东. 被召唤的传统：百年中国文学新传统的形成[M]. 北京：中国社会科学出版社，2009：22.

步努力，尽量为电子信息技术在教育领域的良性发展一步步做着政策上、理论上和硬件上的种种准备。就我国而言，也进行了一些促进教育信息化的工程建设，如"校校通"，从 2001 年开始，用 5—10 年的时间，在中小学普及信息技术，全面启动中小学"校校通"工程，使全国 90% 左右的独立建制的中小学校能够上网。

美国教育技术 CEO 论坛第 3 年度（2000）报告指出："数字化学习的关键是将数字化整合的范围日益增加，直至整合于全课程。为了创造生动的数字化学习环境，培养学生 21 世纪所需的能力素质，学校必须将数字化内容与各学科课程相整合。"[9]

教学论专家吴也显教授指出："作为教学的中介系统对教学实践发展的影响是最为直接的，正是这种中介系统的变化促使教和学的关系发生变化，从而使教学活动由低级向高级发展。"[10] 信息技术引发作文教学理念、教学手段、教学方式、教学内容、教学评价等诸多方面发生了深刻的变革。阅读、写作和计算是传统教育的三大基石，但是，信息技术却使这三方面产生了裂变。比如，写作方式由手写到键盘输入、扫描输入、语音输入、图文并茂和声形并茂的多媒体写作方式，超媒体文本结构的构思和写作，在与电子资料库对话中实现阅读、写作一体化等，信息技术丰富了人们的理解及表达方式。

许多发达国家已经把学生掌握和运用信息技术的能力作为与读、写、算一样重要的基础能力，并且特别要求学生具有迅速筛选和获取信息、准确地鉴别信息的真伪、创造性地加工和处理信息的能力。

新课标指出，在中小学生作文教学中"应鼓励学生借助现代信息技术，自主搜集和利用学习资源，拓展思路，支持自己的思考和论说"。

因此，可以认为将小学作文教学与电子媒介技术充分整合，是国内外作文教学的发展潮流。如何在既充分发挥电子媒介信息技术优势又符合写作教学内在需要的前提下，最优化地应用电子信息技术，是众多研究者孜孜以求且尚有广阔开拓空间的研究领域。

1.4 相关理论阐释

在作文教学中运用电子媒介培养学生创造性思维的研究，有着广泛的理论基础。多元智能、建构主义理论，人本主义、认知主义心理学从不同角度揭示了创造力发展与作文教学之间的关系。

---

[9] 叶丽新. 信息技术与写作教学整合研究 [D]. 华东师范大学，2005.

[10] 吴也显. 教学论新编 [M]. 北京：教育科学出版社，1991.

美国心理学家霍华德·加德纳教授提出了一套独特的智力理论——多元智能理论。他认为每个正常的人或多或少都具有语言、数理逻辑、视觉空间、肢体动觉、音乐韵律、人际沟通、自我认识、自然观察等八种智能。各种智能是以组合的形式发挥作用，其组合和发挥程度不同，表现的形式也不同，而没有优劣、轻重之别，因此每个学生都有可资发展的潜能，这就要求教育工作者首先要确立积极的学生观，即每个学生都有自己的智力优势领域，有自己的学习类型和方法，都是具有自己智力特点和发展方向的可造之才。从这样的角度来看，学生的问题就不再是聪明与否的问题了，而是在哪些方面聪明和怎样能变得更加聪明的问题。基于此，教育工作者应该在全面开发每个人的各种智能的基础上，为学生创造多种展现智能的情景，给每个学生以多样化的选择，从而激发每个人的潜在智能，充分发挥其个性。其次，要确立一种新型的教学观，即因材施教与对症下药。由于学生智力表现形式的多样性和复杂性，无论何时，无论多么优秀的教师，都不可能找到一种适合所有学生的教学方法。如果教师不善于变换教学方法和手段，就势必会造成许多学生智力的僵滞与萎缩，这对个人、对社会无疑都是一种巨大的浪费。这就要求教师应根据教育内容和学生的不同特点，以充分尊重学生不同学习兴趣，学习方式和智能结构，使他们都能得到应有的发展。再次，要确立一种正确的评价观。现在学校过于重视学生的分数、名次和升学率，其中一个重要原因，就是传统以语言和数理逻辑能力为核心的智力观念在作祟。多元智力理论要求我们必须抛弃这种陈腐观念，树立一种通过多种渠道、采取多种形式，在多种不同的实际生活和学习情景下进行的，确实能够考查学生解决实际问题的能力和创造出初步的物质产品和精神产品能力的评价观，这样才能使评价确实成为促进每一个学生充分发展的有效手段。教育应尊重每一个学生的自然个性并公平地对待全体学生，全面地评估个体学生的成就，并发展学生的潜能，表现在写作教学中，就是要结合学生智能特点和具体情况，运用有效的教学策略，创设积极的教学情境，开发学生各个方面的智能，帮助学生重建自信和兴趣，变"要我写"为"我要写"，逐步提高其写作能力。

"人本主义是关于人的学问，萌芽于古希腊，兴起于文艺复兴时期，在近代欧洲得以延续。20世纪初，以马斯洛、罗杰斯等为代表的人本主义心理学的兴起奠定了现代人本主义教育思想的基础。"[11] 人本主义学习理论强调教育要遵循人的本能需要，必须以人的"自我需要"为目的，把人培养成为一个知情合一、有充分独立性和创造性的人。代

---

[11] 王少凯.人本主义与教育开新[J].社会科学辑刊，2007.

表人物罗杰斯认为："教师的任务是激发学生的学习兴趣和创造性，而不是单纯的教育者和指导者。"[12] 人本主义学习理论告诉我们，立足于培养人的独立性与创造性是语文教育要义之所在。

建构主义认为，知识不是通过教师传授得到的，而是学习者在一定的情境即社会文化背景下，借助他人（包括教师和学习伙伴）的帮助，利用必要的学习资料，通过意义建构的方式获得的。情境、协作、会话和意义建构是学习的四大要素。电子媒介辅助教学是基于计算机、多媒体、网络、超文本、超媒体技术的"数字化学习环境"的。基于网络的教学能够从技术方面支持建构主义学习理论所需要的环境条件：（1）网上资源具有共享性、无限性、适时性等特点，网络能为学习者建构知识提供充足的信息和自由的环境。（2）网络为学习者合作学习创造了条件。学习者利用网上的交互功能与多种交流手段（如异步交流手段：E-mail、Newsgroups。同步交流手段有：Internet Phone、Chat等）对同一问题各抒己见，使学习者对问题有更深入、更全面、多角度的思考。（3）网上资源是以超文本的形式呈现的，而超文本的基本结构是由"节"（Node）和"链"（Link）组成的。节点用于存储各种信息，节点内容可以是文本、声音、图像等；"链"则用来表示各节点之间的关联。超文本的这种节点链接方式与人脑联想式记忆结构类似，从而使学习者易于实现知识的建构。

美国心理学家布鲁纳创立的认知结构学习理论认为，为了促进学生最佳地学习，提供信息是必要的。但是，掌握这些信息本身并不是学习的目的，学习应该超越所给的信息。认知结构理论强调学习过程、直觉思维和内部动机，这与语文学习中要求加强学生的创造性思维能力培养是一致的。通过引入媒介信息激发学生的学习动机，有助于在学生学习过程中渗透情感体验，发挥直觉思维和想象力，在自我探索中获得知识和精神的提升。

1.5 研究的方法与思路

1.5.1 研究的方法

文献分析法：通过对相关文献的搜集、整理、分析和研究，以期明确研究方向，厘清论文思路，力求有所突破与发展。

调查法访谈法：为了了解小学作文教学中存在的问题及问题存在的真实原因，了解语文教师在作文教学中遇到的困惑和采取的相应措施，以及小学生对写作文的态度和其

---

[12] 刘复兴，刘月芳. 现代教学思想与实践［M］. 北京：人民中国出版社，1999：52.

作文达到的水平，笔者在论文写作期间对郑州市一些小学的语文教师进行了访谈，并对一些小学中高年级学生做了问卷调查，得到了不少宝贵的材料，使研究更具针对性。

行动研究法：从小学生作文教学的实际需要出发，采用"发现问题——设计方案——行动实施——反思改进"的步骤，及时修正研究的思路，探索有效的小学作文教学新途径，在作文教学中培养小学生的创造性思维能力，通过创造性思维能力的培养不断提升学生的作文水平。

1.5.2 研究的思路

本文从创造性思维培养的角度来研究小学作文教学中的问题。研究初期，着重对文献的搜集、整理、综合、分析，力争把作文教学中创造性思维培养的发展脉络和研究价值及其对教育教学的指导意义梳理清楚。然后，结合小学生发展的身心规律和特点分析小学作文中创造性思维缺失的因素有哪些；论证创造性思维培养与小学生作文质量提升之间的关系，电子媒介对作文教学中小学生创造性思维能力培养的影响；提出小学作文教学中运用电子媒介进行创造性思维培养的策略。在研究的过程中，深入课堂，认真观察、记录小学生在写作中的表现，看他们是否能够把自己亲身体验到的事物恰如其分地表述出来，是否与自己在研究初期的判断相符，并论述如何通过引入电子媒介培养小学生创造性思维来改革作文教学。在研究中根据创造性思维的培养特点设计出丰富多彩的课堂教学，让小学生在体验中提升创新能力、发展个性创意，提高作文水平。

2 电子媒介影响小学作文教学中创造性思维培养的现状

2.1 现状调查

为了了解作文教学的现状，我们围绕作文教学、小学生作文创新能力的情况和电子媒介对作文教学中小学生创造性思维培养的影响等方面做了问卷调查和访谈。

为了调查方便、反馈及时，我们选取了郑州市的4所公办小学和2所民办小学，对这6所学校的学生进行问卷调查，并对部分师生进行了访谈。为了让数据覆盖面层次更广，选取的这6所学校包含郑州市区小学、郑州市远郊区县小学。本次问卷调查的主要对象是小学中高年级学生，目的在于搜集如下信息：学生们的整体作文水平、写作中遇到的困难、创造性思维对提高写作水平的意义、影响作文中创造性思维的因素、提高作文创新能力的途径、学生兴趣取向与作文能力受电子媒介影响的方式与程度等。正式发放问卷进行调查前，为了确保调查结果的真实可靠，打消学生的顾虑，采取不记名、自愿回答的方式。此次调查问卷共发放 700 份，收回 686 份。访谈主要涉及学生作文创造性思维的现状，教师在作文教学中引入电子媒介进行创造性思维培训所遇到的困难，以及对目前学校作文教学的期望和要求等。力图通过问卷调查和访谈深入了解学生作文的现状，并对在小学作文教学中引入电子媒介的策略方法进行探讨并提供现实依据。

2.1.1 问卷调查中反映的问题

通过问卷调查，我们更进一步了解了小学生的作文现状，发现在小学作文教学中存在着诸多问题。

学生写作的目的不明确。对"写作文是为了什么"一项的调查结果显示：绝大多数学生写作文完全是因为老师或家长的要求，是为了完成任务，而不是出于自己的一种内心需求和创作欲望，学生为了写作而写作，写作前没有创作冲动，写作后体会不到被理解和与人分享的成就感。

学生写作兴趣缺失。在调查问卷中，对"对待作文的态度"一项的调查结果显示：21% 的学生选择喜欢，41% 的学生态度一般，38% 的学生选择不喜欢。由此可见，相当多的学生对作文缺少兴趣。在"喜欢作文的原因"一项调查数据中发现，学生喜欢作文的主要原因是可以从写作中获得创造的成就感，被人赞扬和欣赏进一步刺激了写作的欲望和兴趣。

作文成绩参差不齐。作文成绩，是学生作文水平的整体评价。在问卷中，我们首先设计了"你的作文成绩如何"一题，通过学生的作文成绩来整体审视学生作文目前所达到的水平。其调查结果显示：认为自己作文优秀的仅为 12%，认为很差的占 21%，其他 67% 的同学均认为自己的作文成绩一般；63% 的学生认为自己在习作中的创新能力一般，19% 的学生认为很差，只有 8% 的学生认为很强，10% 的学生认为较好。

学生作文创新程度低。在问卷中，就单次作文的创新成分占全文比例而言，学生作文普遍缺乏创新性，作文模仿的痕迹、套用的痕迹、抄袭的现象十分明显。从问卷中看，学生已意识到作文成绩提高的关键是个人创造性思维的培养，但对如何提高创造性思维能力却茫然不知所措。

"难为无米之炊"是最大问题。在学生的回答中，有 31% 的学生写作时感到生活素材很贫乏，有 51% 的学生认为生活素材要根据情况而定，感到生活素材较丰富和很丰富的学生仅占 18%，多数同学认为是"没有东西可写，不知从何写起，语言贫乏，感到头痛难写"，尤其是感到命题作文难做，许多学生囿于生活经历、经验积累不多，往往无法根据题意广泛联想，去回顾和选取平时生活中的材料，从而感到自己想写却苦于言之无物，难以展开广泛联想，于是感到害怕，激不起作文兴趣。

学生没养成课外练笔的习惯。课外练笔是课堂作文教学的补充和延伸，是作文教学的有机组成部分，必须列入我们调查和思考的范围。应该承认，近年来通过教师的努力，课外练笔这块荒地得到了一定程度的开发，取得了一些令人欣喜的成果，但是离理想的境况仍有相当距离。从调查结果可以看出：经常练笔的学生占总数的15%，有时练笔，但不经常的人数占59%，很少课外练笔和不练笔占26%；在选择课内外练笔方式时，有半数以上的学生选择通过自己的微博、博客、个人主页、网络日志进行练笔。

学生阅读渠道狭窄。很多学生家里的书多为漫画刊物、影视动画作品、卡通图文读本等，很多学生表示，他们平时用在读书上的时间很少，大部分时间都花在学校的课堂上，以及课下的作业。上了一天课，学生根本不想看文字类书籍，而是喜欢看电影、电视，或者看一些轻松搞笑的书。

教师过于强调作文知识的传授。教师在组织课堂教学时，往往注重传授所谓的作文技法、作文知识，让本应生动鲜活的作文教学课堂，变得枯燥乏味，脱离了生活实际，使写作活动变成了一件无趣之事。

作文评阅程式化。作文讲评作为作文教学的最后一环，绝不是可以忽略的一环。作文讲评课既是师生思想情感的交流，也是学生期待的一次重要信息反馈。然而在实际的作文教学中，很多教师仍然没有认识到作文讲评在整个作文教学过程中所占据的重要地位，对其不够重视，常常批改完作文，写几句不痛不痒的评语，就把本子发给学生了。教师在对学生作文进行讲评的过程中，以教师的自身经历和阅历代替学生的经历和阅历，以教师的一己之见代替学生的想象和发挥。此外，评价模式也以教师评价为主，极少数由教师学生合作批改。一直以来，学生作文仅仅以教师为阅读对象，一篇作文写完交给老师亦即宣告一次作业告一段落，学生的作文一直处于教师的权威评判之下，禁锢了学生的创造热情，使作文失去了生命张力和创新价值。

2.1.2 调查访谈结果分析

调查、访谈的数据告诉我们，学生对生活的体验、观察不够，阅读量不足，缺乏底蕴积累，单一、刻板、封闭的作文训练模式是影响小学作文教学中创造性思维培养的主要因素。而随着当今时代电子媒介的快速发展和运用，在作文教学中引入电教媒体，改变旧有的作文教学模式，培养学生的创造性思维能力已成为不可回避的趋势。

学生对生活的体验、观察不够，对周遭的一切司空见惯，麻木不仁，看到的生活只有平淡、无聊、枯燥。这种感觉造成学生的思维迟滞，文思枯竭。法国大雕塑家罗丹说："美是到处都有的。对于我们的眼睛不是缺少美，而是缺少发现。"那么，能写出好文章的作者，必然是能细心观察生活、用心体悟真情的人。因此，要引导学生处处留心观察，用发现的目光看生活，让生活成为作文的源头活水。

学生阅读量缺乏，没有广泛的阅读底蕴积累，忽视课外阅读和积累导致学生作文的言之无物。从调查结果看，现在小学生的阅读情况不容乐观。一部分小学生几乎不读课外书；另一部分小学生虽然在读，但读得功利，只放眼在作文书上，或读得休闲，只喜欢看一些漫画刊物、影视动画作品、卡通图文读本等。厚积薄发，读写不分家，读是写的前提，写是读的落实，如何加强学生的课外阅读是个不能漠视的课题。

电子媒介时代的到来对作文教学的影响不容忽视。长期以来，受应试教育的影响，受教师教学观念、教学能力和教学方法的局限，陈旧的作文教学模式使作文教学始终不能走出少、慢、差、费的怪圈，学生害怕作文、厌恶作文成为作文教学的一大障碍。当今时代，电子媒介的普及、互联网络的发展，给各个领域都带来了新的挑战与机遇。教育，尤其是语文教育也是如此。作文作为语文教育的一个重要部分，深受电子网络的影响，尤其是大量涌来的网络资源、网络文章对于课堂写作的影响，更是关系到中小学教育阶段学生的作文水平与写作能力。在调查中我们发现，老师课堂上布置的作文写得一般的学生，却拥有不凡的文字功底，而且他们大多数都有属于自己的个人主页或博客，网络日志妙语连珠，见解独到，颇具创意。由此可见，语文教育工作者如何善用与电子媒体、互联网络相关的新技术、新知识，推动作文教学，改变单一、刻板、封闭的作文训练模式和作文评价方式，是当前作文教学改革中值得深入探讨的课题。

新课标对写作的定位，特别注重发展个性，培养创新精神。而在作文教学中适当运用电子媒介培养创造性思维正是针对否定个性、缺少创新的作文弊病而提出的，它的实质就是根据写作的本质、遵循思维的规律进行写作，就是倡导作者对自然世界、社会生活和人生经历的真实体验、真切思考和真挚感受的个性化体悟和创造性表达，让学生拥有自由而独立的头脑，让学生的心灵在作文中自由飞翔。

3 电子媒介引入小学作文教学对培养学生创造性思维的利与弊

随着计算机网络、影视音像等电子媒介技术的普及，教育教学领域各学科对电子媒介的应用渐成燎原之势，对学生媒介素养的要求已被很多国家写入了课程标准。语文学科的阅读写作教学对电子媒介的运用也在快速普及。但这种教学新手段的效果如何呢？从长远来看，应是有利有弊。

3.1 优势作用
3.1.1 激发兴趣，拓展思维

电子媒介引入作文教学具有激趣作用。兴趣是学生最好的老师，早在2000多年前，《论语》中就有对于学习兴趣的阐释："知之者不如好之者，好之者不如乐之者。"学生在阅读写作的过程中，有兴趣才有学习的动力，才能充分发挥积极主动性，去创造性地把事情做好。因此兴趣的激发是作文教学的起点，也是作文教学的关键所在。将电子媒介引入作文教学，凭借其创设的丰富、直观、及时的教学情境，能大大激发学生作文的兴趣，拓宽学生思维的空间。心理学研究表明，一个人要想做好一件事情，心里必定有将事情做好的某种动机，在动机驱动下才能在做事的实际行动中付诸努力。在心理学中，动机是指激发、维持并使行为指向特定目的的一种力量。学生的作文活动产生于作文兴趣，即所谓的作文动机，这种作文动机决定着学生在写作中的审美取向、思维状态和坚持力，决定着写作的自觉主动性和积极性的提高。持有积极作文动机的学生与被动写作动机的学生在作文中思维的活跃程度截然不同。所以，我们应当引导学生形成积极主动的作文动机，帮助他们在作文中充分发挥创造性。

建构主义理论认为，学生的学习总是与一定的"情境"相联系的。在恰当的实际情境中进行学习活动，能够使学习者充分利用自身原有认知结构中的相关经验去同化和索引当前学习到的新知识，从而赋予新知识以某种意义。如果原有经验不能同化新知识，则要引起"顺应"过程，即对原有认知结构进行改造与重组。总之，学习者通过"同化"与"顺应"可以达到对新知识意义的建构。在传统作文教学中，由于不能及时提供实际生活情境所具备的形象性、生动性、丰富性，学习者对知识的意义建构出现了困难，大大降低了学生的学习兴趣，导致学习效率低下。而电子媒介凭借声、光、图等密切结合的特点，以其快捷新颖的画面传播，扣人心弦的情节再现，色彩缤纷的画面，蒙太奇式的影像转换，能够引起学生的好奇心理，带来奇妙的感官刺激，有助于吸引学生的注意力，让他们身临其境。在预设的多重情境中，激发学生的学习兴趣，引发学生的写作欲望，碰撞出学生的写作灵感，延展学生的思维空间，使其进入自由驰骋的写作状态，文思泉涌，下笔千言。在电子网络学习环境中，学习者的创造性得以提升。学习者的学习过程不再由教师统一控制，不再强调集中思维、求同思维、正向思维，学习者可以进行多向思维、发散思维，学习活动具有更大的自由度。学习者在学习过程中，除了消化和吸收前人的知识与经验外，更注重解决与自己生活、学习、工作密切相关的实际问题，这样更能激发学习者在短时间内清楚流畅地表达自己的观点和设想，多方向、多角度灵活地思考问题，产生与众不同的具有独创性的新奇思想。

3.1.2 反馈、交流的及时性、多向性

教学评价是教学过程中的一个重要环节，其本质是教学过程的反馈活动，目的在于对教学过程进行适时的调整和控制，使之达到预定的教学目标。教学评价对提高教学质量、优化教学过程具有重要作用。将电子媒介引入作文教学，学生可以在教师的指导下进行网上作文，由教师、家长、同学、作者自己一起参与评价，这种综合性的过程性的评价，更能客观、全面、及时地评价学生在作文学习中取得的进步，促进学生创造性思维的培养。在这个过程中，学生既是评价主体，又是评价对象。

交流是一切创作活动的起点和归宿。作文的本质表明，语言、文字是人类表达心声，交流思想的重要工具，语言、文字的最基本功能就是交际性。作文教学属于言语交际最基本的一种表达训练，凸显作文的交际性功能，有助于激发学生写作的欲望。可是，长久以来，作文教学却忽视了语言最重要的交际功能，学生在写作文时不明白为何要写，写给谁看，缺乏作文中的读者意识，而仅仅把作文看作老师交给的任务，写作文成了一项枯燥乏味的工作。

由此来看，传统的作文教学有着严重缺陷。首先，传统作文教学基本是信息的单向传播，缺少足够的交流反馈效应，造成只有作者而缺少读者的尴尬局面，形成只见信息输出不见信息输入的信息传播瓶颈。其次，作为作文载体，以纸作文本为"传播媒介"在大众传播的必要过程中缺乏再生力：只有单一文本，只能供单个读者进行历时性阅读，不能供多位读者进行共时性的阅读。况且作文练习本大多"呆"在教师案头，根本没有机会让更多读者经常性阅读。教师讲评作文，只限于当堂一读，或者事先打印，发给大家阅读，既费时又费力，效率低下。由此可见，作文一旦失去交际的功能，就会变成枯燥机械、毫无生机的训练。而将电子媒介引入作文教学，在计算机网络的技术支持之下，可以充分发挥作文的交际功能，可以让学生在作文过程中进行充分的会话讨论，还可以让作文成果得到广泛交流。上海语文教学研究会会长方仁工认为，网络作文改变了以往那种学生写老师批的单向交流的状况，能让学生参与社会，畅所欲言。这既是作文本质的基本要求，也是作文实践的迫切需要，体现了建构主义的"情境""协作""会话""意义建构"四大学习环境要素的一贯性和完整性，对促进作文教学过程中学生创造性思维的形成，作文水平的提高意义重大。

3.2 负面作用

3.2.1 限定了想象思维的空间

事物有其多面性,"一切社会进步都有一个共同的特点——它总是右手扔给人类一束闪光的金羊毛,左手又悄悄拿走一点人类原来拥有的东西"[13]。电子媒介在作文教学中显现优势的同时,我们也应看到它无法回避的负面影响。"从美学角度讲,视觉图像和语言文字各具特色,视觉图像以其直观性、形象性见长,而传统的语言文字则具有抽象性和联想性。"[14]相对于文本文字而言,视觉图像有其语言的局限性。人们在文字的体悟中有自己理性的反思,有自己的想象。但是视觉文化冲击下的阅读、写作在某种程度上却使原有的文字想象力受到制约。视觉文化背景下的阅读和写作使一部分学生丧失了独立思考的能力或者说是被剥夺了思考的机会,他们单纯地看着流动的画面,吮吸着别人赋予的著作解读,享用着超量无限的信息源泉,无数的写作素材信手拈来。这种便当式的阅读写作方式极易滋生个体阅读写作的懒惰性,导致情感态度与体验缺乏,造成浮躁的学习态度和无深度的思维方式。他们根本无法感悟到母语的魅力、文章的深层次美感、创作的乐趣、个性的发挥。中小学生群体也在这种阅读写作模式中极大地削减了记忆能力,他们的创造力、想象力与思考力也在电子媒介影响下被消解。

另外,将电子媒介引入课堂教学中,从受众的接受来看,容易分散受者的专注力,影响接受的效率,减弱了接受的专一性。如果采用动画、影音等电子媒介作为教学工具,学生往往会因为对五颜六色的画面印象深刻,而忘记了教者所做的理论性的分析和系统的归纳,课下询问学生,多数学生不能进行深入的理论复述。从讲述者来看,影响在于教者不能如传统教学方式一样,能够直接而又有效地面对受者,感受到受者的接受情况,随时可以做出调整。而在电子媒介的运用下,教者在调整授课内容和调动情感等方面,目前都不能尽如人意。

3.2.2 将作文引向娱乐化倾向

电子媒介学习环境有自己的优势,但也可能会给学习活动带来潜在问题,其中常见的问题是"见树木不见森林""蜻蜓点水""去精神化"的娱乐倾向。

电子媒介是消费社会背景下的人们通过电子网络音像以把握世界的方式。它本身就涵纳了接收上的快乐原则,所以电子媒介天然具备娱乐性。游戏与审美快感相结合,是

---

[13] 高丽华. 电脑与网络[M]. 广州:暨南大学出版社,1998:104.
[14] 周宪. "读图时代"的图文"战争"[J]. 文学评论,2005(6):137.

娱乐的原初内涵，娱乐使受众原本紧张的身心得以缓释与松弛。从哲学层面分析，审美快感的含义在于真正地为个体松绑，把人从沉重的精神压抑和现实负担中解脱出来，给个体在精神上以无限的生存时空。但是随着网络文化的大肆蔓延，在市场经济走上快车道发展的今天，文化快餐泛滥，文化享受泛滥，视觉文化恰恰成为商业性和娱乐性栖息的载体滋生于人们的文化视野中。曾经引领人们保持精神仰望的经典主义悄然弱化。这种"去精神化"阅读与写作对学生人生观、价值观、审美取向等精神层面的影响显而易见。比如单从语言运用的角度而言，铺天盖地的影视语言、网络用语中，除了一些积极、简洁、通俗易懂的语词，还有一些粗俗，甚至影响到中小学生品德发展的一些词汇。语文教育工作者对此就要当好把关人的角色，在作文的教学过程中，教育学生"取其精华，去其糟粕"，好好利用媒体和网络，从而提高写作能力和水平。

总之，电子媒介应用于作文教学，对于作文教学的优化具有十分重要的作用。但是各种电教媒体的表现力、重视力、接触面、参与性与受控性方面的差异，要求我们结合语文教学具体实践、合理选择、有机结合电教媒体，适性而用、适时而用，发展学生自主学习的能力，促进学生的认知、思维水平的提高和个性的和谐发展。

4 电子媒介引入小学作文教学培养学生创造性思维的策略

小学生处于相同的年龄阶段，所处的社会环境、学校环境和家庭环境大同小异，接触的教育思想、文艺作品和新闻传媒也大致相同。这些也就构成了学生相当趋同的思维模式。很显然，要想打破这种具有根本性质的单一思维模式，绝不是作文教学一家所能承担的，它需要极大地开拓学生的生活及思想环境。在作文教学中，引入电子资源，可以培养学生的阅读习惯，培养学生对生活"细察深思"的思维习惯；可以使学生从阅读中、生活中不断汲取滋养，激发调动学生的创造潜能。

4.1 利用电子资源开启大语文视野，充分阅读积累，奠定创造之基

我们天天在教语文，学生天天在学语文，那么语文到底是什么呢？难道语文就是简单堆砌的字词句？语文就是抄抄写写，成天做题，一个学期捏着鼻子写几篇作文？不，我们应该告诉学生，这些都不是语文。真正的语文存在于大自然中：天空中有一丝云儿飘过，淡淡的、自由自在，你觉得真好，这就是语文；初升的朝阳光芒万丈，你觉得生机勃发，这就是语文；如血的残阳映红半边天，让人无限留恋，别忘了这也是语文。语文是那巍巍昆仑，滔滔黄河，是古城旧都中国色天香的牡丹，是那草叶上久久不肯滴落的露珠；语文

是那无声冷月，是静谧的荷塘，是秦皇岛外滔天白浪里的打鱼船，是那青天里的一行白鹭，是沉舟侧畔的万点白帆，是山重水复后的柳暗花明……真正的语文存在于生活中：当你听到一首美妙的歌时，你觉得这歌词真好，你想记住它，别忘了这就是语文；当你看到一幅画时，即刻被其中的景象吸引，于是你搜肠刮肚地想尽华美辞藻来形容它，别忘了，这也是语文；当你参加班干部竞选演讲，组织黑板报稿件，主持班会，别忘了，这也是语文。还有街角店铺动人的名字，电视剧中精彩的对白，你和朋友促膝的长谈……这些都是语文。语文从苏东坡口中娓娓道出，语文被当阳桥头的张飞吼出，语文从忧国忧民的范仲淹笔端流出，语文在浔阳江头琵琶女琴弦上回荡……语文带我们到天姥山的仙人洞里体验神奇，到景阳冈的青石上感受惊险。你听，语文是老杜春夜咏哦，贾岛月下叩门，小杜清明问路，王维佳节思亲。你看，语文是志南杖过桥东，志和泛舟垂钓，诚斋夏日赏荷，放翁夜阑卧听。语文让我们深味"逝者如斯"的感慨，"才下眉头，却上心头"的忧愁，"对酒当歌，人生几何"的无奈，"秋阴不散霜飞晚，留得枯荷听雨声"的萧瑟……

总之，语文来自瑰丽的自然，丰富的生活，辉煌的典籍。她从远古走来，沧桑如海，厚重如地，清逸如云，灵动如水，散发着淡淡墨香，闪耀着智慧之光，连接着千秋历史，传承着中外文明。最后，让我们套用萧伯纳评价音乐的一句话告诉学生——热爱语文的孩子永远不会变坏。

树立了大语文观，在作文教学中一定要引导学生立足生活，培养创造性思维。"现代社会的写作教学必须是立足于现代社会的，是基于社会需求，通过社会生活实施的写作教育。"[15]叶圣陶先生曾提出："作文这件事离不开生活，生活充实到什么程度，才会做出什么样的文字，否则就会陷入不切实际的唯技巧论，对认真练习写作是有妨碍的。"[16]作文是生活，而不是生活的点缀；生活中间包含许多项目，作文也是一个。作文同吃饭、说话、做工一样，是生活中间缺少不得的事情。"既然要写出自己的东西，就会连带地要求所写的必须是美好的：假如有所表白，这当是有关人间事情的，则必须合于事理的真迹，切乎生活的实况；假若有所感兴，这当是不倾吐不舒快的，则必须本于内心的郁积，发乎情性的自然。"[17]这就深刻地道出了作文的本质。李欣章也指出："创新不是凭空产生的，没有坚实的知识积累，是难以形成丰富的联想和产生创造性思维成果的。"[18]所以，

---

[15]倪文锦.高中语文新课程教学法［M］.北京：高等教育出版社，2004.

[16]叶圣陶.语文教育论文集［M］.北京：教育科学出版社，1980.

[17]张定远.作文教学论集［M］.天津：新蕾出版社，1982：7.

[18]李欣章，邵长飞，胡敏.论创造性思维及其培养［J］.山东理工大学学报（社会科学版），2004（5）.

要指导学生多读书，读好书，要学会读两本书：一本是有字的书，增加了素材和语言的积累，写作时方能得心应手；还有一本无字的书，即生活，"世事洞明皆学问，人情练达即文章"。引导学生善于观察生活，同时深入地思考生活。生活是写作的源泉，是创作的原动力，在观察生活时有意识地丰富自己的见识，积累自己的经验和写作素材，珍视个人独特的感受，写作时才能有真实感受，乐于表达，才能做到"我手写我心"。

树立了大语文观，在作文教学中就一定要引导学生走进自然，亲近自然，培养创造性思维。老子说："人法地，地法天，天法道，道法自然。"大自然呈现着宇宙万物之生机本色，浑然天成，自然之美乃艺术创作的最高追求。"清水出芙蓉，天然去雕饰"是至美的艺术境界。艺术创作最忌矫揉造作，刻意雕琢。艺术创作尚且如此，儿童习作是生命本真的流露，更要返璞归真，回归自然。让孩子们走进大自然，还孩子多彩的童年，积极引导孩子们留心大自然中的一花一草一木，一石一山一水，倾听大自然中的鸟鸣蝉噪，蛙鼓虫声。引导孩子们春赏繁花朵朵，夏赏绿阴深深，秋赏硕果累累，冬赏雪花飘飘。启发每一个孩子做心中有朝霞、露珠和常年盛开鲜花的欣赏者。一个懂得欣赏大自然的美的人必定是美的发现者和创造者，他在亲近自然的过程中，可以纳日月精华，聚天地灵气，挥洒童真，放飞个性，充盈创作激情，扑棱想象的翅膀。李吉林老师曾这样描述："在孩子眼里，山啊，水啊，星星月亮啊，都是活的，会跑也会飞，会说也会唱。儿童的眼睛，就是喜欢瞧着这陌生的世界。"[19] 让儿童浸染在美好的大自然中，启动他们原本就多思而敏感的心灵，激发他们表达"童心看世界""我手写我心"的创作欲望，童心童趣童真就会在唤醒和碰撞中不可遏抑，迸发出创造的火花。

树立了大语文观，在作文教学中就一定要引导学生立足教材，拓展阅读，注重积累、加强练习，培养创造性思维。如何将书读好，这是个大的问题。在全球网络化时代的今天，信息的获取变得如此轻松便捷，但大量的信息垃圾早已是堆积如山，选择，在今天显得尤为重要。英国作家毛姆认为，坏书读得再少也不为少，好书读得再多也不为多。博尔赫斯也认为，经典是一个民族或几个民族长期以来决定阅读的书籍，是世世代代的出于不同的理由，以先期的热情和神秘的忠诚阅读的书。但是作为小学生，并不具备判断文章良莠的能力。在这种情况下，唯一聪明的办法就是读名家名著。牵手名家，可观赏文化殿堂的美妙奇异，可丰富人文素养，涵养文化底蕴；与名家同行，用经典的光芒照亮自己的成长之路，个性地思考，创新地解读，让经典成为生命的营养。这是智慧的选择。

---

[19] 李吉林. 李吉林情境教学理论与实践 [M]. 北京：人民日报出版社，1996：228.

第一，立足教材，阅读拓展。透过课本这面镜子，让学生看到语文国度的天高云淡，长空浩瀚；通过课本这扇窗户，让学生走向创作的广阔世界，与别样的风景不期而遇。

记得学了唐朝张继那首千古名诗《枫桥夜泊》之后，我把中国台湾著名作家张晓风根据这首诗写成的名篇《不朽的失眠》通过班级博客分享给学生，文中写道："江水睡了，船睡了，船家睡了，岸上的人也睡了。唯有他，张继，醒着，夜愈深，愈清醒，清醒如败叶落余的枯树，似梁燕飞去的空巢……""感谢上苍，如果没有落第的张继，诗的历史上便少了一首好诗，我们的某一种心情，就没有人来为我们一语道破……有人会记得那一届状元披红游街的盛景吗？不！我们只记得秋夜的客船上那个失意的人，以及他那场不朽的失眠。"[20]这样的句子，使学生的心湖泛起层层涟漪，加深他们对诗句的理解，并引发他们更深层次的思考。接下来是愁诗专题，在我的引导下，学生们纷纷上网查找资源库，忙得不亦乐乎，遍寻天下愁诗，古往今来的愁诗高手一一进入学生的视线：李白、李煜、李清照、贺铸、席慕蓉……他们的名篇名句至今全班同学耳熟能详。李白愁肠百结："抽刀断水水更流，举杯消愁愁更愁。"李煜愁怀难遣："问君能有几多愁，恰似一江春水向东流。"贺铸愁眉紧锁："试问闲愁都几许，一川烟草，满城风絮，梅子黄时雨。"易安愁肠寸断："梧桐更兼细雨，到黄昏，点点滴滴，这次第，怎一个愁字了得。"席慕蓉乡愁萦怀："离别后，乡愁是一棵没有年轮的树，永不老去。"就这样，课内一首诗，课外数篇文，课本是窗口，课外是广阔的世界，凭窗望去，风光无限，真是倚窗可赏千秋雪，推门遂登万里船。学生创作的空间被大大延展。

第二，日有所诵，积累拓展。在每个孩子童年的幻想中，都会有这样一个梦境：在蔚蓝无际的大海边，一边光着小脚丫追逐着雪白的浪花欢快地奔跑，一边俯身捡拾海滩上一枚枚五彩斑斓的贝壳，银铃般的笑声随着湿润的海风飘向遥远的海天相接处……如果说语文也是一片海，那语文的书香之中令我们怦然心动的文字，就是大海边一枚枚闪亮的贝壳，一一收集这些贝壳，它们将会成为我们一生的珍藏。

为了让学生养成一边阅读、一边积累的习惯，我引导学生利用学校的"班班通"系统，开辟了"学海拾贝，一日一得"专栏，创建了属于班级的"书香一缕，妙句隽语"资源库。在这个专栏里，全班同学都可以轮流展示自己的阅读收获，奇文共欣赏，疑义相与析，在日复一日的展示和交流中，那些雅词佳句好段就像一粒粒神奇的种子，悄然在学生心灵的土壤中扎根、萌发，那曾经白纸一样的心灵呀，正酝酿着繁花绚美、硕果

---

[20] 王治国.灰黑之中应该抹上的一缕金黄——《枫桥夜泊》教学对比[J].小学教学设计，2007(11).

盈枝的别样景色。

有时，摘抄的内容和教材相呼应。如学了表现父母之爱的《秋天的怀念》和《地震中的父与子》，我在专栏里为学生提供了这样两段文字：

"母爱是一场春雨，润物无声；母爱是一曲清歌，绵长悠远；母爱是一缕阳光，让你的心灵即便在寒冷的冬天也能感受到温暖如春；母爱是一株大树，在季节的轮回里固执地坚守家园，撑起一树浓荫默默付出。"

"父爱是一座巍峨的大山，父爱是一片辽阔的草原，父爱是燃烧的太阳，父爱是奔涌的江河，父爱是厚重的抚摸，父爱是深情的凝望。父爱是一本书，需要你敞开心灵认真感悟；父爱是一杯酒，需要你屏息凝神细细品味。"

有时，摘录的内容是启发学生如何做人的。有教育大家严于律己、宽容待人的："退一步天高地阔，让三分柳暗花明。""静坐常思己过，闲谈莫议人非。""世界上最广阔的是海洋，比海洋更广阔的是天空，比天空更广阔的是人的心灵。"有引导学生善于发现、善于欣赏的："欣赏者心中有朝霞、露珠和常年盛开的花朵；漠视者冰结心诚、四海枯竭，丛山荒芜。"

有时，摘录的内容是为了鼓励学生树立自信心的。如："是金子就自然会闪光，是花朵就尽情开放，是小草就绿遍天涯，是鸿鹄就展翅翱翔。""让知识的泉水涓流不息，让希望的种子吐露新芽，让思想的大树开花结果，让人生的蝴蝶破茧而出，让我们读万卷书，行万里路，让缕缕书香伴随我们不断成长。"

另外，还有许多名人名言，诗词佳句等。

总之，摘录的内容不一而足。老师和学生有谁在阅读中遇到值得分享给全班的精美文字，都可以把它通过"学海拾贝，一日一得"专栏展示出来。这样日积月累，学生摘抄的内容日益增多的同时，他们的头脑得以充实，也为创造性写作奠定了基础。

第三，阅读交流，分享拓展。阅读，是一种汲取，一种轻松，一种愉悦，一种洒脱，一种情怀。阅读，就是阅读人生，阅读快乐。为了充分激发学生的阅读兴趣，调动他们的阅读积极性，促进他们的阅读交流，也为了给学生提供一个锻炼自我、展示自我的平台，每个星期，我们班都要举行一次"缕缕书香伴我行"读书汇报会。在汇报会上，学生把自己平时阅读中的收获做成课件，通过朗诵、演讲、歌唱或是表演的形式展现出来。全班每位学生都有机会担任读书汇报会的主持人，都有机会在读书汇报会上表现自我，展示风采。为了让学生的阅读更健康向上，更有意义，更系统化，读书汇报活动进行到一定的阶段，我往往引导学生进行一些系列的主题阅读，比如"关注生命"主题、"走进自然"主题、"关爱——让自己的生命为他人开一次花"主题、"打开历史的长卷，走进三国的烽烟"主题等。一个学期下来，全班同学几乎都登上过读书汇报会的讲台。同学们把读书汇报会当作自己欢乐的园地，在这片乐园里，他们声情并茂地读，惟妙惟肖地演，情有独钟地诵，乐此不疲地唱；在这片乐园里，大家挥洒激情，以文会友，大家畅诉心曲，其乐融融；在这片乐园里，大家的知识得以丰富，情感得以陶冶，思想得以深化，思维更加活跃，心胸更加开阔，信心更加充足，笑容更加灿烂。这片乐园，让读书变成了同学们心中无比幸福快乐的事情。

在交流分享环节，班级图书库的建立，也是必不可少的。同学们通过班级博客，互相推荐好书，拓宽了每位同学的阅读面。另外，老师通过班级博客，把一些好书推荐给全班同学阅读，对同学们的读书活动做有效的指导，也使读书活动做到有的放矢。

第四，阅读为基，练习拓展。除每个学期对教材规定的作文从审题、立意、选材、布局谋篇等方面进行多方位、多角度的指导外，应着力于在平时的阅读教学中充分利用电子媒体培养学生创造性运用语言的能力。

还记得六年级课本中有一篇课文是《巴甫洛夫很忙》，讲的是伟大的生物学家巴甫洛夫在生命的最后一刻，还在不断地向助手口授生命衰变的感觉，他要为一生挚爱的科学事业留下更多的感性材料。由这个感人的故事出发，我引领着学生去探寻生命的意义，我们通过网络搜集冰心的《谈生命》、林清玄的《生命的化妆》、林希的《石缝里的生命》、赵丽宏的《生命》等以生命为主题的名家名篇进行课外阅读，另外还在网络资源库中获取了许多有关人生、生死的名人名言。如林则徐的"苟利国家生死以，岂因祸福避趋之"；高君宇的"我是宝剑，我是火花，我愿生如闪电之耀亮，我愿死如彗星之迅忽"等。在阅读、积累、思考、感悟的基础上，最后，全班同学都圆满地完成了作文《追寻生命的意义》。其中有一位同学在文中写道："一个懂得奉献和付出的生命，即使再短暂，也能彰显他美丽的价值和意义，就像河畔的垂柳为碧绿的湖水增添几许流动的翠色，就像秋日的落英为凄凉的深秋增添几分火红的希望……"

再比如六年级在进行《匆匆》一课的教学时，谈到朱自清先生善于运用比喻的写法，把时间比作"轻烟""薄雾"和"针尖上的一滴水"，化无形无声为有声有形，让人感受到流光匆匆，时不我待。于是，我请学生也用比喻句说一说自己感受到的时间。有人说："时间是一闪而过的流星，是稍纵即逝的彩虹，是悄然一现的昙花，是无声无息的清风……"有人说："时间是随风飘散的微云，是来去匆匆的闪电，是一只飞翔的小鸟，总是和我们擦肩而过……"有人说："时间是一张白纸，给勤奋者绚丽七彩，给懒惰者无声黑白……"有人说："时间是一位船夫，他把奋进者摆渡到成功的彼岸，把彷徨者抛弃在失败的浅滩……"还有人说："时间是滔滔逝水，所以子在川上曰：'逝者如斯，不舍昼夜。'时间是早晨的露珠，所以曹操有诗云：'对酒当歌，人生几何，譬如朝露，去日苦多。'时间是西斜的太阳，所以古人欲'挂长绳于青天，系此西飞之白日'。"一个个精彩的发言让整个课堂思想闪光，全班同学通过对这节课进行了思考、感悟和交流，课后每个人都写了一首小诗，诗的题目就是《时间啊，你是什么？》。

第五，教师垂范，熏陶感染。苏霍姆林斯基曾说过："要天天看书，终生以书籍为友，这是一天也不断流的潺潺小溪，它充实着思想的河流。"我热爱阅读，在我看来阅读是幸福的，阅读是快乐的。通过阅读，可以舒展心灵的翅膀，让笑容变得灿烂；可以仰望思想的星空，让目光变得深邃；可以搭建思想的阶梯，让岁月变得充实；可以品味别样的人生，让生活变得阳光。

在我看来，阅读应该成为教师的生活方式，阅读能让人长见识，明是非，坚心志。如果教师没有甘于寂寞、安心清贫、锐意求索的心志，置身于物欲横流、思想浮躁的时代之中，实难坚守三尺讲台。以书为友，会使我们心无旁骛，沉醉于书香之中。作为教师，我们应该是博览群书的饱学之士，五湖四海、古今中外、上下五千年、纵横八万里，都应该有所涉猎。这样，我们在课堂上才能口吐珠玉，游刃有余，讲起课来左右逢源，旁征博引，妙趣横生，见地别具，谈吐不凡，从而给学生带来一路清风，使其如同进入一个辽阔纯净、花香四溢的知识王国。唯其如此，我们才能以自身的书卷之气去熏陶学生，使之热爱读书，与书为伴，给每一天留下阅读时间，给每一个阅读时间留下宁静的心情，给每一份宁静的心情留下悠悠书香，这样才有助于在写作中培养创造性思维，让他们做敢于创造的书山攀登者，学海弄潮儿。因此，我和我的学生一起建立了班级读书博客，师生共读共写，共建书香班级，博览群书，博闻强记，为学生写作奠定坚实的基础。

4.2 借助电子媒介引导观察，拓展体验活动，培养学生感悟能力

感悟是人类对自然界、社会生活中某种现象油然生发的顿悟性认识。实践证明，培养学生的感悟能力能够快速引发其创造性思维。

如何引发感悟呢？明末清初陆世仪有云："人性中皆有悟，必工夫不断，悟头始出。如石中皆有火，必敲击不已，火花始现。然得火不难，得火之后，须承之以艾，继之以油，然后火可以不灭。得悟亦不难，得悟之后，须继之以躬行，深入以学问，然后悟可以常继。"意为持之以恒地深入研究学问，深入生活，亲身观察实践是感悟能力不断提

高的源头活水。

现代多媒体技术可以把学生平时司空见惯的事物再次展现在他们面前，使他们站在第三者的角度，看到自己平时并未留心的"熟悉而又陌生"的生活，引起他们观察的浓厚兴趣。例如，自然现象中的云舒云卷、花开花谢，以及猫跳狗跑、虫鸣蛙鼓；社会生活中的家庭亲情、学校活动、街道见闻、商场景象等，无不是学生所熟悉和感兴趣的。老师可以事先把这些内容拍摄下来，或者利用网络查找出适合的材料，以供学生选择观察。如为了让学生写好向日葵，可以利用多媒体手段将向日葵的形态及花盘、叶、果实以及与太阳的位置关系依次特写，从远及近、从上到下地展现，最后把镜头落在蕊间的蜜蜂和蝴蝶上，使学生充分感受到向日葵的形、色、香等特点。这样反复的训练，可以帮助学生克服观察的随意性，提高其观察的深度。通过这样的训练，学生的学习兴趣被调动起来了，写出的作文内容具体生动，充满童真童趣，充满美好幻想。

的确，在多媒体电脑网络下，作文的教学资源得到了有效的开发和利用，学生作文素材丰富了，再也不是没有内容可写了。真如叶圣陶老先生所述"有了源头才会不息地倾注真实的水来"。

再比如，在以"爱"为主题的作文指导训练中，我设计了一系列观察、体验活动：

第一，热爱祖国，热爱家乡。爱之所以崇高伟大，是因为它不仅仅对个人而言，更是以整个民族为荣的尊严与情绪。因此我把爱祖国、爱家乡的教育列为爱的教育的第一课。引导学生通过网络资源、视频材料、书籍等纵览中华民族上下五千年的悠久历史，品味其中的辉煌与忧患；放眼华夏大地绵延数万里的壮丽山川，感知其中的博大与沧桑；号召学生投身家乡的社会实践活动，了解家乡日新月异的变化。同时，通过班会、队会、读书汇报会、社会实践活动交流会等形式，让同学们交流学习成果，畅谈实践感受，让对祖国、对家乡、对民族的爱，伴随他们成长。

第二，热爱自然，爱护环境。为了让孩子们走进大自然，还孩子多彩的童年。我积极引导孩子们留心大自然中的一花一草一木，一石一山一水，倾听大自然中的鸟鸣蝉噪，蛙鼓虫声。孩子们用照相机或摄影机记录了旅游途中大自然旖旎壮观的无限风光，并制作成精美的课件，带到"班班通"系统中分享交流。一个懂得欣赏大自然美的人必定是自然的热爱者、环境的保护者。"让我们行动起来，植树造林，让青山常在；治理污染，让绿水长流；节约用水，让生命的源泉永不枯竭；善待动物，让人类的朋友绽放笑脸。让我们和所有的动物一起，生活在这山清水秀的绿色家园。"孩子们发表了这样的环保誓言，并将这些誓言化作自觉的环保行动，从中获取了大量的创作素材。

第三，关爱社会，珍爱生命。生命属于我们只有一次，生命是最值得珍惜的。我将《小小地球何其小》《珍贵的礼物》等音像材料引入阅读与写作活动，引发学生思考：我们每个人的生命都是宇宙万物中的奇迹，我们能够拥有一次生命的历程，在这茫茫的时空中，是一件无比荣耀、无比自豪、无比幸福的事情。我引发学生进行思考：伟人在身后留下一座丰碑，哲学家在身后留下博大深邃的思想，诗人在身后留下撼人心魄的情感，画家在身后留下瑰丽珍贵的画卷，科学家在身后留下泽被众生的发明创造。那么，我们在身后能够留下什么呢？我引导他们从深层次思考生命的价值和意义：在平凡的时光里，让自己生命里的一切思想、情怀、品格盛开成三月如诗如画的原野；在寂寥的人生路途中，用生命去唱一支热烈而充实的歌。不管我们的生命多么平凡，我们都要活出一个平凡人应有的价值来，就像一首诗中写的那样：融进银河，就安谧地和明月为伴照亮长天；没入草莽，就微笑着同清风合力染绿大地。这样，才算得上是善待生命、不负年华。简言之，一个人活着，就要尽其所能，去挖掘生命的潜能，释放生命的华彩，在实现自己生命价值的同时，也让这个世界因你的存在而更加美好，让身边的每一个人因你的存在而更加幸福，这就是人生的意义之所在。

第四，敬爱师长，关爱同学。爱心之博大，可装得下整个世界。而爱心之孕育生长，却源于身边人、身边事。因此，爱的教育中最重要的一点是要引导孩子们从细微之处献真情，学会关心身边人。我引导学生观察、体验、感悟，让孩子认识到父爱的厚重、母爱的无私、师爱的博大；认识到母亲的两鬓，丝丝白发儿女债；认识到父亲的额头，历历深纹岁月痕；认识到老师的心中，一心耕耘育桃李……认识到接受爱，当回报爱，人应当有一颗感恩之心。比如，在班级中举行"争当老师小帮手"活动，让孩子设身处地，换位思考，自觉帮助老师管理班级。在节假日举行"我为父母来减负"活动，让孩子帮助父母做一些力所能及的家务活。另外，为了帮助班里的后进生走出困境，班里还举行了"一帮一"结对子活动。这样，学习暂时落后的同学有了自信心，帮助同学的优秀生也体会到了"赠人玫瑰，手有余香"的快乐。

"爱在爱中满足了"纪伯伦如是说，"爱满天下"陶行知身体力行。而我知道没有爱，就没有教育。教育创造的成果虽不是脍炙人口的诗篇，不是流芳百世的乐章，不是令人称奇的画卷，但却是新生一代的灵魂。我只希望，自己不遗余力所做的一切，能够在孩子的心灵深处营造一条流光溢彩的爱的璀璨星河，让爱的音符连缀创造的乐章，让爱的花朵开遍创造的花园！

记得那次作文课，习作的要求是让孩子们按照自己的心愿，设立一个节日，并写出设立这个节日的原因，或者想想怎样度过这个节日。

在走上讲台之前，我情不自禁地猜测着：孩子们会愿意设立哪些节日呢？贪吃的小馋猫也许会设立冰激凌节、火腿节，好玩的"淘气包"是不是早就想设立玩具节、游戏节了，文艺积极分子也许会设立歌舞节，体育健将也许会设立轮滑节、篮球节。

上课了，我抛出的问题就像一道道美味佳肴，马上被同学们举起小手一一解决。我看时机已到，就提出了这节课的核心问题：一个个美好的节日就像一朵朵鲜花装饰着我们的生活，又像一束束火把，点亮了我们美丽的心愿。你最想设立什么节日呢？

话音刚落，同学们马上兴致盎然，七嘴八舌地讨论起来，看着那一张张涨得通红的小脸，一双双闪着光彩的眼睛，我心中充满了期待：这些小毛头们，小小的心中到底藏着怎样的愿望呢？

讨论完毕，交流开始。首先发言的是小婧，她奶声奶气地说："我想设立一个助残节。因为前几天我妈妈生病住院了，我在医院照顾妈妈时，看到一位失去双臂的大哥哥行动很不方便，所以我想设立助残节，希望大家都去帮助那些需要帮助的残疾人。"

接着，小滢也发表了自己的设想："我最想设立个希望节。因为我在电视上看到贫困山区的小朋友在十分破旧的教室里上课，桌子、凳子都是石头摆成的，我的心里很不是滋味。如果有了希望节，每个人都奉献爱心，帮助贫困山区的孩子建起宽敞明亮的教室，那该多好啊！"

小涵早就迫不及待了，他动情地说："我想设立一个护鲨节。因为我在电脑网络保护动物论坛上看到许多人爱吃鱼翅，看到捕鲨人从活生生的鲨鱼身上割下鱼鳍，失去鱼鳍的鲨鱼痛不欲生，不久就悲惨地死去了。我希望越来越多的人把动物当作朋友，不把自己的享乐建立在动物的痛苦之上！"

紧接着，各种各样的节日设想被孩子们娓娓道来，爱心节、朋友节、环保节、读书节……妙想奇思，异彩纷呈。

学生在作文课上的精彩表现，不正是深入观察、思考生活之后感悟能力、创造能力得以提升的表现吗？对于他人，对于自然，对于生活，他们小小的心里，竟装满了如此多的奇思妙想，如此多的善良、爱与悲悯的情怀！所以我对他们说：心中充满爱的孩子是最可爱的，让我们共同努力，把那些纯真的心愿串成一串串美丽的璎珞，让它们永远在岁月深处晶莹璀璨，让我们一起见证成长，见证生命历程中无比丰富纯美的一个个瞬间吧……

在深入生活观察体验的同时，我还要求学生坚持写日记，把自己耳闻目睹、亲身经历的事情记下来。随着电子媒介的普及，学生还可以用写博客、微博、空间日志的方式记录每天的所见、所闻、所感，极大地调动了学生写日记的积极性。

4.3 将电子媒介引入课堂作文教学，培养学生想象能力

科学研究表明，创造发明离不开想象，想象力是创新素质的组成部分，是创新的基础，想象力丰富与否关系到创造能力的强弱。爱因斯坦曾经说过："想象比知识更重要，因为知识是有限的，而想象概括世界的一切……而且是知识的源泉。"这是科学巨匠对想象作用的肯定。歌德曾说："我们都不应把画家的笔墨和诗人的语言看得太死、太狭窄，一件艺术品是由大胆的精神创造出来的，我们应尽可能地用自由大胆的精神去观照和欣赏。"在写作体验过程中，自由大胆的联想和想象是很重要的，王朝闻先生也指出："没有想象谈不上体验。"刘勰对想象活动的描述更为具体生动，他写道："寂然凝虑，思接千载；悄焉动容，视通万里；吟咏之间，吐纳珠玉之声；眉睫之前，卷舒风云之色；其思理之致乎？故思理为妙，神与物游。"[21]刘勰指出作文凝神思考时，思绪可以连接千年以前的情景，内心情绪的波动，视线可达到万里以外的地方，思索遣词造句，念念有词，像响起珠玉般的声音，凡想象能达到的就能精神与外物一体，遨游驰骋。可见，想象力不仅对作文十分重要，而且对发明创造也十分重要。无数事实告诉我们：一切发明创造源于想象，一切文学作品成功于想象。因此，作文教学中的想象能力的培养对创造性人才的培养关系甚大。而电教媒体运用于作文教学，能充分发挥其信息量大、直观、不受时空限制、易于调动学生体验、强化形象感受的优势，对于培养学生的想象力，有不可替代的作用。那么，如何在作文教学中利用电教媒体丰富和发展学生的想象力，提高其写作水平呢？具体做法是：

4.3.1 激趣审题，入境联想

叶圣陶先生认为，语言发生的本身，是为着要在人群中表白自我，或者要鸣发内心的感兴。顺着这两个倾向，自然会不容自遏地高兴地说。可以说，这两个倾向，正是激发学生写作欲望的基本途径，对初学写作的学生来说，尤以引导"鸣发内心的感兴"为主，只有让学生写他们内心的感受，他们才会高兴地说，高兴地写。然而，由于小学生生活阅历浅，感性材料少，当他们面对一个指令性的作文题目时，往往茫然无从写起，教师只有千方百计地把学生带入某种情境中，强化感受，然后再进行作文，学生才会有话可说，有话可写。同时，情境本身激起了学生的情致，便可达到"情动而辞发"的境界，从而达到发展思维能力和语言表达能力的目的。

---

[21] 刘勰著，龙必锟译注. 文心雕龙全译 [M]. 贵阳：贵州人民出版社，1992：327.

我在作文教学中，常常根据作文的具体要求，创设情境。上课伊始，我就让学生由对音乐渲染、图像展示、动画演示的感受，进入作文的意境；同时，用富有激情和鼓励的解说，帮助学生审题，从而引导学生根据自己对文题的理解，进入联想思考状态。例如：在进行《春天》的作文教学时，首先播放了《春天在哪里》的动画音乐片。那五彩缤纷的画面，美妙动听的歌声，一下子把学生的心从教室带到了阳光明媚、万物复苏、姹紫嫣红、莺歌燕舞的春的世界里，从而激发了学生的创作欲望，并促使他们积极投入到作文的构思创作中……

4.3.2 展示素材，再造想象

如果你没有到过祖国南疆的名城——桂林，你向往着"山水甲天下"的地方，桂林山水怎么好？你脑子里空空的，没有一个稳定、鲜明的轮廓。但当你读了陈毅同志《游桂林》的诗，就可以根据诗中的描绘，在脑中创造出一幅桂林山水秀丽挺拔、雄奇壮观的图画，通过想象神游桂林，使人有如亲临其境：水作青罗带，山如碧玉簪。洞穴幽且深，处处呈奇观……

这种根据语言的表述或图样、符号等非语言的描绘在头脑中形成的有关事物的形象的想象，就是再造想象。

在作文教学中，在激趣审题，引发学生的入境联想之后，我经常利用电教媒体向学生展示一些典型的可视、可读、可听的写作素材，指导学生对写作素材进行专心观察、仔细感知，抓住事物特点，唤醒学生已有的体验，导引学生将素材中的画面、音响、文字转化成鲜活的形象，并把这些形象进行组合，形成一系列连贯的画面，进行再造想象训练。

例如，我在进行《新型玻璃》的教学时，精心设计了《新型玻璃的自述》的写作练习。通过展示素材，让学生充分观察、感知，从而了解了每一种新型玻璃的特点。接着根据课文重点，把全班分为五组，每组写一种玻璃，启发学生进行再造想象，抓住特点，把玻璃写活。学生兴趣盎然，欣然命笔。不多时，一篇篇妙趣横生的习作应运而生。在学生的习作中，一块块冷冰冰的玻璃全都开口说话，或热情洋溢，或彬彬有礼，或幽默诙谐……争相介绍自我，推销自我，想象的火花在笔端灿烂开放……

4.3.3 描述未知，创造想象

创造想象和再创造想象不同，创造想象是不依赖现成的材料而独立地创造出新形象的一种想象。黑格尔曾经说过："真正的创造就是艺术的想象活动。"作曲家创作新乐章，文学家创造新作品，发明家创造新机器，都是以头脑中构成事物的新形象为前提的。为了培养学生的创造想象能力，我在作文指导课上，经常利用电教媒体为学生提供反映未知世界的材料,并启发学生将探究未知世界的冲动,引向具体的模拟想象状态,并让学生把独立创造的形象描述出来,从而进行创造想象训练。

例如,在指导想象作文《未来的……》时,我首先利用电教媒体向学生展示了一组主题为"人类的奇思妙想"的图片,如"血管清道夫""机器人小伙伴""四季鞋""空调服""移居火星"等,接着用富于激情的话语鼓励学生插上想象的翅膀,大胆想象,把想象的触角伸向宇宙、伸向海洋,纵情放飞自己的梦想。这时候,许多同学的想象力如冲破黎明黑暗的朝阳,喷薄而出。他们纷纷举手发言,描述自己的想象。有的要发明一种有利于农业生产、让家乡风调雨顺的"牵云机",有的要发明让人像鸟一样自由飞翔的消除地球引力的"消引器",有的要在金星上建一个和外星人互帮互助、互通有无的"金星友谊站"……所有这些"想入非非",谁敢肯定,在未来的某一天,不会变成现实呢?

4.3.4 鉴赏习作,悟理升华

这是作文教学的讲评阶段。就一次教学的全过程而言,讲评是最后的一个环节。也是教师指导学生如何把文章写得更好,让想象趋于合理的环节。在这个环节里,我坚持做好两件工作:一要评好。讲评时尊重学生,采用师生、生生互动互评的形式抓住学生作文的"闪光点",给予充分的肯定和热情的鼓励;对他们习作中存在的问题,提出具体的指导和帮助。二要赏好。利用投影、网络或音响,将优秀习作展示给学生,让学生在佳作欣赏中感悟到想象的妙处,体会到成功的喜悦,从而使情感得以陶冶,兴趣得以培养。

总而言之,在小学作文教学中,通过运用电教媒体,我们可以跨越时空、提供素材,可以激发兴趣、寓写于乐,可以引导观察、启发思维,可以不断丰富和培养学生的想象力,可以启迪学生"观古今于须臾,抚四海于一瞬""笼天地于形内,挫万物于笔端",还可以塑造学生的创造性人格。

4.4 利用电子媒介,多角度培养学生创造性思维能力

学生作文的过程,从知识上讲,是对已掌握知识的"输出"。但就思维而言,它又不是简单的"思维再现",而是一个思维创新过程。这种创新过程是多种思维方式的综合运用。

4.4.1 审题立意

灵活性和独创性是优秀思维品质的主要特征。发散思维和求异思维是创造性思维的主要形式。

所谓发散思维就是沿着不同的方向、不同的角度思考问题,从多方面寻找问题答案的思维方式,因此又叫多向思维、多维思维或辐射思维,是相对于集中思维而言的。在

作文审题立意的过程中，可以引导学生运用发散思维方法，从一个问题出发，广泛联想，由日常生活小事想到人生百态，想到世间万象。比如，全国首届新概念作文复赛时，有一个补考题目：一杯水里放了一团纸。韩寒从这张纸在水中浸泡、沉降的过程中，联想到人生的过程，从人之初的善良，到受到社会的浸染，再到引起的严重社会现象，联想丰富，思考深刻，这种广泛的联想能力和深入思考问题的能力都体现了作者极强的发散思维能力。再如，结合小学作文训练中"春游"的话题，可以写一篇作文《春天的发现》。要求学生根据事物间的某些联系，进行联想，展开发散思维。从"春天到来，万物复苏"来联想，想象到"春到人间气象新"的大好局面，也可从"百花齐放，争奇斗艳"联想到祖国欣欣向荣的景象……这样，学生思维开阔了，作文也就写活了。

所谓求异思维是相对求同思维而言的，是指从同类事物中找出不同点，从通常的认识中得出不同一般的结论，如大家都认为"班门弄斧"是个贬义词，但有人就换了一个角度，讨论"弄斧何不到班门"，分析在外行面前耍大刀不是真本事，而敢于向权威挑战，才是真勇敢。大家都认为"只要功夫深，铁杵磨成针"是一种宝贵的精神，但有人换了一个角度，得出"铁杵何必磨成针"的新观点。有人总结创造力的十大特征，其中有一条是"不受现状束缚，对传统说法往往感到不满足"。如果有了针对现有说法提出自己见解的能力，敢于班门弄斧，敢于挑战权威，创造性思维就离我们的学生不远了。

将电子媒介引入作文教学，有助于发散思维、求异思维的培养。例如在《春天的发现》作文指导中，我通过"班班通"媒体播放悦耳动听的春天的乐曲，展示明媚动人的春景图片，吟咏兴味悠长的春的诗篇，引导学生听春、赏春、颂春，感受春草萋萋、春花娇艳、春柳依依、春水浩荡、春燕呢喃的胜景无限，从春的清新隽永、如诗如画美景中不由自主地生发出一年之计在于春，不辜负这自然的大好春光、人生的美好年华的思想情感。从而使立意更为深远。

4.4.2 构思谋篇

作文写作中的构思谋篇，既是关键又是难点，其过程就是学生展开创造性思维的过程。构思的创新，在于不拘泥于大众化或者模式化的文章思路，而是能够从一个全新的角度组织材料，独辟蹊径。在文章的结构上，我们可以适当采用倒叙、插叙的结构方法，使文章结构显出新意；也可以采用附加题记、小标题、后记的方法，使文章的结构更完善，层次更清楚；还可以用改换人称、变换对象的方法，使文章构思个性化。

作文的结构完整是一种要求，结构巧妙是一种境界，结构新颖是一种追求。在作文教学的过程中，可以利用电教手段就同题作文进行不同的思维训练，根据需要灵活组材成篇，或横向思维彩线串珠，或纵向思维波澜迭起，或反向思维求异求新，或题记含情奠定基调，或步步设疑，扣人心弦，或首尾呼应，顾盼生辉，或倒叙布局，悬念引人……在多向思考、重新组合的过程中教给学生思维的方法，唤醒学生创造的潜能。通过借助电子媒介调动大量信息资源，展示素材，通过综合、分析和比较，让学生学会从不同角度、不同方向、不同层次去创新。

4.4.3 语言表达

古往今来的文坛巨匠无不具有鲜明的语言风格，李白的洒脱飘逸，杜甫的沉郁顿挫，鲁迅的犀利冷峻，孙犁的清新明丽，海明威的大刀阔斧都给读者留下了深刻的印象。作为初学写作的小学生，也可以通过阅读积累和写作方法的点拨训练，在作文中凸显天性，创造性地进行语言表达。处于泛灵的感知状态下，他们童真的语言如诗般美丽："妈妈，今天我想当野草，长在外面。""妈妈，你买的虾都老了，你看，他们都长胡子了。"处于入微的体察状态，他们可以听到"细雨下，点碎落花声"，"微风里，飘落流水音"，看到"在蓝空天末，摇摇欲坠的孤星"。处于超然的审美状态下，还有史铁生在《我与地坛》中惟妙惟肖的描写："蜂儿如一朵小雾稳稳地停在半空；蚂蚁摇头晃脑捋着触须，猛然间想透了什么，转身疾行而去；瓢虫爬得不耐烦了，累了祈祷一回便支开翅膀，忽悠一下升空了；树干上留着一只蝉蜕，寂寞如一间空屋……"[22]这正是对他们脾性的表达。

在作文教学中，借助电子媒介展示画面，进行物象显现，通过色彩呈现让画面流光溢彩，历历在目，通过聚焦定格、强化感受凸现细节，通过场景展现、想象虚现等方法，指导学生运用生动的语言进行描写、渲染，让儿童的语言更加形象化，凸显诗性和创造性。

4.4.4 互动交流

如前所述，交流是一切创作活动的起点和归宿。作文的本质表明，语言、文字是人类表达心声、交流思想的重要工具，语言、文字的最基本功能就是交际性。作文教学属于言语交际最基本的一种表达训练，凸显作文的交际性功能有助于激发学生写作的欲望，让作文成为有所为而作的事情。将电子媒介引入作文教学，学生可以在教师指导下进行网上作文，使作品获得同学、老师、家长、社区人员等多元主体的评价，在这个过程中大家可以共同讨论、评议、批改，扩大了交流，沟通了思想，学生之间相互得到了

---

[22] 史铁生.我与地坛[J].北京：人民文学出版社，2018.

启发与帮助，获得了信息与激励，明显提高了课堂教学效率。在这个过程中，学生既是评价主体又是评价对象，在评价中，学生还能够充分发挥主体作用，培养作文过程中的读者意识，培养自我评价的意识与能力。由教师、家长、同学、作者自己一起参与评价，这种综合性的过程性的评价，更能客观、全面、及时地评价学生在作文学习中取得的进步，促进学生创造性思维的培养。

结　语

在小学作文教学中加强创造性思维的培养是当前教育教学改革的必然趋势，也是信息化、数字化时代培养创新型人才的必然要求，充分体现了"知识内容的传授""生命内涵的领悟""意志行为的规范"和"启迪其自由天性"的教育精神之所在。创造性思维是人类思维的最高表现，培养学生的创造性思维是一门学问，教师只有努力开拓适应新课程标准的教学模式，才能要求学生摒弃人云亦云、千人一面的复制型思维，在作文教学中点燃学生创新思维的火花，才能诱发学生的创新灵感，使学生写出富有创意的佳作。

人类社会进入信息化、数字化时代以来，各种电子媒介，网络、电视、手机等传播媒介已经深刻地影响着中小学生的社交、学习和娱乐。将电子媒介引入语文教学，在小学作文教学中充分利用其信息量大、直观、不受时空限制、易于调动学生体验，强化形象感受的优势，对于培养学生的创造性思维，有着很大的促进作用。在作文教学中，可以利用电子资源帮助学生开启大语文视野，奠定创造之基；可以借助电子媒介引导学生观察，拓展体验活动，培养其感悟能力。善用电子媒介，不仅有助于在作文教学中激发兴趣，拓展思维，还可以实现学生作文反馈交流的及时性和多向性，引导学生从不同角度、不同视点、不同层面去思考同一问题，让学生获得多种不同的感受和经验，使学生潜在的创新能量得到最大限度的释放。

同时，我们还应看到"电子传播媒介的诞生既带来了一种解放，又制造了一种控制；既预示了一种潜在的民主，又剥夺了某些自由；既展开了一个新的地平线，又限定了新的活动区域"。[23] 电子媒介是一把双刃剑，它对当下的语文作文教学具有双重的作用。正如一些教育工作者对网络教学存在弊端的分析："网络教学在时空上的无限性，使人们享受到了前所未有的自由，但也可能导致自由与约束的失衡；网络教学在内容上的

---

[23] 南帆. 双重视域——当代电子文化分析[M]. 南京：江苏人民出版社，2001：4.

超大容量，为人们提供了无限的信息源泉，但也可能导致情感态度与体验的缺乏；多媒体的信息传播在方式上使知识变得有趣、易学，但也可能导致浮躁的学习态度和无深度的思维；管理上互联网接入的平等性、开放性，为学习化社会理想的实现提供了保障，但却直接因网络引发道德行为问题；网络教学资源上的信息全球化使教育'面向世界'的理想成为现实，但同时可能给教育的民族性、本土化带来巨大的冲击。"[24]因此，在将电子媒介引入作文教学培养学生创造性思维的同时，我们一定要警惕其带来的负面影响，应采取切实可行的措施以趋利避害。

最后，我们还要认识到，尽管提升小学生的创造性思维能力有利于他们作文的写作，但创造性思维能力的提高却不仅仅只是在作文教学中就能实现的。学生的创造性思维能力与他周围的生活环境、个人文化素质和修养等有着密切的联系，也与各科教学相互关联，渗透在每一门学科的教学之中。学生创造性思维能力的提高是一项系统工程，只有所有教师都认识到它的重要性，并在日常教学中注重培养，才有可能取得丰硕成果。相信，伴随着小学生创造思维能力的提高，他们在作文写作中一定会逐渐释放出本有的童真色彩，并将其升华为积极的学习态度和人生态度。创造能力培养在小学作文教学中也必将受到应有的重视，基础教育也会在不断的改革创新和发展完善过程中实现自我救赎和自我超越。

在摸索实践的过程中，由于我的理论知识、实践经验的局限性，尚不能形成更完善更系统的教学策略。在接下来的工作中，我会更加努力钻研理论知识，注重实践探索，将这项研究工作不断推向深入。

---

[24]石鸥,张倩.网络教学的潜病理及其对策分析——网络教学三论[J].课程·教材·教法,2003(8).

第九章 融慧立人课程的教师研修

——基于网络的中小学教师校本培训策略研究

基于教师专业发展需求，依托开放、动态交互的网络环境，致力于探索义务教育阶段中小学教师校本培训的有效途径，就加强培训的组织管理，提高校本培训质量提出对策与建议，总结出网络环境下中小学教师校本培训的经验，构建一个目标明确、内容丰富、形式多样、评价科学的网络环境下中小学教师校本研修策略体系，促进教师专业发展。

一、问题的提出及研究的意义

当今世界各国综合国力的竞争，主要是科技竞争、人才竞争，归根结底是教育的竞争。中小学教师的素质直接影响到国家的教育质量，因此提高中小学教师的教育水平，培养高素质的教师队伍已成为世界各国教育改革的重要目标。建设一支高素质的中小学教师队伍，是扎实推进素质教育、全面提高教育质量的关键。在促进教师专业发展的过程中，校本培训发挥着重要作用。

同时，我们应当注意到，常规校本培训形式相对封闭，不利于校外先进教育思想和教学经验的引入，有限的培训资源不利于教师开阔研究视野，培训效果受学校自身现有教科研水平局限的现象较为明显。依托开放、动态、交互的网络平台，创造性地利用网上教育资源开展校本培训活动，在一定程度上能够弥补常规校本培训的不足。

我校是郑州市郑东新区公办学校，在目前学校教师构成中，入职不满五年的青年教师占学校教师总人数的70%左右。通过问卷调查和访谈，我们了解到有100%的教师希望通过校本培训提高自身的执教能力和综合素质，54%的教师希望参加教学方法、技能培训，38%的教师希望参加本学科专业理论知识培训。同时，在校本培训方式的选择上，86.7%的老师选择基于网络的校本培训。可见多数老师认为基于网络的校本培训，在时间的利用上具有很大的灵活性。在这种情况下，基于网络的校本培训便成了我校加强教师队伍建设、推进学校稳健发展的迫切需要和重要途径。

时代的要求、教育的发展、学校的实际都促使我们致力于探索教师培训的有效策略，因此我们提出了"基于网络的中小学教师校本培训策略研究"这一课题，以期通过这次课题研究，探求校本培训的有效策略，促进教师专业成长，提升我校教育教学质量，为基础教育事业的发展做出一点儿贡献。

二、国内外研究现状分析

中小学教师素质的提高是一个系统工程，必须通过教师教育体系来完成。从国际教育发展的视野来看，教师教育强调的是教师职前培养、在职培训与在职工作之间的一致性，强调教师培养与教师培训目标的一致性、内容的联系性、机构的协调性以及发展的可持续性，强调培养与培训中都要突出教育专业理论学习与实践能力培养的结合，强调教师专业发展的终身性。进入21世纪，我国不断完善以现有师范院校为主体，其他高等院校共同参与，培养培训相衔接的开放的教师教育体系，实施"跨世纪园丁工程"和"中小学教师继续教育工程"，颁布了《中小学教师继续教育规定》，主动应对时代的挑战。为落实《面向21世纪教育振兴行动计划》，教育部从1999年开始在全国范围的各个层面上启动了"中小学教师继续教育工程"，每五年对全体教师轮训一遍，有力地推进中小学教师队伍建设。并提出要求，在实施"中小学教师继续教育工程"的过程中，要努力探求一种适合我国中小学教师实际需求、富有成效的培训模式，要"优化教育资源配置，建立现代高效开放的培训系统"，并特别提出要"组织多种形式的校本培训"。

基于网络的中小学教师校本培训是提高教师素质、塑造新型教师的重要途径，许多地区开展了不少关于网络环境下中小学教师校本培训的操作与研究，取得了不少成果，但也存在一些需要进一步研究的问题，比如网络环境下中小学教师校本培训的开展随意性较强，各界对网络环境下校本培训的认识还不一致，对网络环境下校本培训开展的相关理论、实施条件等的认识还不全面，对网络环境下校本培训的开展缺乏统一的指导等问题亟待解决。

三、研究的理论依据

（一）开放教育理论

开放教育包含两层含义，一是教育内容的开放。网络环境下的教育内容，既有教育观念、思想的交流，也有教学方法、教学手段的革新；既有理论知识性的内容，也有实践操作性的内容。二是教育形式的开放。教师既可以在学校里利用课余时间上网进行自学，也可以在家上网学习进修；既可以开展与校内教师的相互交流，也可以开展校外教师的相互交流。开放教育实现了教育内容、教学方法的互动，以及不同层次教师间的互动。

（二）终身教育理论

自20世纪60年代终身教育产生以来，终身教育理念得到广泛传播与认同，学习化社会正在到来，远程教育的蓬勃发展正加速了这一进程，构建终身教育体制是当代国际社会教育革命的主潮，也是各国教育竞争的焦点。教师继续教育被纳入终身教育体系，教师只有坚持终身学习，才能跟上科技、文化和社会的发展，才能培养出符合现代化社会需求的学生。

（三）教师专业化发展理论

教师专业化的基本指导思想是以教师发展为本，既要强调教师为社会发展所应承担的义务，同时也要努力满足教师个性发展、自我完善的价值需要。教师良好素质的形成和发展是教师职业专业化的核心，包括科学先进的教育理念、丰富而系统的理论知识、娴熟的教育教学技能、优良的伦理道德品质和健康的心理素质。教师专业发展是一个连续的过程，从师范生到新教师，再发展到有经验教师及专家教师，而教师专业水平的提升更多是在职阶段获得的。

四、相关概念的界定

（一）校本培训

校本培训是指源于学校发展的需要，由学校发起和规划，旨在满足学校教师的专业发展需要的校内培训活动。

（二）基于网络的中小学教师校本培训

基于网络的中小学教师校本培训是指以中小学校为培训基地，以促进教师专业化发展为目标，以学校和教师的发展需求为导向，在校本培训组织机构和咨询机构的指导和帮助下，由校长、教师、学生共同参与，充分利用网络以及校内外培训资源而进行的教师培训活动。

五、研究的目标

通过对本课题的研究，探索义务教育阶段网络环境下中小学教师校本培训的目标、内容、模式，以及培训的评价方式，就加强培训的组织管理和提高培训质量提出了对策与建议，总结出网络环境下中小学教师校本培训的经验，构建了一个目标明确、内容丰富、形式多样、评价科学的网络环境下中小学教师校本培训策略体系，从而促进教师专业发展。

六、研究的内容

本课题研究的重点是义务教育阶段网络环境下中小学教师校本培训策略的构建。在研究的过程中，以教师专业发展为本，以学校为主要研究基地，以探索校本培训的有效策略为目标，以现代信息技术为手段，以校园网络为依托，以新课程的学习和实施为抓手，通过建立组织机构，进行整体规划，形成培训网络，优化培训机制，注重资源开发，提供培训保障，探索并形成有效的校本培训策略体系。

七、研究的方法

文献分析法：通过对相关文献的搜集、整理、分析和研究，明确研究方向，厘清研究思路，力求有所突破与发展。

调查访谈法：为找出中小学教师在培训过程中问题存在的真实原因，解除教师在专业成长中遇到的困惑，在课题研究期间，通过对一些教师进行访谈和问卷调查，得到宝贵的第一手材料，使课题研究更具针对性。

行动研究法：从促进教师成长的实际需要出发，采用"发现问题——设计方案——行动实施——反思改进"的步骤，及时修正研究的思路，在实践中探索有效的基于网络环境的校本培训新途径，构建基于网络环境的校本培训新体系。

八、实施步骤

（一）准备阶段

1. 学习教育学、心理学、现代教育技术学、开放教育、终身教育和教师专业化发展等相关理论，掌握国内外相关的研究动态。

2. 收集教师专业成长、校本培训的相关资料，思考已有的相关经验成果，形成研究的大致框架。

（二）实施阶段

采用访谈、统计、问卷等方法，分析了解中小学教师校本培训现状，总结成功经验和案例，探索基于网络的校本培训的有效方法和措施，构建目标明确、内容丰富、形式多样、评价科学、组织管理规范的网络环境下中小学教师校本培训策略体系，并在专家指导下，规范研究方法，调整研究中的偏差。

（三）总结阶段

在专家指导下，总结研究成果，撰写研究论文，形成研究报告。

九、完成课题的保障条件

（一）建立课题研究领导系统

学校课题研究领导机构是课题研究过程的组织保证，因此，我校积极建立了三个层次领导系统。即决策层——由校长和主管课题研究的副校长组成，指导层——由教务主任、教科研负责人组成，操作层——以课题组长、教研组长为主。在课题实施过程中，协同研究教师共同参与课题研究。

（二）确定课题组成员，培训研究教师

为保证课题研究顺利进行，在选择研究教师时，学校要求教育思想先进、教学方法科学、科研意识强烈、教学手段现代化、敬业专注的优秀教师优先参与，并创造种种条件，加强对研究教师的培训。

（三）规范课题研究管理办法

课题研究方案确立之后，为了使课题研究规范化、制度化，保证研究水平，学校对于课题选题、申报、立项、实施，以及课题负责人员的职责、课题研究经费的使用都作了具体规定，实行政策激励、资金倾斜、优先落实、鼓励发展的原则，全力支持课题研究。

1. 定时定点，加强研讨，小结反思，促进深入。

根据研究的需要，我校规定每周进行一次课题研讨，每月进行一次阶段小结，每学期进行一次成果交流，在交流、研讨、反思中促进研究稳步深入开展。

2. 分步进行研究，注重过程管理。

课题研究从立项到结题，需要一个过程，在此过程中，要加强管理，重视收集资料，以确保研究的可信度、有效度。根据研究的需要，课题组按照既定研究计划分步推进研究工作，一一落实研究目标，并及时进行过程性材料的搜集、整理、分析、建档。

3. 为课题研究提供物质保障

学校为参与课题研究的教师提供时间保证和经费支持；为教师订阅专业书籍，方便教师学习；为每个办公室配备台式电脑，为每位老师配备笔记本电脑，提供畅通无阻的校园网络。这些都为课题研究奠定了坚实的物质基础。

十、研究的过程

我们立足培训目标，基于培训内容，致力于构建一种多角度、全方位、立体化的校本培训策略体系。

（一）确立基于网络的教师校本培训的目标

从新课程改革的要求出发，从教师作为专业技术人员的职业特点出发，从教师自身

发展需要出发，我们将校本培训目标确定为：通过构建一种多角度、全方位、立体化的校本培训模式，力争培养出一支师德高尚、教育理念先进、综合素质优秀、专业能力过硬、教学方法精湛的教师队伍。

（二）确定基于网络的教师校本培训的内容

我们从新课程改革的要求出发，通过访谈、问卷调查了解教师专业成长、自我发展的需求，确定了以下培训内容。

进行师德师风主题培训：学习国家教育政策、纲要，学习教育教学的理论知识，学习新课程改革的新理念；研究课程标准，投身课程建设，提升课程领导力；进行教材教法培训，锻炼教学基本功，掌握现代教育技术，提升教师专业技能；开展广泛深入的读书活动，提升教师的综合素养，丰沛教师的人文情怀。

（三）探索基于网络的教师校本培训策略

立足培训目标，基于培训内容，我们致力于构建一种多角度、全方位、立体化的校本培训模式。

1. 划分不同培训对象，进行"层级式"教师培训。

在教师专业化发展上，我校坚持"教师发展"的校本培训理念，根据不同层次教师的发展水平和需求，将教师划分为职初教师、成熟教师、资深教师三个层面。三个层面的教师将全面参与"层级式培训"，即职初教师的合格级培训、成熟教师的骨干级培训、资深教师的卓越级培训。

2. 针对不同研修项目，搭建"四有"阶梯型培训平台。

为了让各个层面教师在教学理念、教学方法、教学水平等方面都有全方位的提升，我校开展"日有所得、周有所练、月有所思、期有所论"的校本培训活动，为教师专业成长搭建"阶梯型"培训平台。

日有所得——通过校园网站及校讯通短信平台，我校每天邀请一位教师将自己每天阅读收获的经典教育教学语录或者人生哲理与其他教师分享。

周有所练——我校教师每周进行"两笔字"基本功比赛，学校教务处将教师的优秀书法作品上传至学校网站供老师们欣赏。

月有所思——教师每个月至少上交两篇教学反思，学校及时对教师的教学反思进行评比。同时，将优秀的教学反思上传至校园网站，供老师学习、借鉴，提升反思能力。

期有所论——我校多次组织教师"品书论教"讲坛。充分利用各种资源，邀请校内外名师开坛授课，大家一起品书论教，纵论育人心得、读书收获，使教师的育人水平在碰撞、交流、合作中得以丰富和提升。另外，各课题研究小组还会定期将科研课题的阶段性成果在论坛中分享。

在培训安排中，学校教务处将以上四方面做了详细的期历。在期历中，我们可以清楚地看到老师每日分享的读书心得，每周安排"周有所练"的具体内容，每隔半月开展一期课题研讨会，每月安排一位骨干教师、学校名师为老师开展教育教学方面的专题讲座。

学校研究小组通过这样一个详尽周密的时间安排，让老师在日常烦琐工作中能日有所得、周有所长、月有所悟、年有所获，真正做到让我校教师在工作中学习、在工作中收获、在工作中成长。

3. 立足学校工作重点，形成"五式"立体化培训策略。

结合学校工作重点，我们将教师培训工作和学校的校园文化建设、课程建设、生本教育课堂形态构建、科研兴教工程等重点工作结合起来，通过基于网络的"书香濡染式""课程引领式""课例评析式""课题研究式""青蓝互助式"等培训研修策略，不断提升教师的专业水平。

（1）书香濡染式

通过构建书香校园，打造学校文化特色，开展广泛深入的读书活动，提升教师的综合素养，丰沛教师的人文情怀。结合"书香校园"创建工作，我校积极开展评选书香班级、书香小组和儒雅教师等活动。

我们构建书香校园的具体措施是：

①多管齐下，营造校园书香环境。

在校园内的走廊、宣传橱窗等阵地，进行读书名言、书墨画卷、经典诗词等展览，营造出一种浓郁的读书氛围。

利用校园网开辟"美文推荐"栏目，利用广播站进行"经典诗文点播"活动，向师生推荐好书或优秀的诗文、趣闻轶事等。

创建班级图书角，每个班图书角的藏书量要求在100本以上。我们制订了班级图书借阅手续；定期更换图书；配备了班级图书管理员，负责班级图书的借阅、登记、归还等工作；各班还开辟"班级书香"专栏，设置如"好书推荐""好书大家读""读书感悟""读书心语"等栏目，通过多种方式激发师生的读书热情。

学校致力于建一座不但有温度，也有厚度的图书馆。图书馆藏书丰富，门类齐全，成为老师和学生最愿意来的地方，成为交叠烙印下师生最多脚印的地方，成为学校里一个美好事物的集散地、一个传奇故事发生的地方。因为有一座有温度的校园图书馆加持，我们全体龙翼人，正携手阔步行进在书香育人的大道上。

②晨诵午读，每日浸润浓浓书香。

晨诵时间：周一至周五每天上午8：00至8：30，主要内容为经典诗歌、美文，各班晨诵内容报学校"构建书香校园领导小组"备案审阅，主要形式是朗读。

午读时间：周一至周五每天下午2：00至2：30，主要内容为儿童故事、名著阅读、精品文章等，所读书目报学校"构建书香校园领导小组"备案审阅，主要形式为默读。

学校定期对各班开展诵读的情况进行检测，开展班级与班级、年级与年级间的交流和竞赛。

③精心筹划，举办多彩读书活动。

定期举办"缕缕书香伴我发展"师生读书征文、演讲比赛、读书沙龙、诗歌朗诵等活动。

每学期为教师推荐3—5本必读书和选读书，开展"同读一本书"读中研讨和"各读各的书"读后交流活动。

定期举办"校园读书节"或"校园文化节"活动，开展"书香少年""书香班级""书香教师""书香教研组"等评比活动。

在学校网站开设"少年文苑"栏目，定期上传师生共同评选好的优秀习作及读书感悟。师生讨论交流，共同进步。

④师生携手，共读共写共同成长。

开展与学生"同读一本书""同背一首诗""同过一个节（读书节）"的活动。师生共写随笔，建立教师随笔专栏，提倡教师将其教育随笔发表在"教育在线"论坛上，鼓励教师与大师对话，与同行交流。另外，教师还要做好学生随笔、日记的推荐工作。尤其语文老师要做有心人，将学生的优秀日记保存好，定期在班级板报、校园网上展示，并将精彩篇章推荐到"教育在线"或有关报刊。

在创建书香校园的过程中，通过阅读，师生可以从书籍中得到心灵的慰藉，从书籍中寻找到生活的榜样，从书籍中享受教与学的乐趣，从书籍中寻找理想的栖息地。阅读不仅使教师的专业素养得以提升，也使学生受益无穷。

"龙湖之畔新气象，博学雅行助成长。惟志惟勤育新人，校园处处漫书香。"听着孩子们的琅琅书声，看着教师们从容自信的谈吐，感受着校园中无处不在的墨韵书香，作为教育者，最大的幸福莫过于此了吧。在美丽的校园中，师生同读书、共成长，向着未来无限的可能，踏向星辰大海的征程，开启智慧博雅之旅，书写生命的华彩篇章。从下面课题组吕君莉老师的研修案例中，我们可以清晰地看到成效。

构建书香校园，倡导快乐阅读——为心灵打开一扇窗

如花的季节，阅读辉煌的黎明；如水的心境，阅读静幽的夕阳；如雪的灵魂，阅读奇妙的童话；如梦的岁月，阅读壮丽的人生。阅读不能改变人生的长度，但可以改变人生的宽度；阅读不能改变人生的起点，但可以改变人生的终点。作为一名小学教师，我不敢说我的职业能塑造人的灵魂，我能做到的，只是引领我的学生走进书的世界，沐浴缕缕沁人的书香，去放眼世界，亲近自然，关注社会，感悟人生，为心灵打开一扇窗，迎接八面来风，采集四壁星辉，收藏一米阳光，酝酿出一生的甜蜜与幸福。

①以自身书卷之气，熏陶感染学生。

苏霍姆林斯基曾经说过："要天天看书，终生以书籍为友，这是一天也不断流的潺潺小溪，它充实着思想的河流。"在我看来，读书应该成为教师的生活方式，读书能让人长见识，明是非，坚心志。如果教师没有甘于寂寞、安心清贫、锐意求索的心志，置身于物欲横流、思想浮躁的时代之中，实难坚守三尺讲台。以书为友，会使我们心无旁骛，沉醉于书香之中。作为教师，我们应该是博览群书的饱学之士，五湖四海、古今中外、上下五千年、纵横八万里，都应该有所涉猎。这样，在课堂上，我们才能口吐珠玉、游刃有余、旁征博引、妙趣横生、见地别具、谈吐不凡，从而给学生带来一路清风，使其如同进入一个辽阔纯净、花香四溢的知识王国。唯其如此，我们才能以自身的书卷之气去熏陶学生，使之热爱读书，与书为伴，做书山攀登者、学海弄潮儿。

②开设"学海拾贝"专栏，引导课外积累。

我热爱阅读，在我看来阅读是幸福的，阅读是快乐的。通过阅读，我们可以舒展心灵的翅膀，让笑容变得灿烂；可以仰望思想的星空，让目光变得深邃；可以搭建思想的阶梯，让岁月变得充实；可以品味别样的人生，让生活变得阳光。对于我的学生，我倡导健康向上的阅读，要求他们给每一天留下阅读时间，给每一个阅读时间留下宁静的心情，给每一份宁静的心情留下悠悠书香。为此，我带领学生利用黑板一角，开辟了"学海拾贝，一日一得"专栏。在这个专栏里，每天摘录师生在课外阅读中搜集到的雅词佳句，以供全班同学抄写读背。

摘录的内容有的和教材相呼应。如学习了表现读书主题的《忆读书》和《我的"长生果"》等课文篇目后，我会在专栏里为学生提供诸如这样的文字："读书使人于峻峭呼啸处可得岿然，于清风朗月处可见飘逸，于百花争艳处可嗅独芳；读书会使你心驰神

飞,奇思遐想,思接千载,视通万里,可上九天揽月,可下五洋捉鳖,亦可朝谒秦皇汉武,暮访孔孟太白,夏可观十里荷花,秋可赏三秋桂子,北可驰骋于塞外草原,南可踯躅于江南雨巷……"继续激发学生对读书的热爱之情。

摘录的内容有基于学生的心理状态,启发学生情绪调适、心怀阳光的。如:"心晴的时候,雨也是晴,心雨的时候,晴也是雨。""心存阳光,你就会看山山青,看天天蓝,看花花艳。有了这种心境,面对巍巍高山,你会说:'无限风光在险峰。'面对漫漫长路,你会说:'山重水复疑无路,柳暗花明又一村。'面对茫茫大海,你会说:'长风破浪会有时,直挂云帆济沧海。'心存阳光,你的生命就会远离黑暗。"

摘录的内容有引导学生应和季节,善于发现、善于欣赏的。如:"春风响亮地打了一个呼哨,大地睁开惺忪的睡眼,继而笑靥如花。一夜之间,犹如解冻的大江,所有的花都如期而至,铺天盖地。小小的花萼再也藏不住满腹的心事,訇訇然怒放,举起大大小小的杯盏,在三月的熏风中歌兮舞兮。"

有纪念一段难忘的学习时光的。如:"毕业感怀:初夏的校园,空气中弥漫着一种情绪。往日聒噪的知了,识趣地把声音放低。从前活泼的小鸟,安静地在树梢伫立。偶然发现,有人手牵着手就泪飞如雨。六度春花秋月,六度夏风冬雪,曾经的光阴分秒消逝,在这里,我们播种了六次春天的希冀,我们经受了六次炎夏的磨砺,我们收获了六次金秋的奇迹,我们体味了六次冬日的暖意。两千一百多个日子,在耳畔呼啸而去——这一刻我才恍然,这个夏天,注定用来挥手别离。离别后,友谊是一棵没有年轮的树,永不老去……"

另外,还有许多名人名言、诗词佳句等。

总之,摘录的内容不一而足。老师和学生无论谁在阅读中遇到值得推介给全班的精美文字,都可以把它通过"学海拾贝,一日一得"专栏展示出来。

③举行读书汇报会,促进阅读交流。

阅读是一种汲取、一种感觉、一种轻松、一种愉悦、一种洒脱、一种情怀。阅读,就是阅读人生,阅读生活,阅读快乐。为了充分激发学生的阅读兴趣,调动学生的阅读积极性,促进学生的阅读交流,也是为了给他们提供一个锻炼自我、展示自我的平台。每个星期五我们班都要举行一次"缕缕书香伴我行"读书汇报会,在读书汇报会上,同学们把自己平时阅读中感兴趣的内容通过演讲、朗诵、表演、歌唱、相声等形式展现出来。读书汇报会让学生自己组织,自己操作,给他们充分展示自我的空间。

同时,我们还积极参加学校开展的"开心阅读,愉快分享"活动。这个活动要求每个班级把参加读书汇报会的精彩内容通过文字或者视频的形式进行保存,统一上交到教务处。教务处组织老师们进行评选、筛选，把这些精彩内容上传至学校网站，并根据每个班被选中上传的次数进行评奖，颁发图书奖品，以资鼓励。家长们也通过网站了解了活动情况，纷纷表示赞赏和肯定。

自从举行读书汇报会后，课间追逐打闹的身影减少了，许多同学都在利用课间休息时间交流读书心得，排练要表演的节目。班里不爱读书的同学越来越少，手不释卷的小书迷越来越多，胆小自卑的同学越来越少，大胆自信的同学越来越多。一个学期下来，全班几乎每个同学都登上过读书汇报会的讲台。同学们把读书汇报会当作自己欢乐的园地。在这片乐园里，他们声情并茂地读，惟妙惟肖地演，情有独钟地诵；在这片乐园里，大家挥洒激情，以文会友，大家畅诉心曲，其乐融融；在这片乐园里，大家的知识得以丰富，情操得以陶冶，思想得以深化，思维更加活跃，信心更加充足，笑容更加灿烂。这片乐园，让读书变成无比幸福快乐的事情。

④建立图书角，提供阅读素材。

构建书香校园，构建书香学堂，除了黑板报、手抄报、学生优秀书画作品能营造书香的氛围，图书角的建立也是必不可少的。同学们将各自的图书带到学校，并通过图书角进行交换，互通有无，充分发挥了每本书的作用，拓宽了每位同学的阅读面。另外，老师通过图书角，把一些好书推荐给学生阅读，还为学生的读书活动做了有效的指导，使读书活动做到了有的放矢。"家有藏书读不尽，腹有诗书气自华。"图书角里面的图书常读常换，常读常新，起到了为学生提供阅读素材的作用。

书是人类进步的阶梯，读一本好书，就像和一个高尚的人对话。生活需要光明，阅读改变人生。通过阅读，教师引领学生走进书的殿堂，与经典相逢，与哲人对话，让境界为之高远，心胸为之开阔，情感为之升华，生命为之丰富，这些将是他们最大的福祉。

构建书香校园，倡导快乐阅读——为心灵打开一扇窗。让我们继续努力。

（2）课程引领式

为了更好地解决学校课程实施的整体性与系统性，国家课程在学校实施过程中的适应性和发展性，学校必须通过课程规划对学校课程进行整体定位、统筹安排。在我校发展规划中，课程变革领域的规划与设计始终是居于中心地位的。我们深刻地认识到，在学校教书育人的过程中，课程是最为基本的，课程是否适合学生，反映着教育的充分程度和办学的精确程度，因此，如何在国家课程的大框架下让学校的课程更加适合学生的需要，是学校一直致力于改革的方向。通过国家课程的校本化实施，学校校本课程的开发与实施，提升教师的课程领导力，提高教师课程开发和实施的能力，正是深化课程改革的需要，是学校内涵发展的需要，也是促进教师专业成长的需要。为此，我校开展基于网络的课程培训，做了以下尝试：

①走进知网空间，学习先进理念，转变课程观念。

要想提升教师的课程领导力，让教师自觉地、创造性地投入到课程实施活动中，首先要转变教师对课程的认识。为此，我们通过中国知网（CNKI），筛选了一部分主题为"提升课程领导力"的优秀论文资源，放在我们的"品书论教"公共网络学习平台，供教师阅读学习。

通过学习，教师转变了观念，深刻认识到：要让课程从"跑道"变成"流动的乐谱"，让教育教学成为师生共同精彩的合奏。

②借助资源总库，学习已有经验，进行课程规划。

教师通过学习，提升了理论水平，转变了课程观念，深刻认识到：国家课程的最终落脚点是学校，如何确保国家课程的校本化实施，如何保证三类课程在学校教育教学活动中得到有机统一，这些都需要对学校的课程进行整体的规划。

紧接着，学校趁热打铁，继续由学校培训部门带领老师走进网上资源总库，学习有关课程规划的知识，进而提高其认识水平和实践能力。通过网上学习，大家了解了学校课程规划。学校课程规划主要是学校对本校的课程设计、实施和评价进行全面的规划。一般而言，学校进行课程规划，通常是基于以下目的：提升学校整体的课程价值，建立有序的学校组织生态，促进师生的整体性和主动性发展。

全校教师经过对网上资源总库中大量学习资源的深入学习和研究，掌握了学校课程规划编制的技术，大家一起从愿景、结构、策略等方面立体化地思考学校课程建设的问题，以国家课改政策为依据，对校内外课程资源进行了深入的调查分析，并通过问卷调查、访谈等方式充分了解学生需求，共同完成了《郑州市郑东新区龙翼小学课程规划方案》的研究和编撰。

③借助校园网络，明确实践要领，开发实施课程。

我校立足校本实际，基于生情学情，前瞻学校发展愿景，在课程规划领导小组的带领下，全体教师积极参与，经过反复论证，以"以生为本，养正于蒙，全面发展，奠基终生"为旨归，构建了由国家课程、校本课程、综合实践课程等丰富多样的课程组成的相对比较完善的课程体系。

为了对教师的课程开发与实施工作进行具体有效的指导，我们又通过校园网络继续跟进课程培训，从学生需求的分析、课程目标的确立、课程内容的选择、课程实施的措施、课程评价的方法等方面，一一为老师答疑解惑。

通过不断的学习，许多老师认识到，在我校的课程方案中，国家课程、校本课程和综合实践课程这三类课程是一个不可分割的有机整体。另外，这三类课程又承担着不同的功能。国家课程着眼于学生基本素质的形成和发展；校本课程着眼于发展学生的兴趣爱好，开发学生的潜能；综合实践课程则注重学生提出问题、探究问题和解决问题的能力，以培养学生的研究能力、创新精神和合作意识等素质为目标。

基于上述认识，我们确立了我校课程开发实施的基本思路：满足需求，序列安排，做亮特色。对比较成熟的校本课程我们实行进课堂、进社团、进活动的"三进"举措。如我校的"童年读书课"课程，作为拓展型课程排进了一至六年级的课表中，课程分低、中、高三个学段，各学段内容由"语——诗——文——书"四部分组成。其中的体艺类兴趣型拓展课程主要以社团活动的形式呈现，学生根据自己的兴趣爱好、个性特长，可以自主选择加入适合自己的社团活动。其中的研究型课程均为选修课程，是以主题探究、创新实践为主的综合活动课程。

校本课程开发、实施的过程中，对于课程评价，我们注重克服以往评价的甄别和选拔功能，通过专项培训，引导广大教师在评价中除了关注学生的成绩，还要注意发现和发展学生多方面的潜能，注重过程性评价，采取多元评价方式，突出学生的主体性，显示评价的激励性，帮助学生认识自我，建立自信，发挥评价的教育功能，促进学生在原有水平上持续向前发展。

在基于网络的校本培训策略支撑下，我们按照课程规划的方案设计，认真推进学校的课程建设工作。奋斗着，也充实着；辛苦着，也收获着。经历了许多失败的痛苦，也拥有了许多成功的快乐。海阔凭鱼跃，天高任鸟飞。现在，我校的课程建设工作初见成效，走进我们学校，时时能看到孩子们学习着、成长着、快乐着的育人氛围，处处能倾听老师工作着、生活着、幸福着的和谐节奏。一切为了学生健康的生命、和谐的发展。在老师的谆谆教导下，孩子们强身健体、磨炼意志、开发智力、塑造人格，动静结合、内外兼修、张弛自如，如鸟儿翱翔蓝天，如鱼儿畅游大海……我们也在落实学校课程规划，促进学生健康成长，实现学校内涵发展的过程中，收获了累累硕果。

在今后的工作中，我们还要继续充分发掘课程资源，创造性地进行课程开发，继续完善我校课程体系，继续充分利用网络平台和资源，给教师提供更多学习的机会，进一步提升教师的课程开发和实施能力。

总之，在课程改革的过程中，不论是概念重构抑或是行动再造，都需要我们不断地挑战自我，超越自我。面对教育，我们做了大量工作，掌握了许多规律，而又发现无法把握的秘密还有很多，在每一扇门后面，都有一个崭新天地。毕竟，芳林新叶催旧叶，流水前波让后波。展望未来，后来居上亦是教育科学发展的客观法则。

持续提升课程领导力，科学进行课程开发与实施，用多彩课程丰富孩子们的生活。这是一条我们从未走过的路，我们要一直走下去。

（3）课例评析式

课例研究是基于日常教育教学中需要解决的问题，在教育教学过程之中持续地进行实践改进，直至问题解决的一种研究活动。课例研讨往往通过观察真实的教学情景，以课堂实例为对象，对教学中的一些关键问题进行深入思考，对于存在的问题进行深入分析，进而找到解决问题的策略和方法，然后予以实践改进，实现优化课堂教学的目的。

结合我校教师自身的发展基础和实际需求，我们在常规课例研究的基础上，借助开放、动态、交互的网络，实行了基于网络的课例研究，为教师提供一个平等、宽松、快捷的学习交流平台。借助此平台的搭建，教师研究的对象更加广泛，研究的内容更丰富，促进校本教研的广度和深度的提升，促进教师整体素质的提升，促进学校教育教学质量的提高。

以下是我校基于网络进行课例研究的具体做法：

①基于网络进行名师课例研究，促进教师专业成长。

名师引领是提升教师专业素养的有效途径。学校经常给教师创造机会观摩名师课堂，感受名师课堂的魅力，通过名师的引领，促进教师专业成长。为了满足全体教师的需求，我校依托互联网平台，定期利用每周的教研时间组织教师上网观摩全国各科名师课例。比如语文老师经常观摩王崧舟、窦桂梅、于永正等名师的课例，数学老师经常观摩吴正宪、潘小明、黄爱华等名师的课例，英语老师经常观摩龚亚夫等名师的课例。我校教师积极学习名师独特的教学设计、灵活的教学方法、多变的教学机智。通过观摩全国名师课例，老师们开阔了眼界，并在研讨中产生思维的碰撞，不断提高自身的课堂教学水平。

比如，数学组在观看吴正宪老师的《搭配》一课时，发现吴老师恰到好处的反问，将学生的思维逐步引向深入，理解搭配要做到不重复、不遗漏。通过研讨吴老师的课例，数学组老师发现：巧妙的设问、适时的追问、恰到好处的反问，构成了吴老师课堂一道美丽的风景线，学生在吴老师巧妙的课堂设计中思考着、交流着、争论着。一连串的问题激活了学生的思维，也培养了学生的问题意识。数学课上要激发学生的学习兴趣和积极性，必须精心设计每一个问题。教师提出的问题要有挑战性、启发性，应避免课堂中随意发问、一问一答的现象。根据知识的特点巧妙设计"问题串"，逐步将学生的思维引向深入，再根据学生的学习情况灵活修正问题，满足不同学生的需求。

②基于网络进行课前教案评析，促进教师专业成长。

课例评析一直是我校校本教研的一项主要内容。原来的课例分析是在每周的教研时间进行，自从我校实行了基于网络的校本培训，课例分析实行网络和现场教研相结合的方式，打破了时间的限制，走向了常态化。年轻教师可以把自己教学设计的电子文档上传于自己的博客、钉钉群、QQ空间。同组的教师可以利用空余时间上网点看，对于教案中的优点可以学习借鉴，对于不足部分可以在博客或QQ空间中留言，并把自己的修改建议填入"我的修改建议"一栏。集体教研时，大家可以直接讨论，借助群体的智慧，完成一份优秀的教学设计，再把修改后的优秀教学设计上传至学校网站，供同学科的老师学习借鉴。老教师也可以经常把自己的教学设计上传博客或QQ空间供年轻教师参考。基于网络的集体备课实行以来，不仅受到了老师们的一致好评，还提升了集体备课的效率和集体备课的质量。

③基于网络进行课后案例研究，促进教师专业成长。

我校开展网络教研以来，将课堂搬到了网上。每一次学校的公开课活动均在我校的录播教室举行，老师在录播教室上完课后，学校将做课老师的课例视频上传于校本研修平台。一方面做课老师可以反复点看自己的课例，发现自己的优点和不足，深入诊断课堂中出现的问题，寻找解决问题的途径，然后再进行改进。改进之后，再次上传到学校网站的研修平台，进行再诊断、再改进，逐步完善自己的教学，提升自己的教学能力。另一方面其他老师也可以经常点看这些教学视频进行课例研讨，从中发现他人的亮点，不断完善自己的课堂教学。

总之，基于网络的课例研究，打破了时间和地点的限制，调动了老师参与研究的积极性。老师借助网络平台，立足生本课堂、道德课堂，学习研讨、反思献策、经验分享、提高改进，真正把校本教研落到实处，致力于科学高效的课堂形态的构建，有效促进了教师专业水平的提升。其中，我校的"启悟课堂"课堂形态，被郑州市教育局评为"有效道德课堂形态"。在以后的课堂教学实践中，我们将进一步进行研究、探索、完善。

（4）课题研究式

苏霍姆林斯基说："如果你想让教师的劳动能够给教师带来乐趣，使天天上课不至于变成一种单调乏味的义务，那你就应该引导每一位教师走上研究这条幸福的道路上来。"我校在学校发展规划中明确了"科研兴校"的理念，倡导全校教师进行基于问题的课题研究，实现学校"人人有课题，课题促发展"的目标，把科研兴校落到实处。尤其在基于网络校本培训工作中，我校非常重视通过课题研究来引领教师的专业发展，鼓励教师充分利用自身的特长和经验，在课题研究中形成自己的教学特色和教学风格。

①加强领导，明确目标，完善课题研究的管理机制。

学校重视教科研，积极为教师创设课题研究的条件和氛围。为激发教师参与教科研的热情，学校建立考核机制，对课题研究出成果的教师给予表彰、奖励，并在评职晋级工作中优先推荐。

在教师研修过程中，我校不断建立和完善学校课题研究制度，探索教育科研的新途径。学校经过认真研讨，制订了教师研修工作计划，建立了由分管教学的副校长任组长，教务主任任副组长，各学科骨干教师为成员的教师研修工作小组，并要求全体成员共同学习，共同参与，创造条件，利用学校可利用的一切资源，带领教师积极开展课题研究活动。

②改善条件，落实经费，为开展研修学习提供保障。

教师要积极进行自我培训、自我提高，形成自身在某一领域的突出特长。鼓励教师利用业余时间进修，对业余进修或自修（本专业）成绩合格及获得有关证书者，学校可负担部分费用。学校提倡互帮、互学，有丰富经验的教师要带徒弟，向其传授经验。定期举办各种分享活动，坚持走出去、请进来的方针。每学期邀请专家来校讲学、交流，并根据不同教师的需要，派送教师到全国各地取经学习。学习结束后，每位教师要写学习心得，并向全校教师分享自己的学习收获。学校还坚持业务学习制度，有计划地安排业务学习内容，使全体教师不断获取新信息，了解教育发展的新动态。

③注重培训，加强指导，引领教师学做课题研究。

我校年轻老师比较多，课题研究经验欠缺，学校就多次邀请专家对教师进行教科研专题培训，使他们消除了对课题研究的神秘感，清醒地认识到，课题研究离自己并不遥远，教学中的问题即课题。通过教科研专题培训，教师懂得了如何选题立项，如何进行研究，如何使课题研究更好地为提高教学质量服务。

在选题上，我们提倡能解决工作中的实际问题，推动工作有效进展的课题才是"自己的课题"；对教师的专业成长有着实际作用的，并且教师能够胜任的科研才是"教师的科研"。鼓励教师通过课题研究"解决身边具体问题，促进自身专业发展"。

④网上学习，互动交流，重视课题研究的过程。

在研究选题上，我们把在日常教育工作中遇到的问题和困惑加以提炼，形成专题加以思考，作为案例加以研究。把"问题诊断——理论引领——课堂实践——案例分析——同伴互助——个人反思——行动研究——行为转变"这一程序化研究模式引入课题研究，通过学习、沟通、共享、协作，形成了相互促进、相互影响的良性科研氛围，实现了教师队伍的发展与提高。

课题是"做"出来的。在研究过程中，我们从制订研究计划着手，并在研究中根据工作实践中遇到的问题，不断调整研究方案，从课题研究目的角度去审视研究过程和研究手段的可行性、有效性。

课题研究要"写"出来。我们鼓励教师在研究过程中动脑、动笔，一边做一边写，把发生的情况、思考的问题、采取的措施、取得的结果，以"教育叙事"、研究报告等形式记录下来，形成课题研究的行动轨迹。教师经历一个这样的研究过程，就可以得到完整、系统、规范的科研工作训练，在这样的研究过程中成长起来的教师必定是训练有素的研究型教师。

为了不断提高教师的教科研水平，我校在校园网站上开设了"教育科研"专栏，上传优秀论文和教学成果，供老师们学习。为了让各个层面教师在教学理念、教学方法、教学水平等方面都有全方位的提升，基于网络环境下我校开展"日有所得、周有所练、月有所思、期有所论"的校本培训活动，为教师专业成长搭建"阶梯型"培训平台。此外，我们还利用教育博客互动学习，使教师能够利用网络进行跨时空的学习，促进其自觉进行探索性的教育行动。

由于我们从选题立项开始就强调与实际教学相结合，杜绝"科研"与"教学"分离的现象，老师在做课题的过程中，通过反思，不断调整改进自己的教学方式。因此，近年来我校教师选题立项积极性高，课题研究成果获奖率高，教学质量提高明显。

⑤通过网络，提供平台，分享课题研究的成果。

我校充分利用网络资源，为广大教师构建了一个学习、交流和展示的平台。尤其是我校在网站上开设了"课题研究"版块，及时展示我校科研的最新资讯和最新教学成果。同时，鼓励教师建立个人主页或博客，主动将自己在教学与教研中的认识、做法、体验反思，发表在上面，加大交流和学习的力度，促进自身的专业成长。

为了深化课题研究工作，我校最大限度地提供优质网络研修资源，筛选和梳理网上有关课改的信息，下载教学资料，发掘、整理各学校和有关部门的教育信息资源，利用网络共享、交互的特点，实现教师学习共同体的资源共享，共同提高。

在课题研究的过程中，我校实现了"人人有课题、课题促发展"的目标。教师不再满足于做"教书匠"，而是向"学习型""综合型""研究型"教师快速转变。

（5）青蓝互助式

为了充分发挥校内骨干教师的模范带头作用，让年轻教师在老教师的帮扶下迅速成长，我校提出了借助"青蓝工程"平台促进教师的专业发展。即以互联网为重要交流手段，充分发挥学科带头人、骨干教师的传、帮、带作用，蓝方师傅与青方徒弟结为师徒，经常交流、互助，老教师帮助青年教师不断提高教育教学水平，激励青年教师尽快成长，进而促使更多青年教师成为学校教育教学的骨干力量。

①借助网络青蓝师徒互助集体备课，提高教师业务素养。

在常规教学工作中，大量的教学任务、烦琐的班级管理工作，往往限制了青蓝师徒教师交流、研讨的时间。而学校组织的教研活动主题相对宽泛，不能针对某一位青年教师进行具体指导。因此，我校以教研组为单位将教师分为若干备课小组，确定以师徒为主要参与对象的年级帮带备课组员，建立各自独立的微信群、博客圈，小组成员可以利用博客、微信发布博文或者留言，相互探讨教育教学问题。在课堂实践环节，我们网络集体备课组成员有针对性地听课，并在轻松、和谐的氛围中议课研讨。大家畅所欲言，智慧火花迸射，真知灼见闪现，发言切中要害，讨论气氛热烈，研讨后大家都会有所得，有提升。

②借助网络社交软件，拓宽青蓝师徒交流空间，提高教师专业水平。

在网络背景下，教师的专业发展由传统的函授教材、拓展培训、多媒体平台集中学习，逐渐过渡到开放式、数字化、立体化的网络交流平台学习。我校研究成员在课题研究中，为了更加有针对性地开展青年教师培训，倡导青蓝师徒借助QQ、微信、钉钉等社交平台进行更细致的分享交流。青年教师可以借助聊天、留言的形式，及时与师傅分享自己在教学实践中的收获与反思，并从个人实际需求的角度出发，有针对性地寻求师傅的帮助，从而找到问题的解决方案。

网络交流平台拓宽了教师的交流空间和时间，促进了教师之间的深入沟通和探讨。年轻教师在自己的教学实践中遇到问题，在师傅的适时点拨下可以及时解决。同时，在与优秀教师的探讨交流中，师傅们广博的专业知识、丰富的教学经验、先进的教学理论、高超的教学设计，还有工作中那份认真严谨的态度，都时刻影响着年轻教师，给他们信心、动力，为他们的工作指引方向。

③借助"班班通"录播网络深入探讨，提高课堂教学水平。

作为青年教师，首先面临的考验就是课堂教学，这也是教师日常工作中最主要的环节。课堂教学效果的好坏，不仅在于教师的学问高低，还在很大程度上取决于教师组织教学能力的大小。因此，我校非常重视培养和提高青年教师的教学水平，学校不仅开展了青蓝工程师徒结对活动，还制订了切实可行的培养计划，提出明确具体的培养目标、切实可行的培养措施和激励性强的评价机制，充分发挥校内骨干教师的模范带头作用，让年轻教师在骨干教师的帮扶下迅速成长。学校要求师傅每周至少听徒弟一节课，徒弟一周至少听师傅两节课。在听评课和各类教研活动中，师傅认真给徒弟指导，徒弟认真向师傅学习，通过师徒结对活动促进青年教师业务水平快速提升。另外，学校还配备了先进的课堂教学录播网络设备，为教师的专业发展做好硬件支持。

每学年学校都会举行骨干教师示范课和青年教师优质课比赛。通过骨干教师精湛的教学设计、高超的组织课堂能力给青年教师以示范、引领。青年教师通过学习优秀教师先进的教育教学理念、灵活多样的课堂教学方法，从而提高自身的教学基本功素养，把握教材、驾驭课堂的能力。另外，学校为教师准备了技术先进的录播教室供其上课使用，方便交流学习。蓝方师傅将自己的教学实录主动上传到"班班通"录播网站，青方徒弟可以下载学习。青年教师还通过观摩自己的教学课例不断反思自身教学，提高自己的教学水平。作为青年教师，通过网络"班班通"录播视频，观看学习名家的优秀视频课例，学他人之长，多录制自己的平常课进行回放，思自己之短，久而久之就能成为业务素质精良、教学技能全面、教学基本功过硬，具有先进教学理念，适应新时期、新课程改革需求的研究型教师。

实践证明，基于网络手段开展的"青蓝工程"已成为我校培养、提升青年教师业务素质的有效途径。日积月累，青年教师的课堂调控能力和应变能力提高较快，教育教学水平以及综合素质都有了较大的提升。今后，我们还将继续以"青蓝工程"为平台，全力打造高素质的教师队伍，让我们的教育事业人才辈出，"青出于蓝而胜于蓝"。

（四）制订科学、高效的研修评价方式

教师研修的评价目标，不是简单地为了区分工作的优劣，而是为了促进教师的发展。因此，运用多元评价方式，采取定性和定量相结合、自评和互评相结合、学校整体和教师个人发展相结合等灵活多样的评价方法，认真进行科学的、全方位的评价，是保证教师校本培训健康发展的一个重要因素。

1.规范评价的程序，注重过程性评价

制订目标明确的评价方案，实施具体扎实的评价活动，及时反馈评价结果，并根据评价结果提出发展建议。比如我校的"周有所练"，学校教务处会在开学初提出本学期的"两笔字"比赛时间、人数，以及期末评价标准，通过校信通公布表现优秀教师名单，并会将教师在练写中出现的不规范字及时圈画提醒，帮助其提高书写水平。

我校还建立了教师个人成长档案，及时收集教师每次参与各种校本培训活动的记录、学习笔记、学习体会、论文、报告、讲稿、教案、学生作业样品等信息资料。通过个人成长档案来反映教师的成长和发展情况，为评价提供可靠依据。

2.优选评价方法，注重多元评价

评价尽量体现评价信息的多元化，评价主体的多元化，评价方式的多元化。

A.自我评价（占40%）

教师按照基于网络的校本培训评价内容通过写自我反思、教学日记、阶段性工作总结等方式，进行自我评价。

B.同事评价（占40%）

根据学校确立的评价内容召开座谈会，了解教师参与基于网络校本培训的情况，从中得出评价结果。

C.学校评价（占20%）

学校管理层面根据教师参与基于网络校本培训的情况和获得的成果，给予相应的评价。

多元评价主体将有利于提供多角度、多层面的评价信息，更有利于被评价者在教师自评、自我反思的基础上，结合同事、专家的评价，做出综合评价。

3.质性量化结合，坚持全面评价

在校本培训评价中，强调评价内容的综合化，不仅关注研修成绩，还关注教师多方面的潜能和特质的发展，尤其关注其探究与创新能力、自主学习能力、合作学习能力、实践能力，以及学习兴趣、学习态度、学习习惯、学习过程、学习方法、情感体验等。用三维目标进行综合评价，最后将综合评价的结果纳入教师成长考核档案。

十一、课题研究的成果

（一）经过近两年的课题研究，我校基于网络的校本培训体系初具规模，明确了研究的目标、培训内容，构建了基于我校校情的"日有所得——周有所练——月有所思——期有所论""书香濡染式——课程引领式——课例评析式——课题研究式——青蓝互助式""四有五式"立体化培训策略体系，并提出了相应的评价方法。

（二）建立了一套完整的校本研修管理体系，有效地推动了我校的校本研修工作顺利进行。同时立足现实，加大投入，逐步改善学校教研工作环境。

（三）通过多种形式研修，教师对新课程下的自身角色有了深入的认识，并将新课程的理念运用到实际教育教学中，教师自觉对教育问题进行研究、探索的氛围开始形成。师生开始养成共读共写习惯，教师教得愉快，学生学得轻松，课堂上时时刻刻流淌着知识的泉水，闪耀着智慧的光芒，洋溢着生命的温暖，释放着创造的灿烂。

（四）教师的师德修养有了很大的提高，杜绝了体罚或者变相体罚现象。全体教师共同涵养"诚朴儒雅、弘道树人"的教风，怀着对教育事业满腔的爱和责任感，为人师表，教书育人，敬业笃志，乐业奉献。在2023年末的考核中，师德优秀率近100%。

（五）教师的专业发展水平有较大提高，教师科研能力增强，科研成果丰富，学校教育教学质量持续提高。有数十位老师在省市区各级各类优质课比赛、教科研成果评比中获奖。在老师的精心辅导下，有数百名学生在多项学科竞赛活动中摘取桂冠。

（六）教师的专业成长，推动了学校的稳步发展。学校集体荣誉硕果累累，优质的校风、教风、学风得到了家长和社会的普遍认同，学校已逐步发展成为莘莘学子心向往之的区域内名优学校。

十二、课题研究中的问题及下一步探索方向

在课题研究的过程中，我们在基于网络进行校本培训，促进教师专业成长方面付出了很多努力，取得了一定成绩。但由于基于网络的校本培训研修是一个崭新的事物，在理论上缺乏深刻而全面的认识，在实践方面也没有系统而成熟的经验，因此，在研究中我们还存在一些问题：

（一）新课程改革中教师观念的转变，树立现代科学的自身发展观有待加强。

（二）基于网络的校本培训的协作机制、高效运作机制有待健全。

（三）实践过程中由于教师自身信息技能、科研能力和活动主题选择等因素，教师的信息技能有待进一步提高。由于活动主题宽泛，学员在活动过程中注意力分解、互动不够深入等问题亟待解决。

基于以上分析，网络环境下校本培训活动的组织还应考虑以下问题：

（一）活动的主题是否具有凝聚力。面对网络环境中受训教师极具个性化的研修内容，主题如何选定？如何更深层次联系受训教师教学实践问题？

（二）活动的目标定位是否准确。目标定位符合受训教师年龄结构、职称结构、专

业结构的实际情况吗？是否考虑到受训教师深层能力提升的需要？

（三）活动组织方式是否切合网络平台的特征。活动开展所依托的网络平台有什么特点（优势和不足）？有没有恰当的弥补措施？

（四）活动的评价标准是否多元化。评价标准是否有利于活动参与者之间产生积极的合作倾向与有效的对话交流？评价标准是否有利于不同个性、专业和知识结构的受训教师之间平等参与？

综合以上分析，网络环境下的校本培训是一个需要统筹规划、协调运作的系统工程。它既要完成常规校本培训所担负的基本任务，又凭借其网络优势，从信息时代和终身学习的角度培养教师的可持续发展能力。同时，虽然培训过程具有网络公开与平等参与的优势，但是不能因此而降低校本培训的规范性和科学性，这给培训活动的组织、管理与考核带来了许多新的问题。这也需要我们在工作中采取更加高效、务实、有针对性的措施，将研究工作进一步推向深入。

下一步我们仍将在新课改理念的指导下，求真求实，开拓创新，以全面构建生本课堂为契机，通过系统思考、整体布局、分段分层推进，全方位落实、完善我校基于网络的校本研修策略体系，走出一条适合我校实际的校本培训研修之路，进而形成我校的校本研修特色。打造一支拥有先进的教育理念、宏阔的课程视野、精湛的教育艺术、高远的教育追求，拥有朱永新教授所说"幸福完整生活"的教师队伍，为全力推进新课程改革，走好教育生态文明之路奠定坚实的基础！

第十章 融慧立人的课后服务及家校共育

郑州市郑东新区龙翼小学致力于构建"三时段六路径两协同"的课后服务工作体系。三时段指：作业时段——夯实学业基础，培养良好习惯；精选时段——体育美育益身心，科学创客促兴趣；个性时段——多彩课程我选择，张扬个性展特长。六路径指通过"树德、博闻、启智、健体、尚美、修能"六大课程群，丰沛学生的课后时光，丰富学生的成长钙质。两协同指通过外部互动、内部支持，整合校内外资源为课后服务提供有力支撑，培养全面发展的龙翼学子。

基于家校共育现状，梳理提炼家校共育的逻辑，从实践、理论、价值、情感、技术等五个方面，推动家校共育工作实施。

第一节 基于融慧立人课程的课后服务

郑州市郑东新区龙翼小学积极响应市委、市政府"坚持美好生活从美好教育开始，高质量建设郑州'美好教育'"的号召，在市、区教育局的指导下，切实推进落实"双减"政策，做好课后延时服务工作，点亮龙翼学子的出彩人生，点亮片区百姓的美好生活。

一、注重顶层设计，健全服务制度

我们组织教师认真学习中共中央办公厅、国务院办公厅印发的《关于进一步减轻义务教育阶段学生作业负担和校外培训负担的意见》，落实市教育局、区教文体局有关义务教育阶段"双减"工作要求，多次召开培训会，解读"双减"政策，明确了学校是育人和实施"双减"的主体。

从"办人民满意的美好教育"的高度出发，成立由校长任组长、副校长任副组长、各部门负责人为组员的"双减"背景下课后延时服务实施工作领导小组，形成了齐抓共管的工作局面。工作领导小组成立后，多次进行研讨，对可能出现的情况进行预测，并提出相应的工作策略。在此基础上，我校制订了《郑州市郑东新区龙翼小学学生课后服务工作实施方案》，将课后服务工作纳入学校的整体规划当中。建立健全课后服务工作制度，先后出台《郑州市郑东新区龙翼小学课后服务管理制度》《郑州市郑东新区龙翼小学课后服务管理措施》《郑州市郑东新区龙翼小学课后延时服务补助分配方案》《郑州市郑东新区龙翼小学课后延时服务核算办法》等文件，明确课后服务人员的责任分工，确保课后服务工作有章可循、有规可依，保障了课后服务工作顺利开展。

二、完善课程体系，丰沛课后时光

校内课后服务工作的推进，为学校的课程实施提供了更大的空间。为了丰沛学生的课后时光，丰富学生的成长钙质，我们深入推进基于校情的"长时间、大架构、高专业的课程"的整体规划与实施。

我们依据中国学生发展核心素养，围绕学校办学理念，确立"融天下大慧，立未来栋才"的课程建设总目标。从"树德、博闻、启智、健体、尚美、修能"六个层面，梳理出我校培养目标的关键词：自信阳光，身心健康；诚毅宽雅，向善向上；乐学睿思，拓新创想；通文达艺，学有所长；胸怀书墨，意气飞扬；躬行践履，敢于担当。

我校整合国家课程、地方课程和校本课程，构建与课程目标相对应的现代公民素养、人文交往素养、科技思维素养、艺术审美素养、实践探索素养、身心健康素养六大课程群，开发出30余门校本课程。以"奠定基础、多元发展、融合创新"为导向，形成了"三层六维"融慧立人课程图谱。

学校按照"顺性适需、循序推进、务求实效、凸显特色"的实施思路，扎扎实实推进课程有效实施，丰富学生成长的钙质。

菁菁校园里，美好的课后时光，孩子们相约课程，在"二十四节气"课程中倾听光阴，应节而舞；在"匠心·创客"课程中涵养匠心，大胆创造；在"园馆探秘"课程中昂首星空，俯览大地；在"极速乒乓"课程中一拍在手，玩转乾坤……

三、推行"三段"服务，开启课后之旅

（一）作业时刻：夯实学业基础，培养良好习惯。

作业时刻，教师指导学生在校完成作业，并对有需求的学生进行个别辅导，帮助学生养成良好的作业习惯，不断提升其自主学习能力。

严控作业总量和时长，构建"五精三型四结合"的作业模式，各教研组从单元整体设计入手，抓重点、破难点、夯基础，研制了基础型的标准作业、拓展型的综合作业、研究型的实践作业、选择型的阶梯作业，使我们的作业设计从规范性、标准性走向多元化、个性化。

常规作业，以学为本；特色作业，个性缤纷；实践作业，创造延伸。张课程之视野，显作业之价值；达课内之高效，呈课外之多彩；知情意行并重，思想方法齐观；口头书面结合，动手动脑互连；长期短期兼有，分层弹性体验；注重同伴协作，发掘丰富资源。

"精而不多，活而不难"的作业设计，切实减轻了学生的课业负担，让作业成为培养和发展学生核心素养的有效途径，使孩子们真正得益于课堂，锻炼于课外。

维度	标准设定
作业的数量	1. 减轻学生过重的课业负担。小学一、二年级不留书面作业；小学其他年级的课后作业，绝大多数同学能在1小时内完成。 2. 学校建立完善的作业管理机制，在各年级、各学科的综合平衡下，严格控制作业总量。
作业的质量	1. 符合学生的年龄特征，有利于激发学生的课业兴趣。 2. 体现课程标准的基本要求，对应教学重点和难点。 3. 有利于学习过程的体验和学科思想方法的形成。 4. 尊重学生的差异，作业选择要有针对性，强化基础性作业，实施分层选择性作业。
作业的批改	1. 作业要及时收齐、及时批改、及时反馈。 2. 作业批改要规范，能体现有效、有针对性的批改信息；有订正要求，对学生订正的作业也要予以及时批改。 3. 作业批改要关注学生共性错误问题的归因、个性独创见解的激励、困难学生的面批与辅导等。
作业的讲评	1. 根据学生的基础水平，实行分层作业讲评。 2. 作业讲评要清晰简明，发掘错误原因，褒奖独立思考，为学生的进步与发展作导向。 3. 作业讲评要体现和谐民主的教学关系。

表1　郑州市郑东新区龙翼小学作业设计标准

（二）精选时刻：体育美育益身心，科学创客促兴趣。

学校充分挖掘和整合教师、家长、社会优质课程资源，从学科能力拓展、优秀文化传承、多元智能发展、创造能力提升等方面，充分结合学生的身心特点和学习兴趣，系列化开发满足学生多样化成长需求的课后服务课程。为了帮助每位学生掌握1至2项运动技能或艺术特长，培养他们的科学素养，激发他们的创造能力，每周一到周四的课后服务时间，学校精心开设必修类体育、美育课程和科技创客类课程。舞龙、龙舟、游泳、篮球、轮滑、足球、乒乓、软式棒垒球等体育类课程帮助学生强身健魄；陶艺、书法、国画、口风琴、合唱等艺术类课程提升学生的审美素养；机器人、3D打印、儿童编程、科学实验等创客科技类课程培养孩子们的科学兴趣。

学校还积极对接社会资源，带领学生走进城市书房、科技馆、人工智能馆、劳动实践基地等，帮助孩子们开阔视野，全面成长。

（三）个性时刻：多彩课程我选择，张扬个性展特长。

为满足学生的个性化需求，学校开设了六大类课程群，30余门课后服务特色校本课程。在每周五的课后服务时段，实现了全校学生走班上课，让每一个孩子都能在自己感兴趣的课程里遇到最好的自己。

1. 树德立人课程群

我的金色童年——成长仪式系列课程、习惯养成系列课程，成就诚毅宽雅、向善向上的龙翼少年。

2. 博闻立人课程群

包含书琅吟诵社、小古文大世界、声如夏花语言训练营等课程，成就胸怀书墨、意气飞扬的龙翼少年。

3. 启智立人课程群

包含飞天航模、机器人、儿童编程、乐高搭建、数学实验王、五子棋、象棋等课程，成就乐学睿思、拓新创想的龙翼少年。

4. 尚美立人课程群

包含湖畔之声合唱团、口风琴、陶艺、仰山观澜吸水石景观、兰亭书法、墨香画韵、原美景观等课程，成就通文达艺、学有所长的龙翼少年。

5. 修能立人课程群

包含园馆探秘、游学研习等课程，成就躬行践履、敢于担当的龙翼少年。

6. 健体立人课程群

包含追风轮滑、快乐足球、极速乒乓、软式棒垒球、国风龙狮龙舟等课程，成就自信阳光、身心和谐的龙翼少年。

时间课程	课程内容安排		
	第一时段 16：00— 16：30	第二时段 16：30— 17：00	第三时段（部分课程） 17：10—18：00
周一	作业辅导	体育锻炼	湖畔之声合唱、极速乒乓、童年读书课
周二	作业辅导	体育锻炼	匠心·3D打印、匠心·乐高机器人、匠心·少儿编程、匠心·木工坊、匠心·飞天航模、童年读书课
周三	作业辅导	体育锻炼	声如夏花语言训练营、萌芽期舞蹈、国风龙狮龙舟、波普艺术、童年读书课
周四	作业辅导	体育锻炼	墨香画韵、匠心·陶艺、追风轮滑、快乐足球、旋风滑板、极速乒乓、"泳"敢无畏、童年读书课
周五	作业辅导	体育锻炼	奇思妙想太空泥、仰山观澜吸水石景观、疏影朱颜·首饰馆、传递快乐·击出精彩、书琅吟诵社、墨韵书画、兰亭书法、天马行空、原美景观、疾风田径、指尖生花、乐高搭建、棋乐轩、国风龙狮、结绳记事、五子棋、彩虹口风琴、最强大脑、小古文大世界、小小数学家……
备注	第二时段呈现的是下午阳光大课间活动。阳光大课间活动之后的第三时段，周一到周四是精品时段课程活动，周五是全校走班的个性时段课程活动。学生可以自己选择精品及个性时段课程，当天无此课程的同学则在教室继续由教师进行学习辅导。		

表2 2022—2023学年龙翼小学一至六年级课后服务课程内容

四、着力家校协作，规范服务管理

学校按照郑东新区教育文化体育局《关于做好郑东新区中小学生在校午餐和课后服务工作的意见》要求，本着为家长排忧解难、促进学生健康成长的目的，按照"自愿参加、免费服务"的原则，采取"学校组织、班级汇总、校内实施、有效监管"的方式，通过向学生家长发放一封信、微信公众号推送等形式，介绍新学期学校课后服务内容、时间安排及管理要求,将有服务需求的学生全部纳入,应收尽收。目前全校学生课后服务的参与率达到了100%。

学校向家长明确课后服务时间,将在校午餐学生的中午休息时间、每天下午放学后时间纳入课后服务范围,每天课后服务时间不少于2小时。课后延时服务结束时间与家长下班时间实现无缝对接,解决了家长接送难、监管空档期等难题。

家校携手,家委会成员积极参与,成立课后服务监察小组。全面监督课后午餐服务、作业辅导、活动开展、安全管理等工作,及时监督课后服务的开展情况,提出有益的意见和建议,不断提高课后服务质量。

五、强化保障机制,确保服务水平

健全课后服务绩效考核机制。学校课程与教学管理中心以"深情的陪伴"课后服务表册为依托,对参与课后服务教师到岗、服务质量、安全管理等情况,随时进行督导,将参与课后服务工作量、教研创新等情况纳入教职工工作评价考核中,并在评先树优、职称评聘中予以倾斜。

按照教职工参与课后服务的工作量和服务内容确定教师的补贴标准和发放办法,学校先后制订了《郑东新区龙翼小学课后服务补助分配方案》《郑东新区龙翼小学课后延时服务课时核算办法》等文件,确保课后服务补助分配公平、公正、公开、透明,切实提高教职工参与课后服务工作的积极性。

由于我校午餐供餐及课后服务工作细致扎实,亮点突出,我校先后被评为市、区午餐及课后服务工作示范学校。自2019年10月8日郑州市郑东新区学校全面实施此项工作以来,我校先后迎来了省内外多个考察团到校考察观摩午餐及课后延时服务工作,考察团对我校在此项工作中取得的成绩倍加赞赏。

在今后的工作中,我校将继续提升管理服务和教育教学水平,推进课后服务工作提质增效,打好"双减"组合拳,增强"我为群众办实事"的活动成效,打造更有温度的美好教育!在平凡的岗位,以师者仁心,不负这片教育的热土,不负这个不平凡的时代!

第二节 立足融慧立人课程的家校共育

教育，需师生家长双向奔赴；共育，是家校携手同心同行。我校重视整合家庭教育和学校教育，在创新发展中完善家校协同育人机制，深入探究家庭、学校、社会合作共育的实践路径，在双向奔赴中增进共育的力量。

一、完善机制，把握家校共育的实践逻辑

《中国教育现代化2035》中指出，要建立协同规划机制，全方位协同推进教育现代化，形成全社会关心、支持和主动参与教育现代化建设的良好氛围。家校社合作共育，对于促使学生形成良好的思想品格和行为习惯，推动素质教育的实施，促进教育质量的提高起着极其重要的作用，在合作育人中要把握家校共育的实践逻辑，整合家校社力量，在共建共享中推进其融合发展。

（一）家校社共育，夯实组织机构建设

陶行知先生提出，民主教育应该是整个生活的教育，应该是健康、科学、艺术、劳动与民主组成之和谐的生活，即和谐的教育。为此，我校充分整合家庭教育、学校教育和社会教育的力量，将教育融入生活中，积极夯实组织机构建设，以家长学校为平台，在多措并举中推进家校社合作育人的深入开展。

1. 成立领导小组

立足于当前家校社共育的创新实践，我校高度重视全国"家校共育"项目工作的开展，成立了家校社共育项目工作小组，以校长为组长，副校长为副组长，学校中层以及班主任老师、校级家委会成员为组员，确保各项活动顺利开展。

项目工作组通过向家长发放问卷，调研并梳理出家长最关心、最想解决的教育问题，在调研和总结家长教育需求的基础上开展相关的家校共育活动。这种基于家长需求的学校共育活动，打破了传统家长顺从、听命、服务学校的家校关系，促进了家校共育的共识和共行，同时也在组织机构、课程建设和活动开展中进行了积极的探索与实践。

2. 完善考核机制

《深化新时代教育评价改革总体方案》中指出，要改进中小学校评价，促进学生全面发展，营造和谐育人环境。为此，家校共育工作的开展要在积极完善考核机制，在学校教育评价改革中强化家校社共育的制度保障。

我校为充分调动教师开展工作的积极性,将家校共育纳入教师、班级、部门等绩效考核中。根据各班级专家讲座学习以及社会实践的完成率进行班级积分,并以此积分作为该班级教师评优评先的重要依据。根据家校共育参与开展活动的情况对教师个人及部门进行相应的绩效奖励。

3.完善保障措施

实践证明,教师是家校共育知识的研习者,是家校共育平台的建设者,是家校共育实践的主导者。为此,在家校共育的实践探究中,教师要明确自己的角色定位,依托多种方式提升自身的家校共育能力。同时,还要不断强化家长教育素养,积极搭建家校共育平台,推进家校共育有效有序开展。

我校为确保项目各项活动顺利开展,设置了"家校共育"专项经费,为活动开展提供了经济保障。同时,学校还设立家校共育办公室,设备设施一应俱全。另外,学校定期邀请专家开展家校社讲座等活动,为家校共育工作的开展提供了强有力的保障。

(二)家校社联动,推进教育资源整合

学校本着"教育即生长"的办学思想,围绕"立人为本,为幸福人生奠基"的办学理念,将学校教育与生活教育相融合,以学校的定位为支点,提出立足生活教育强化家校社联动,推进教育资源的有效整合。

1.构建共育课程体系

我校积极筹备成立家长学校,建立了一支由校外聘请专家、本校优秀师资、优秀家委组成的讲师团,构建了家长学校课程体系。目前我校已举办多场次专场培训,现场培训家长4000多人次。教师、家长齐聚一堂,分享孩子的成长故事,解读孩子的成长密码。

2.搭建家校共育平台

我校师生、家长全员注册家校共育平台,依托共育平台丰富的家校共育资源开展家校共育工作。为推进家校共育平台高效运行,我校邀请了专业数据统计人员加入,以确保样本选择、程序设计、结果分析乃至解释上的专业性和严密性。学校通过对家校共育平台的数据统计和分析,及时发现家校共育工作中出现的问题,也为后期家校共育工作的可持续开展提供了重要的依据。

3.深化理论学习探究

《中国家庭教育调查报告(2018)》显示,四年级学生反映家长最关注的是学习问题,九成左右的四年级班主任认为家长最关注孩子的考试成绩。从该调查报告中可以看出家长教育观念中较少涉及立德树人、做社会主义合格公民、家国情怀等方面内容，缺乏更高的站位、更大的格局和更远的视野。为此，家校共育中要强化理论学习，推进立德树人教育理念的共振和共鸣。

我校为提高教师家庭教育指导能力、激发学生的兴趣培养，配备与家校共育相关的《中国家庭报·家长学校》《E学中国》等国家级刊物，每周组织教师和学生进行学习和投稿，目前我校已有30余名师生的作品被刊用。因此，在家校共育中，通过对家庭教育理论的学习和研究，强化了家校共育的向心力、凝聚力和创新力。

（三）家校社协同，提升实践活动成效

朱永新教授在"新教育实验"中解读家校合作共育理念时指出，家校合作是学校与家庭携手共同促进学生成长的一种教育行为，其目的是营造互动、沟通、协调、一致的家校和谐关系，形成同向、同步的教育合力，以共同促进学生的道德品质、习惯行为等方面的健康发展。为此，在家校社协同视域下，通过积极强化家校合作互动，进而提升实践活动成效。

1. 鼓励全员参与

习近平总书记指出，建设教育强国，基点在基础教育。基础教育搞得越扎实，教育强国步伐就越稳，后劲就越足。

为此，我校鼓励全校师生参与在家校社协同视域下的实践活动，在实践活动中夯实学生的知识基础，提升学生的创新能力。学校每周组织全体学生参与家校共育平台社会实践活动，提升家长的陪伴质量，提高学生的综合素养。自2021年秋季学期项目正式开始后共组织学生完成了40期的实践活动，完成率均在90%以上。

2. 营造实践氛围

陶行知先生指出，要以生活为中心进行教学，要教给学生活的书、真的书、动的书和用的书。

我校积极营造主动实践氛围，引领学生走出课本、走出课堂、走出学校，向生活学习、向社会学习，在实践中获得真知，并将学生优秀实践作品通过学校公众号、班级微信群进行展示，通过项目指导刊物《E学中国》展出部分精彩实践内容。

3. 优化活动理念

蔡元培先生在指导家校社协同共育工作中，要求激发学生的服务意识、奉献意识和创造意识，以志愿活动的开展鼓励学生去感恩社会、服务社会、奉献社会。

我校高度认可"志愿育人"的活动理念，依托项目办教育志愿服务平台开展常态化

志愿服务活动，打造学校特色的德育育人模式，有计划开展丰富多彩的志愿服务活动，至今已累计志愿服务时长 400 余小时。

二、课题研究，把握家校共育的理论逻辑

《关于健全学校家庭社会协同育人机制的意见》中指出，学校要充分发挥协同育人主导作用，家长切实履行家庭教育主体责任，社会有效支撑服务全面育人。我校在家校共育工作的开展中，以课题研究为导向；在系统融合家校社资源中，以理论逻辑为支撑；在实践探究中深度学习，以期实现家校共育工作的自我创新。

（一）精准定位，以课题研究为导向

《关于深化教育教学改革全面提高义务教育质量的意见》中指出，要突出德育实效，深化课程育人、文化育人、活动育人、实践育人、管理育人、协同育人，重视家庭教育，充分发挥学校主导作用，密切家校联系。

我校以立德树人为根本，以课题研究为导向，全面推进对家校共育理论的探究与实践。近年来，学校有多项省市区级教育科研课题均将家校共育作为研究的重要内容，并已全部结项。如 2023 年 7 月获优秀等级结项的省级课题《小学学科教学融合劳动教育的策略研究》，将家校合作开展劳动教育作为课题研究的重要内容。

（二）系统融合，以理论逻辑为支撑

《关于健全学校家庭社会协同育人机制的意见》中提出，要用好社会育人资源，把统筹用好各类社会资源作为强化实践育人的重要途径，积极拓展校外教育空间，着力培养学生社会责任感、创新精神和实践能力。

我校系统融合社会育人资源，积极推进教师的专业培训，为教师共育理论水平的提升提供强有力的支撑。如选派老师参与市关工委牵头的家庭教育指导师培训，参加家庭教育指导职业技能培训等。

（三）深度学习，以自我创新为目标

党的二十大报告中提出，要健全学校家庭社会育人机制，加强家庭家教家风建设。基于此，我校家校共育着力从学校、家庭和学生三个方面精准施策，凝聚家校合力，激活学生潜能，育好时代新人。

另外，我校坚持线上线下两手抓，共同推进"家校共育"项目创新举措。线上每周组织家长观看家校共育平台专家讲座；依托学校微信公众号，定期组织家长开展"家校共育"优秀案例分享，为家长提供家校共育交流展示的平台。线下定期组织家长参加家长学校，邀请教育名家，分享先进教育理念，提升家长的家庭教育水平。

三、明确宗旨，把握家校共育的价值逻辑

《新时代爱国主义教育实施纲要》中指出，新时代爱国主义教育要面向全体人民、聚焦青少年。充分发挥课堂教学的主渠道作用；上好学校思想政治理论课，紧紧抓住青少年阶段的"拔节孕穗期"；广泛开展组织实践活动，把爱国主义内容融入主题班会、班队会以及各类主题教育活动之中；激发社会各界人士的爱国热情，丰富新时代爱国主义教育的实践载体。在家校共育的价值逻辑探究中，以此为指导，立足于学校实际，在因地制宜中创新性地开展工作，累积个性化、系统化的实践经验。

（一）明确根本宗旨，厚植家国情怀

家校共育工作的开展，在明确立德树人根本宗旨的基础上，把握价值逻辑，强化家校共育的广度、高度和可持续性。

我校积极打造具有学校特色的德育育人模式，通过开展丰富多彩的志愿者服务活动，以培养"家国儿女"为根本宗旨，在"好孩子、好学生、好公民"三位一体的教育体系中探究家校社合作共育的契合点。以家校共育中的"梦想法则"为引，我校引领学生建构自己对人生的美好期待，建构努力向前的信念，在面对困难的勇气中让梦想成为孩子成长的巨大牵引力，以"好孩子、好学生、好公民"的家庭责任、学校责任和社会责任为引导目标，建构学生正确的人生观和价值观。

（二）重构教育体系，唤醒教育责任

在深入学习《关于健全学校家庭社会协同育人机制的意见》后，我校立足实际，积极探究家长学校课程体系，以重构教育体系为支撑，寻找教育转型、国民教育体系重构的撬动点。明确家校共育不仅是对家庭教育参与力的培育，也是对传统学校教育功能和内容的挑战。

（三）创新实践举措，形成教育合力

我校在创新实践举措中形成教育合力，充分发挥学校作为知识传播中心、区域先进文化传播中心的作用，将家校共育从学校到家庭、到社区逐步延伸，建立学校与家庭、学校与社区、学校与街道之间的普遍关系，明确学校、家庭和社区在双向网络中的结点定位，充分认识到每一个结点既是教育主体，也是教育客体，在家校共育中实现活动的有效开展，在分享先进理念中提升家庭教育水平。明确家校共育的价值逻辑赋予学校建设美好社会的使命，赋予家校共育实践者高尚的价值使命感。

四、双向奔赴，把握家校共育的情感逻辑

家校共育工作的开展是双向奔赴的过程，需要及时把握家校共育的情感逻辑，推进

家校共育力量的整合。

（一）搭建家长教育平台，建立良好的家校关系

家校共育要以建立良好的家校关系为基础，把握家校共育的情感逻辑，肯定家校共育过程中主体的喜怒哀乐等情感存在的合理性，并因势利导使其发生积极的推动及评估作用。

1. 开办家长学校

苏霍姆林斯基在《给教师的建议》中提出，没有家长学校，我们就不能设想会有完满的家庭——学校教育。因此，家校共育工作的开展要依托家长学校的开办积极搭建家长教育平台，进而建构良好的家校关系。

我校在家长学校中，根据家长的实际情况，合理安排适当的学习内容，依托有效的学习方式，帮助和引导家长树立正确的家庭教育思想和观念，掌握家庭教育的科学知识和方法，为家校共育工作的开展搭建有效的桥梁。学校通过开展专家讲座、教育名家专题培训等活动，帮助家长学习、交流育儿知识，营造良好的家庭学习氛围，为家长提供切实有效的指导与服务。

2. 举行家庭教育经验交流活动

苏霍姆林斯基说："最完备的教育，是学校和家庭的合作。只有学校教育而没有家庭教育，或者只有家庭教育而没有学校教育，都不能完成培养人这一极其艰巨而复杂的任务。"

我校通过大力宣传，强化家长对家校共育重要性的认识，在家长充分重视家校共育工作的基础上，举行家庭教育经验交流活动。在互相分享经验、相互交流中密切与学校教育的互动和整合。

根据家庭教育的需求，我校基于家长亲身经历和实际生活中出现的问题，提倡以班级为基础进行家庭教育经验交流，通过案例教育、家长现身说法、针对性个别交流等方式强化家庭教育指导的力度，精选在家庭教育中表现突出的事迹材料在年级段组织的家长会上交流，评选出优秀家长，并进行表彰。通过开展家庭教育经验交流活动，既密切了家庭与学校的关系，又在对家校共育问题的解疑释疑中纠正了家长的教育误区，有效提升了家长的教育素养，推进了家校共育工作的协同开展，提升了家校共育能力。

3. 推荐、印发优秀书刊

苏霍姆林斯基说："教育——这首先是关心备至地、深思熟虑地、小心翼翼地去触及年轻的心灵，要掌握这一门艺术，就必须多读书、多思考。"家校共育工作的开展要在读书中强化思想认知，学校通过推荐、印发优秀书刊，鼓励教师和家长多读书、多思考，进而实现教育的关心备至和深思熟虑。

我校定期印发相关的家庭教育资料，推荐家长订阅优秀的家庭教育书刊，积极引导家长通过读书学习，不断提升家长的综合素养。同时，鼓励教师多读书，阅读优秀的家庭教育书刊，树立与时俱进、开拓创新的家校共育理念，与家长一起学习、一起成长。

（二）拓宽家长访校途径，增进家校共育的亲近感

家校共育的本质是家长与教师之间的相互信任和理解，只有建立良好的沟通渠道，才能更好地帮助孩子成长。在开展家校共育工作中，要明确家校关系的核心是促进双方交往的亲近感，要通过拓宽家长访校途径，让家长了解学校、了解教师、了解学生在校的学习生活。

1. 定期召开家长会

通过定期召开家长会，有效拓宽家长访校途径，增进家校共育的亲近感。

学校根据班级学生的具体情况以及各阶段的教育任务，有计划地设计家长会主题及内容，帮助家长提高家庭教育水平，促进学生健康成长。家长会的召开分为三个阶段：一是期初新生家长会，校长讲办学理念，老师讲治班方略；二是期中家长会，共同进行阶段性总结，完善多项共育工作；三是期末家长会，总结学期工作，制订共育计划。我们积极创新家长会模式，开展"换位倾听"，让教师和家长互动、家长和学生互动，教师谈教育理念，学生谈在校表现，家长谈教育期待。心与心的交流，唤醒了挚爱亲情，激励了学生自我奋进的斗志。定期召开家长会实现了家庭和学校之间的及时沟通，教师和家长在紧密合作中促进孩子进步成长。

2. 定期举行学校开放日活动

为密切家校联系，增进亲子关系，我校定期举行学校开放日活动。通过让家长走进学校，走进课堂，全方位了解学生丰富的校园生活。

如：邀请家长观看学生演出、学生体育比赛，参观学生作品展览，进班听课，陪伴午餐等活动。尤其是"家长进课堂"活动开展，既畅通了家校双向交流的"快车道"，又更好地促进了课内与课外、学习与实践、理论与现实的连接。在邀请家长参与学校教育活动的过程中，学校鼓励家长结合职业特点参与学校课程活动，有效发挥其自身优势，衍生出一堂堂生动、有趣的家长课程，帮助学生学习到课本以外的各种知识。此外，在学校开放日活动中，学校还有效搭建了家校配合的"彩虹桥"，让家长零距离深入了解到孩子在校的学习生活情况，并对学校工作提出意见和建议。自"家长开放日"

活动开展以来，学校对收到的家长的建议和意见均第一时间登记研究，第一时间组织反馈，并将好的意见建议运用融入日常工作中，不断提升家长对学校各项工作的满意度，实现了家校携手，共谋发展。

3. 定期举办家庭教育讲座

在家校共育工作中，要充分明确家庭和学校的亲近感源自相互理解后的移情，通过定期举办家庭教育讲座，建构家校协同育人机制，在多方联动、资源共享、协同共治中助力孩子的健康发展。

我校将线上专家讲座与线下的教育名家经验分享相融合。每周组织家长观看家校共育平台专家讲座，讲座之后组织教师主动与家长面对面交流。同时，定期组织家长开展优秀案例分享，让专家讲座的内容在家校沟通中得到有效的实践，在情感与思想的共情中深化家校共育的协同和联动。此外，在线下定期邀请教育名家在家长学校中分享先进的教育理念，将家庭教育促进法与家校共育的实践相融合，以提升家长的家庭教育水平。

五、智慧共育，把握家校共育的技术逻辑

《中国教育现代化2035》中指出，要加快信息化时代教育变革，利用现代技术加快推进人才培养模式变革，实现规模化教育与个性化培养的有机结合，创新教育服务业态，建立数字教育资源共建共享机制，推进管理精准化和决策科学化。为此，家校共育工作的开展要以现代技术为支撑，在智慧共育中把握家校共育的技术逻辑，跨越家校合作中的数字鸿沟。

（一）优化家校共育技术，丰富家校沟通方式

家校共育工作的开展要在优化家校共育技术的过程中依托教育管理信息化建设的发展，在积极丰富家校沟通方式中创新管理方式，推进教育治理的现代化建设。

我校积极优化家校共育技术，不断丰富家校沟通方式，通过校信通、微信群、QQ群、钉钉群等电子网络平台，实现了教师与家长的即时交流、便捷沟通。同时，我校还使用家校联系卡、家长意见表、学生素质报告册等，让家长全面了解孩子的情况，密切教师、学生和家长之间的关系。此外，我校倡导教师进行高质量的家访。教师利用寒暑假或平时课下时间，有针对性地进行家访，增进了教师、学生、家长之间的相互交流，密切了学校与家庭的关系。我校充分整合现代家校共育技术中的直接家访和间接家访两种方式，将直接家访与间接家访相融合，实现了教师与家长的相互理解、信任和团结。

(二)解决数字鸿沟问题,建立家校合作机构

《关于健全学校家庭社会协同育人机制的意见》中指出,学校要发挥协同育人主导作用,充分发挥家长委员会的桥梁纽带作用,以多种形式听取家长对学校工作的意见建议;加强家长委员会工作指导,明晰工作职责,完善工作制度,规范工作行为。

我们充分认识到家委会是家长、学校和教师之间沟通交流的桥梁,努力搭建家委会平台,积极建立家校合作机构,组建了"学校家长委员会、年级段家长委员会、班级家长委员会"三级机制,充分发挥了家委会在学校教育教学、食堂管理、班级管理、家长组织沟通等方面的参谋职能作用。学校邀请家委会成员和教师一起探讨学校教育思想、培养目标和实施素质教育的方法和途径,充分发挥家委会的桥梁作用,达到学校、家庭、社会三位一体的教育效果。

总之,我们千方百计通过有效的家校合作途径,和家长达成了"怀真爱,心手相牵;能担当,期冀守望;造就童年幸福,奠基一生幸福"的共识,携手走在家校合作育人之路上,唱响教育的同一首歌,在双向奔赴中释放共育的力量,促进每一个孩子的全面、和谐、可持续发展,为每一个孩子幸福而有意义的人生奠定坚实的根基。

后记

这是关于一座青春学校的光荣诞生,
这是关于一群青春生命的壮丽远行。
那时,时间的长河,流过公元二〇一六年盛夏的郑东之晨。
那时,我们在青春履历上,写下了出发的憧憬。
那时,我们开始以东区教育人的名义,承担起一个新兴学校的责任与使命。
那时,我们把生命的发条,默默拧紧。
那时,我们开始以从未有过的速度与效应,
站在教育改革的前沿,打造一片崭新的风景。

我们扛起立人教育的旗帜,我们播撒启悟课堂的新绿,
我们绽放融慧课程的魅力,我们鏖战减负增效的佳绩,
我们见证科研兴校的奇迹。

顾不上筹备期许已久的婚礼,放下了襁褓中嗷嗷待哺的孩子,
缺席了亲朋好友的团圆相聚,病榻前和母亲匆匆别离。
天色将晓的晨曦,一次次照亮我们克难奋进的背脊,
夜幕低垂的星河,一遍遍见证我们静海深流的沉思。

为了鸽群能在蓝天翱翔,为了雏鹰能够鹏程万里,
为了理想能照亮每一间教室,我们把手中的红烛高高举起。
无悔粉笔染白双鬓,宁愿化作尘埃一粒,
甚至,愿意燃烧自己的每一寸躯体。

后记

当"厚德腾龙,敦行振翼"的校训,
成为我们工作的准绳,成为我们生活的警醒,
成为我们龙翼人的操守与品行,
办公室里不倦的灯火啊,总是辉映着我们孜孜以求的眼神。

我们以校为家,在知识的海洋里导航,在教育的长河里摆渡。
从细从实地要求,一腔热忱淋漓挥洒。
致高致远地引领,满腹才华倾情奉献。

坚持平凡中体现不平凡,延续简单中彰显不简单。
就这样归心低首,享受教育生涯中的每一天。
用汗水和智慧,把每一个四十分钟,编织成璀璨夺目的光环,
照亮每个孩子成长路上,步履坚实的足迹……

八年里,星移斗转,春秋变更。
我们始终如一,既脚踏实地,又仰望星空,
以师表者的勤勉与胸襟,以教育人的智慧与赤诚,
争做为学、为事、为人的大先生,
鸣奏奋进的旋律,应和时代的钟声。

八年,两千九百二十次月落日升。
八年,两千九百二十个黄昏黎明。
只要是一切为了学生,我们何惧栉风沐雨。
只要是为了学生的一切,我们愿意日夜兼程。

八年,那些思考时的魂牵梦萦,求索时的柳暗花明,
挫折中的相互支撑,成功后的热泪纵横,
都化作了我们生命中动人的风景。
八年,所有的一切啊,都已经铭刻在我们成长的集体记忆里,

成为从不言败、敢为人先的佐证。

八年，踏过荆棘泥泞，拥抱风雨彩虹。
我们就这么变得坚韧，变得从容。
我们就这么满怀热爱，满怀豪情，
就这么走进了今天的喜悦相逢，
就这么汇成了今天的祝福歌声。

可我们不会沉醉，更不会止步。我们还会不断地超越自己。
因为年轻，我们具有超越一切的可能。
那么，让我们继续手和手握紧。那么，让我们继续心和心靠近。
我们将创造而且奉献更多的精彩，我们将描绘而且拥有更美的前景。
我们将无愧于教育，无悔于人生。我们请岁月相信，我们让青春作证。

以上文字，献给郑州市郑东新区龙翼小学全体教职员工，献给学校走过的发展历程，献给我们携手走过的那些激情燃烧的岁月。

在梳理提炼学校基于课程建设的综合育人实践成果的过程中，张华、韩敏、朱方方、张明珠、赵红霞、张贝贝、蒋春荣、宋健平、王新柯、秦平利等老师提供了相关研究案例并做了大量协助工作，余新宇、张晓婵、王换娣、冯娟、郭喜梅、王静、张萌萌、赵丹丹、樊志忠、赵发香、彭梦梦、岳霞、韩玉琴、杨旭、李思、古筱芳、吴思佳、李彦、司雪成、张柯等老师贡献了自己的教学案例，文心出版社栗军芬副总编辑、郭小丹、李春艳编辑在书稿撰写的过程中给予了很多有益的建议，在此特别致谢！

吕君莉
2024.4.10